FERDINAND VALENTIN

L'AVÈNEMENT

D'UNE RÉPUBLIQUE

LUTTES INTÉRIEURES DE LA CHINE

de 1911 à 1923

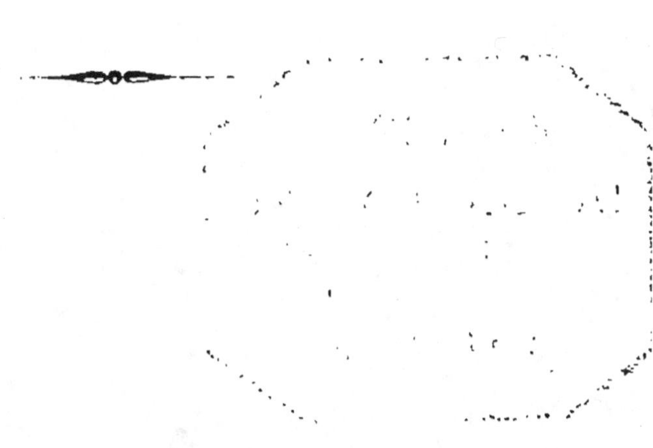

Librairie académique PERRIN et Cie.

L'AVÈNEMENT D'UNE RÉPUBLIQUE

OUVRAGES DU MÊME AUTEUR

POUR PARAÎTRE :

Lei Pang Ping, Maréchal chinois (roman).

FERDINAND VALENTIN

L'AVÈNEMENT D'UNE RÉPUBLIQUE

LUTTES INTÉRIEURES DE LA CHINE

de 1911 à 1923

PARIS

LIBRAIRIE ACADÉMIQUE

PERRIN ET Cie LIBRAIRES-ÉDITEURS

35, QUAI DES GRANDS-AUGUSTINS, 35

1926

AVANT-PROPOS

Les événements qui se déroulent en Chine depuis douze ans sont si divers, si particuliers et si confus que, pour bien faire, il faudrait écrire une monographie de chaque province. On risque d'être submergé par la multitude des détails, des renseignements très variés et souvent très contradictoires que l'on recueille. Les arbres empêchent de voir la forêt.

Pour donner une impression fidèle et générale du pays tel qu'il se présente à ceux qui sont appelés à y séjourner un certain temps, il faudrait pouvoir élaguer tous les événements qui ont peut-être une importance locale immédiate, mais qui, dans l'ensemble, ne font qu'obscurcir une période par elle-même très chaotique.

Lorsqu'on écrit sur la Chine, il est très difficile et dangereux de tirer des déductions et des conclusions de faits qui ne s'enchaînent pas, mais se juxtaposent. Au surplus, on se trouve en présence d'une mentalité si différente de la nôtre que tout jugement se trouve faussé par l'âme extrême-orien-

tale si compliquée, si souple, si fuyante et si tortueuse qu'elle nous échappe à peu près complètement.

Je me suis donc appliqué, autant que possible,
à me placer au-dessus des événements mêmes. Je
n'ai mentionné que les plus importants et ceux
qui caractérisent le mieux l'état dans lequel se
trouve actuellement la « République fleurie ». C'est
dans cet esprit que je me suis servi des documents
chinois : journaux officiels, recueils de lois, articles
de presse et pamphlets.

Treize ans de séjour en différentes régions de
Chine m'ont permis de suivre de près l'évolution
de ce gigantesque État. Je me suis attaché à
rendre simplement ce que j'ai vu, m'abstenant de
toute appréciation personnelle et limitant mon
sujet aux événements intérieurs.

Lorsque j'étais au Yunnan, j'appris qu'une nuit
le viaduc du chemin de fer avait été emporté par
un éboulement.

Quelques jours après, comme je visitais les lieux,
l'ingénieur me dit : « Nous sommes ici sur un terrain particulièrement difficile. Toutes ces montagnes sont en voie de désagrégation, il faudra donc
se frayer un passage sous terre. » C'est ce que
l'on fit. Mais cette montagne imposante renfermait
en son sein un lac de boue.

La Chine réserve de ces surprises.

PREMIÈRE PARTIE

LA RÉVOLUTION

ET

SES CAUSES

CHAPITRE PREMIER

La fondation de la République chinoise est le résultat d'un mouvement anti-dynastique très ancien et d'un mouvement réformiste récent.

La tribu mandchoue qui, depuis le début du xviie siècle, tenait la Chine sous son joug, a peu à peu perdu toutes ses qualités, toute sa valeur, toute son énergie.

Cette peuplade essentiellement guerrière, forte à peine de cinq à six millions d'hommes avait soumis plusieurs centaines de millions de Chinois et établi son autorité sur un pays immense touchant au Nord aux plaines glacées de Sibérie, au Sud aux Indes brûlantes, s'adossant à l'Ouest au Toit du Monde, baignant à l'Est ses côtes dans les eaux du Pacifique.

Mais, lentement, au contact du peuple asservi, le Mandchou pris par la facilité d'une vie aisée, calme et trop civilisée, était devenu une sorte de

Sybarite, raffiné, poli, lettré. Le métier des armes ne lui convenait plus, il ne se souvenait plus de ses belliqueux ancêtres sans cesse en lutte contre leurs voisins : ce peuple à demi-nomade s'était fixé.

Et, sans que l'envahisseur s'en soit aperçu, insensiblement, comme une amibe dissout et assimile un corps étranger, le Chinois a dévitalisé, énervé et conquis son conquérant.

Les premiers souverains de la dynastie des Tsing avaient reconstruit sur les ruines de l'Empire des Ming (1) un état dont la force et la puissance étaient respectées dans toute l'Asie et jusque dans les cours d'Europe qui voyaient dans le Fils du Ciel un prince comparable aux monarques légendaires des Mille et une nuits.

Longtemps cette réputation demeura immuable. La Chine rayonnait encore de l'éclat des Kang-hi et des Kien-long lorsque vers le milieu du XIXᵉ siècle on osa entrouvrir la porte derrière laquelle le monde céleste s'isolait. Dès ce moment, les blancs pressentirent que le colosse jaune avait des pieds d'argile.

Puis, parmi ses voisins mêmes, certains tentèrent de relever la tête et le frêle Japon parvint en 1895 à démontrer victorieusement au monde combien était vulnérable cet énorme Empire.

Dès lors, l'homme malade d'Orient avait son double en Extrême-Orient.

(1) La dynastie des Ming a régné de 1368 à 1644. Dynastie purement chinoise, elle a délivré le pays du joug des Mongols qui avec Koubilaï Khan, avaient fondé la dynastie des Yuan (1279-1368).

Le traité de Simonoseki fut une des plus sanglantes humiliations infligées à la Chine. C'était l'effondrement de l'orgueil national, la trop complète démonstration de la décadence d'une dynastie étrangère, au fond détestée des purs Chinois, qui n'avait pu échapper au désastre des Tai Ping (1) et maintenir son despotisme sans cesse plus lourd et plus détesté sur les fils de Han que par l'aide européenne. Jusque-là, les blessures faites au corps chinois s'étaient cicatrisées. Cette fois la plaie restait ouverte et se gangrenait.

Chacun s'empressait auprès de la victime non pour la secourir mais pour capter une part de l'héritage du mandarin. La pudeur, la retenue n'étaient plus de mise. Et, sans vergogne, les « Diables rouges » se précipitèrent à la curée. L'Allemagne en 1897 donna l'exemple, suivie de près par les autres Puissances, plus peut-être dans le dessein de prendre position que dans la ferme intention de procéder à un démembrement que les appétits déchaînés et contraires pouvaient rendre dangereux pour la paix mondiale. Dans bien des endroits, les intérêts économiques d'une puissance étaient en opposition avec les visées politiques ou morales d'une autre. Il fallait se mettre d'accord pour éviter tout frottement d'où pouvait jaillir l'étincelle qui mettrait le feu aux poudres.

De là, la politique des sphères d'influence :

-----

(1) La révolte des Tai Ping mit un instant en grand danger la dynastie mandchoue. Elle avait pour but de chasser les Tsing et de rétablir une dynastie purement chinoise. Elle fut conduite par un certain Hong Sieou Tsiuan, né le 20 janvier 1813, au Kouang-Tong.

qui, s'adjugea la Mandchourie, qui, le Chan-tong, qui, le Foukien, qui, le Yang-tseu ; tout fut loti. Il ne restait plus au Chinois qu'à choisir la sauce à laquelle il préférait être mangé.

Cette menace fit réfléchir les patriotes, les amena à chercher les moyens d'échapper à une situation si critique. Certains voulurent réformer et transformer le Gouvernement, d'autres songèrent à renverser les Tsing et à restaurer une dynastie purement chinoise ; d'autres s'attaquèrent à la Constitution même du pays, eurent l'idée de faire table rase et de donner à la Chine une forme républicaine ; d'autres enfin, des illuminés, s'en prirent directement à l'Européen qu'ils essayèrent de bouter dehors pour que la Chine pût à nouveau s'enfermer dans son splendide isolement. Ces derniers ne virent que la menace immédiate et comme le fauve acculé firent fond sur l'ennemi. 1900 leur fut une cruelle et profitable leçon.

Si Ly Hong Tchang, par une politique habile, avait pu louvoyer et mettre en opposition les étrangers entre eux, ceux-ci devant le péril commun firent cause commune. Et cependant nul d'entre eux ne voulut ou n'osa profiter d'une occasion si exceptionnellement favorable pour mettre à exécution le projet qui avait soulevé la vindicte chinoise.

L'humiliation était flagrante, constante, quotidienne. L'étranger, jusque là toléré, s'imposait par la force, s'installait, prenait ses quartiers dans la capitale même de l'Empire du Milieu. Les palais étaient pillés, les temples profanés, la Nation rançonnée.

Il était naturel que la responsabilité d'un tel outrage retombât sur ceux qui dirigeaient les destinées de l'Empire, qui, depuis des siècles, volontairement cloîtrés dans la Ville Interdite, pressuraient le Chinois avec l'impitoyable machine administrative, sur ceux qui avaient été incapables de lui épargner cette nouvelle humiliation, sur ce souverain toujours caché à son peuple dont les cris de douleur et de détresse venaient mourir aux portes rouges cloutées d'or de la retraite impériale.

Cependant, dès le milieu de 1898, des esprits éclairés comme Kang Yeou Wei, « le Confucius moderne », des hommes énergiques comme Tchang Tche Tong avaient tenté de guider le débile Kouang Siu dans la voie des réformes qui s'imposaient à la Chine. Il fallait renoncer aux méthodes désuètes de gouvernement, régénérer le corps administratif, mettre un terme aux exactions des mandarins dont le recrutement fondé uniquement sur la science étroite des caractères était reconnu néfaste.

Rajeunir la Chine, l'adapter aux nouvelles conditions de la vie du Monde, lui donner un Gouvernement juste et accessible, poursuivre les fonctionnaires prévaricateurs, flétrir les vices qui rongeaient la Cour : tel était le programme à réaliser, le but que l'on se proposait d'atteindre avec des moyens d'où la violence était exclue mais avec une constante et impartiale rigueur.

Malgré tout, le passé était respecté, les sages de la Chine servaient de modèles : c'est en eux que l'on puisait les principes de la réforme.

Cette réforme d'esprit purement chinois eut le don de provoquer une levée de boucliers générale de la part de tous ceux qui vivaient grassement en parasites aux dépens du régime impérial et du peuple taillable et corvéable à merci, de tous ceux qui, dans les provinces, depuis le vice-roi jusqu'au plus infime mandarin, pressuraient la Nation, volaient l'Etat et les particuliers, de tous ceux qui munis d'un diplôme acquis grâce à un prodigieux exercice de mémoire, n'avaient d'autre qualité qu'une vanité infinie, d'autre idée que de rentrer dans les débours d'une éducation purement livresque et coûteuse. Ces mandarins et la cabale tartare eurent tôt fait de gagner à leur cause l'Impératrice douairière Tseu Hi, ambitieuse, égoïste, autoritaire. Rien ne put résister à la colère de la deuxième femme de Hien Fong. Briser les meilleures volontés, disperser les conseillers désintéressés de l'Empereur, bannir et pourchasser les hommes qui ne cherchaient que le salut du pays et de la dynastie, déposséder Kouang Siu de tout pouvoir, fut pour elle l'affaire d'une nuit.

Aveuglée par la flatterie des princes et des hauts dignitaires, la Régente préparait ainsi de ses propres mains la ruine complète d'un pouvoir qu'elle était impatiente de ressaisir et de rendre plus absolu encore. Par son autoritarisme excessif doublé d'un favoritisme éhonté, elle allait soulever la vague de réprobation, de mépris et de haine qui devait engloutir la dynastie.

L'Empereur, maté et relégué dans un pavillon du Palais impérial, Tseu Hi montait sur le Trône croulant de vétusté des Tsing et tenait seule le sceptre devant lequel les courtisans s'inclinaient, prêts à tout pour satisfaire la soif de pouvoir de l'Impératrice, les caprices de la femme grisée d'une telle fortune (1).

Point de conseillers : Qui oserait s'exposer à la colère, à la froide vengeance de l'Impératrice ? A la Cour il n'y a que des esclaves. Les eunuques règnent. Les princes mandchous sont trop occupés à faire une noce crapuleuse. D'ailleurs, ils tiennent tous les hauts emplois. Des Chinois, il y en a quelques-uns, mais ils sont plus soumis, plus rampants, plus lâches et plus vils que les autres. Ils ont perdu toute dignité et sont entièrement entre les mains de la souveraine, geôliers et tortionnaires de leurs propres frères.

Tout ce monde est intéressé à maintenir une situation d'où découlent d'énormes profits, à dissimuler la misère et à étouffer la colère du peuple. Au demeurant, la tâche est aisée. L'Idole vit tellement à part ! Entre elle et ses sujets, il y a un abîme. Aucun contact avec le monde extérieur ; malheur à qui oserait lever les yeux sur son passage : c'est un crime de lèse-majesté. Inaccessible, insensible, cruelle, elle peut d'un geste faire tomber les têtes.

Si en Chine il était interdit de penser, ceux qui avaient dû fuir leur pays parce qu'ils voulaient

(1) Tseu Hi, née le 29 novembre 1835, était la fille de commerçants tartares et s'appelait Yo Ho Na La. Elle n'était pas de famille noble. Son père la vendit au Gouverneur de Canton qui l'adopta et lui fit donner une éducation convenable : après quoi il l'offrit à l'Empereur Hien Fong lequel en fit sa concubine, puis sa seconde femme lorsqu'elle lui eut donné un fils, le 12 août 1861, qui fut l'Empereur Tong Tche.

le sauver de la ruine, du démembrement, de l'occupation étrangère, ceux-là en France, en Amérique, au Japon, en Angleterre faisaient école. Autour d'eux se pressaient d'autres réfugiés, se groupaient les étudiants. Ainsi se formait une élite intellectuelle, pleine d'idées généreuses, éprise de liberté, de justice, d'égalité. Peu à peu, ces exilés s'associèrent, s'organisèrent, arrivèrent à répandre en Chine leurs idées, à faire entendre au Trône les justes demandes d'un peuple qui ne désirait que vivre et que se développer, dont l'antique et brillant passé était un garant de l'avenir.

Malgré son désir de conserver intact le pouvoir absolu, la Régente fut amenée, sous la pression de l'opinion publique et par la crainte de voir sa puissance compromise, à entrer dans la voie des réformes dont Kouang Siu avait été le premier à comprendre la nécessité. Mais, faisait-elle une concession, bien vite elle en annulait l'effet. La Cour reprenait le lendemain ce qu'elle avait donné la veille.

Pendant dix ans, ce fut une lutte féroce, acharnée, lutte de ruse, de prudence, de diplomatie extrême-orientale contre des idéologues, des illuminés, puis des révoltés. Devant la menace d'une action violente et générale, dont les attentats qui se multipliaient dans les grands centres de la Chine étaient un pressant avertissement, le clan impérial se résigna à abandonner quelques bribes de l'autorité qu'il détenait. Mais avec quelle mauvaise grâce furent faites ces concessions ! Avec quelle lenteur devait s'opérer la réforme ! Avec quelle astuce on essayait de lasser la patience de ceux qui avaient cru un moment voir leur rêve réalisé ! Combien durement on les ramenait à la réalité ! Aucune occasion n'était négligée de démontrer que le pouvoir appartenait au Trône seul et de revenir au point de départ.

Tout d'abord, une commission spéciale est chargée d'aller étudier à l'étranger les systèmes constitutionnels. Ce voyage doit durer deux ans, deux ans pendant lesquels on tentera de tromper le public par quelques réformes accessoires. Le plus souvent le changement ne porte que sur le nom et l'Edit impérial du 6 Novembre 1906 est bien plutôt une réparation qu'une reconstruction de la machine administrative. Toute l'ancienne organisation est maintenue sous une autre étiquette. Les ministères n'auront désormais qu'un président et deux vice-présidents ; on réduit un peu les grasses prébendes. Les Finances sont dans un tel état qu'il faut de toute nécessité avoir l'air de réaliser quelques économies. En outre, il ne sera fait aucune différence entre Mandchous et Chinois. Pour atténuer la haine des Chinois vaincus contre les Tartares, on consent à les considérer comme les égaux des conquérants. Mais il est certain qu'il y aura un choix judicieux à faire, et ne seront admis que ceux dont la loyauté, la fidélité et l'attachement à la dynastie seront à toute épreuve. Dans la pratique, ce ne sera pas au talent, mais à la servilité que l'on fera appel. Ces nouveaux collaborateurs seront pour le Gouvernement une cause de faiblesse et exciteront davantage la haine et le mépris du souverain.

Enfin, très vaguement, il est fait allusion à une

Assemblée nationale. Cette assemblée sur laquelle sont fondées toutes les espérances de ceux qui aspirent à une ère de justice, qui veulent que le peuple ait une part importante dans la conduite de ses destinées, c'est le premier pas vers l'Empire constitutionnel. Le dogme de l'inviolabilité de l'Empereur est trop ancré dans la masse pour que la pensée même de le déposséder d'un pouvoir si étendu, si redoutable et si redouté puisse effleurer les habitants de son Empire.

Et cependant, la seule perspective de cette Assemblée nationale effraye la Cour. L'hostilité est grande contre ce nouvel organisme de gouvernement dont les uns sentent toute la nécessité et dont les autres ne voient que le danger. Le peuple tenu jusque là en tutelle, n'ayant aucune part aux affaires publiques, bon seulement à payer les impôts et le luxe des mandarins, seul à supporter les conséquences des fautes de la dynastie, pourra enfin donner son avis, savoir où on le mène, connaître à quoi servent les taxes qu'il paie et dont la majeure partie reste aux mains des officiels. C'est pour lui l'espoir de voir mettre un terme aux exactions du personnel administratif et judiciaire.

La liberté, mais le vrai peuple de l'Empire du Milieu ne la demande pas ; il ne sait ce que c'est depuis les longs siècles qu'il vit sous la férule du maître Tartare, aidé dans ses basses œuvres par le Chinois rallié et devenu fonctionnaire. La masse populaire ignorante des choses de l'État ne demande qu'à servir loyalement et fidèlement l'idole impériale qu'elle s'imagine supérieure à tout et à tous, source bienfaisante de bonheur et de prospérité pour le pays. Mais elle hait le mandarin voleur, fourbe, cruel, et c'est contre celui-ci seul qu'elle se soulève.

Ceux qui lui ont parlé d'une Assemblée nationale lui ont représenté une sorte d'association, de guilde qui défendrait auprès du Trône la vie et les biens du peuple. Il ignore, ce peuple, qu'il a des droits. Il ne connaît que ses devoirs. L'Empereur est le Fils du Ciel, le père de ses sujets. On lui doit l'obéissance et la soumission absolues réservées aux dieux, aux chefs de famille. Qui donc oserait ne pas se conformer aux rites et enfreindre les dogmes ? Ce serait un crime effrayant, plus grave, plus infâmant que le parricide.

Mais la Cour a l'intuition que cette masse ignorante, quasi inerte, est secrètement travaillée, que si le peuple par lui-même est incapable d'élever la moindre protestation, il y a, cachés quelque part, en Chine peut-être, beaucoup à l'étranger, des hommes qui rêvent d'une émancipation complète ; des gens qui n'ont plus le respect des traditions, pour qui l'inviolabilité de la personne impériale n'est plus un dogme, qui ne respectent plus en Elle une vivante divinité, qui ont le front de placer l'individu au-dessus de tout. De tels principes subversifs, il est de l'intérêt dynastique de ne point les laisser se propager. Si une fois la machine se met en mouvement, rien n'en pourra modérer l'allure, tout sera écrasé.

On ne se rend pas compte que le moyen d'éviter une catastrophe serait de diriger soi-même l'engin, de reprendre l'initiative de Kouang-Siu, de s'engager, résolument et honnêtement dans la voie des réformes. Mais outre le risque de « perdre la face », qui aurait assez d'énergie pour se lancer dans cette entreprise ? A la Cour, gouvernée par les Eunuques, personne ne prendra pareille responsabilité. La souveraine est trop puissante, trop redoutée pour que quiconque se mette en avant. On risque trop à encourir sa colère ; l'exemple de Kang Yeou Wei est encore trop présent à la mémoire. Mieux vaut user de subterfuges, reculer la réunion de l'Assemblée nationale à une date indéterminée.

Bien des bourrasques ont déjà secoué le trône ; n'est-on pas arrivé à en triompher, quelquefois par la force, le plus souvent par la ruse et la trahison ! Le passé ne répond-il pas de l'avenir ? D'autre part, les Mandchous ne sont pas près de céder leurs droits. S'ils ont perdu les vertus d'antan, ils se souviennent qu'ils sont les conquérants. Ils ne sont, il est vrai, qu'une poignée perdue dans l'immense Chine, mais, précisément, à cause de leur petit nombre, il est de leur intérêt qu'aucun de leurs privilèges ne soit entamé. C'est pour eux une question vitale.

Bien qu'un Edit décrète que toute différence entre Tartares et Chinois est abolie, les Mandchous constituent une classe privilégiée, une caste à qui tout commerce est interdit. Noblesse oblige. Ils n'ont d'autres débouchés que les carrières officielles, civiles ou militaires. Tous les Tartares sont embrigadés dans les bannières. L'ancienne organisation a persisté à travers les âges. Ils touchent une solde mensuelle et une provision de riz. C'est une armée d'occupation. Ils forment des colonies militaires qui vivent à part comme en un camp dans les cités chinoises. La Cour est toujours certaine de trouver un appui constant et fidèle parmi des hommes dont le seul métier est celui des armes, qui doivent s'entraîner, se tenir toujours prêts à reprendre le harnois.

Fausse sécurité : l'instrument de conquête est hors d'usage, tous les ressorts en sont détendus, rouillés, il sera inutilisable le moment venu.

En attendant, on recule devant la violence. Est-ce crainte, est-ce ruse ?

La souveraine est-elle lasse du pouvoir suprême? Peut-être a-t-elle le pressentiment de l'inutilité d'une lutte ouverte contre ses sujets ? Peut-être la Cour figée dans les anciens rites ne voit-elle pas le danger qui se cache derrière ce 'mouvement tout d'abord si respectueux, si dévoué même aux intérêts du souverain que dans l'ensemble on ne sépare pas encore de ceux de la Nation ?

Cependant, puisqu'on a promis une Assemblée nationale, il faut bien avoir l'air de tenir cet engagement arraché dans un moment de peur, d'abandon, de faiblesse. Et par décret du 20 Septembre 1907, la Cour en nomme le Président avant même que de savoir comment les membres de l'Assemblée seront recrutés, avant même que d'en avoir déterminé les pouvoirs. Par avance, on retire à cette Assemblée le droit d'élire son Président et c'est un parent de l'Empereur, le prince Pou Loun, qui est choisi. Cette Assemblée qui doit représenter plusieurs centaines de millions de Chinois a pour chef un prince mandchou. La précaution est encore jugée insuffisante. Il faut augmenter les entraves, accroître le poids des chaînes qui la tiendront prisonnière à la discrétion du Trône et on la subordonne au Grand Conseil, composé de hauts dignitaires de l'Empire, en majorité Mandchous et du clan impérial. Ce Grand Conseil, ennemi juré de toute réforme, de toute liberté, de toute justice, sera le plus sûr gardien de l'Assemblée. Il ne lui permettra pas le moindre écart, veillera jalousement sur elle et cherchera l'occasion de l'étrangler. Dans de telles conditions, la Cour est bien fondée à supposer que l'Assemblée nationale sera un modèle de discipline et de soumission. Malgré tout, elle craint de la laisser s'établir à Péking ; elle semble redouter sa présence trop près du Trône ; elle donne l'impression d'en avoir peur. On tentera des expériences, mais elles auront lieu loin de la capitale. On attendra d'abord de voir ce que donneront les assemblées provinciales instituées par un édit impérial du 19 Octobre 1907. C'est en effet des assemblées provinciales que doit sortir une partie des membres de l'Assemblée nationale. Elles seront composées des officiels, des nobles, des représentants de choix élus par le peuple. Là encore, on a restreint autant que possible les chances d'opposition au régime établi. Et ainsi l'Assemblée nationale ne devra comprendre que ceux qui n'ont aucun intérêt à voir apporter le moindre changement à l'organisation présente. Pour en faire partie, il faudra être « personna grata ». La sélection sera très sévère, les chances seront minimes de voir s'y glisser des gens qui pourraient avoir leur franc-parler. Le but que l'on se propose d'atteindre par tous les moyens c'est la réunion d'une « Chambre introuvable ». Désormais, tous les efforts de la Cour tendent à annuler les effets de ce premier pas dans la voie des concessions, à subordonner étroitement l'Assemblée au Pouvoir central. C'est pourquoi les assemblées provinciales travailleront sous le contrôle des vice-rois et gouverneurs. Leur laisser trop d'initiative serait néfaste. Elles étudieront tout ce qui concerne la constitution du Parlement ; elles pourront être consultées pour les Finances ; mais le chef de la province aura seul le droit d'examiner les questions de réelle importance. C'est le représentant direct du Trône qui décidera sans recours de l'opportunité de les soumettre ou non à l'Assemblée provinciale. C'est à lui qu'on devra tout d'abord en référer, c'est lui qui jugera en dernier ressort. Le peuple chinois est encore trop novice, il a besoin d'être guidé, conseillé durant cette période préparatoire. Ce n'est que lorsqu'il aura prouvé qu'il est capable d'en apprécier toute la valeur, qu'une Constitution lui sera octroyée. Le souverain apporte la plus grande bonne volonté à la réalisation des désirs de ses sujets ; mais ayant charge d'âmes, il ne peut les laisser se lancer à l'aventure, s'exposer aux dangers qui les menacent, contre lesquels lui seul doit les protéger ! La tutelle de l'Empereur se fait pesamment sentir. C'est la hautaine et dédaigneuse protection que l'on accorde à un être inférieur, demi-conscient, et non le geste large, généreux, libérateur, l'appel confiant et réconfortant que l'on adresse à celui que l'on veut élever jusqu'à soi. L'attitude de la dynastie fut sévèrement et justement appréciée par tous, même par ceux en qui elle croyait trouver des auxiliaires dévoués à ses ordres. Cette politique tortueuse lui aliéna l'estime du plus grand nombre. La méfiance qu'elle dissimulait mal à son peuple, se retourna contre elle. Le fossé se creusait plus profondément. Si la dynastie a voulu lasser la patience de ses sujets, elle y est parvenue. Elle a rebuté la bonne volonté de ceux qui, encore partisans de l'ordre, ont mis en elle tous leurs espoirs et en attendent la réalisation de leur rêve. Ils ne lui feront plus confiance. Chaque jour, elle sera obligée de céder un lambeau de pouvoir et chaque jour les exigences augmenteront.

Et, parce qu'elle aura menti, on ne la croira plus, alors même qu'elle fera effort pour être sincère. Pour avoir manqué de générosité et de clairvoyance, elle a perdu toutes les sympathies. Dans cette lutte où elle aurait pu se donner le beau rôle, elle adopte une ligne de conduite qui la mènera droit à l'effondrement.

Les difficultés provoquées en Mandchourie par le Japon, la situation troublée de certaines provinces sont des prétextes qu'elle est trop heureuse de saisir pour masquer son véritable plan.

La Constitution, elle n'en veut à aucun prix, elle met un entêtement farouche à la faire avorter. Et quand, à la suite de suppliques répétées, elle paraît faire droit aux justes désirs de ses sujets, c'est avec un programme réparti sur un cycle de neuf années qu'elle prétend calmer l'impatience encore respectueuse de la Nation. Elle exhorte les Chinois au calme, à la confiance et les berne à nouveau en leur imposant toute une liste de réformes accessoires, qui, en majeure partie, devraient être étudiées par l'Assemblée nationale.

C'est avec complaisance qu'on s'arrête aux moindres détails, que l'on complique les choses. On imagine toute une série de conditions qui laissent prévoir de longs atermoiements, et permettront de remettre aux Calendes grecques la Constitution. Tout ce qu'on a pu trouver pour augmenter les difficultés, créer des différends entre le peuple et les officiels, rendre la réalisation du programme presque impossible a été glissé sournoisement dans l'Edit du 27 Août 1908. Il faut réviser le Code pénal, il faut faire un code civil et un code de commerce, il faut qu'au bout de neuf ans cinq pour cent de la population sache lire et écrire, il faut établir des cours de justice dans les ports ouverts, dans les préfectures, les sous-préfectures, il faut créer et organiser la police rurale, il faut modifier les examens pour les services civils, il faut procéder au recensement de la population. Il faut créer des bureaux, des commissions, des sous-commissions, des comités. Il faut en définitive ne pas faire ce que l'on a promis de faire. Dans cet amas touffu de réformes, celles qui sont essentielles se perdent, passent au second plan ou restent à l'étude. Et on dit au peuple de prendre patience, qu'il ne dépend que de lui de se rendre digne de l'immense faveur qu'on lui réserve. A lui de faire les efforts nécessaires. C'est un véritable purgatoire qu'on lui impose.

Cette lumière qu'on fait briller à ses yeux, on l'éloigne un peu plus tous les jours. Et, comme il tend désespérément les bras vers elle, hypocritement, on l'élève peu à peu pour la rendre inaccessible. Avec une maladresse insigne, avec une incompréhension absolue de l'esprit nouveau, sous le couvert d'une commisération hautaine et ironique, la Cour se joue des légitimes aspirations de ses sujets.

La déception fut profonde dans les milieux avancés où l'on avait espoir de voir promulguer la Constitution.

Le mécontentement et l'effervescence ne firent que croître. La Révolution jeune turque avait une répercussion jusqu'en Chine. La presse musulmane chinoise se montrait quelque peu agressive. Souvent elle comparaît la Turquie au Céleste Empire ; comparaison qui n'était pas à l'avantage de la Chine.

Dans les derniers mois de son règne, la vieille Impératrice Tseu Hi, peut-être par une prescience que lui donnait la mort prochaine, semblait disposée à hâter les réformes. Elle exigeait d'être tenue exactement au courant des progrès accomplis sur le programme imposé. Des édits paraissaient qui confirmaient la promesse, qui laissaient même entrevoir une réalisation dans un avenir plus proche.

Elle s'éteignit en Novembre 1908 emportant dans la tombe le secret de la mort de Kouang-Siu, laissant le pouvoir à un enfant de trois ans,

et à un Régent incapable la direction du plus
vaste empire du Monde.

*
* *

Dans les premiers jours de la régence du prince
Tchouen, il n'y eut aucun changement et les édits
promulgués au nom du tout jeune Empereur Siuan
Tong ne sont qu'une confirmation de ceux qui portaient le sceau de Tseu Hi. La promesse de la
Constitution est renouvelée en même temps que
la convocation d'une Assemblée dans les délais
fixés précédemment. Il semble que malgré tout,
la Cour veuille cette fois faire honneur à sa parole.
Malheureusement, le Régent n'a ni l'énergie ni
l'autorité de Tseu Hi. Jeune, orgueilleux, avide
d'exercer le pouvoir, il est rapidement l'objet de
sollicitations, de conseils intéressés. Des intrigues
se nouent qui ont pour but de redonner aux Mandchous exclusivement toute l'autorité. Ils craignent,
ces Mandchous, de voir disparaître leurs privilèges,
ils craignent de perdre les hautes fonctions, celles
qui rapportent les fortunes nécessaires pour mener
la vie fastueuse et dissolue dont ils ont pris l'habitude. Il faut que la source d'or ne soit ouverte
que pour eux seuls, pour l'entretien de leurs
femmes, de leurs concubines, de leurs chanteurs,
pour la construction des palais où des nuées de
serviteurs jour et nuit sont à la disposition du
maître, pour satisfaire aux jeux, aux fantaisies
de leurs héritiers. Que leur importe que le peuple
soit misérable, ils trouveront bien le moyen de

faire suer de l'argent à ces Chinois méprisés.

Accorder des libertés à ceux qu'ils considèrent un peu comme leurs esclaves, leur donner le droit de contrôler le Gouvernement, c'est une conception qui les effare. Ne plus pouvoir puiser à pleines mains dans les revenus de l'Etat est pour eux chose incompréhensible. Serait-il possible que le « noble » mandchou fût soumis à la surveillance du « vilain » chinois ! Le Régent est assez faible, assez inintelligent, pour se laisser circonvenir, et brutalement la réaction se produit. Deux mois après la mort de Tseu Hi, les fidèles conseillers chinois du Trône, les partisans d'un Empire libéral dans lequel la dynastie conservait cependant tous ses droits et une énorme autorité sont renvoyés dans leurs provinces, remplacés par des Mandchous férocement ennemis de toute liberté pour le peuple qu'ils ont opprimé jusqu'alors. C'est l'obscurantisme le plus complet, le plus étroit qui va succéder à l'esprit libéral très modéré cependant, qui animait les Tchang Tche Tong, les Yuan Che Kai. C'est l'esprit réactionnaire qui se démasque, qui triomphe pour la perte de la dynastie.

Les Assemblées provinciales sont convoquées pour le 4 Octobre 1909. Mais le Régent craint pour son autorité, et le peu de pouvoir qui leur était accordé est encore restreint par des instructions spéciales données aux Vice-rois, gouverneurs, préfets et sous-préfets. En rendant ces fonctionnaires responsables des élections, le Gouvernement espérait enlever à ces Assemblées toute autorité pour ne pas dire toute dignité.

L'Assemblée provinciale ne doit pas être un instrument d'action. Elle offre ses avis. Sa compétence est strictement limitée aux affaires locales, au budget provincial et encore n'a-t-elle qu'un droit de critique et de censure limité par le pouvoir de suspension qui est donné aux Vice-rois et Gouverneurs.

L'Assemblée provinciale est théoriquement le lien entre l'administration locale et le Gouvernement central. C'est le canal par lequel le pouvoir exécutif peut connaître des besoins du peuple. C'est un instrument d'éducation qui prépare au futur Parlement.

En somme, elles ne peuvent pas être bien redoutables ces Assemblées provinciales dont les membres sont recrutés par une élection à deux degrés et au suffrage restreint. Seuls, les hommes âgés de vingt-cinq ans au moins sont électeurs au collège qui nommera les représentants à l'Assemblée. Ils doivent en outre être natifs de la province, posséder une certaine instruction, avoir exercé une fonction publique ou à défaut, être propriétaires d'immeubles d'une valeur de cinq mille dollars. Les conditions d'éligibilité à l'Assemblée provinciale sont les mêmes, mais il faut trente ans d'âge au minimum et dix années de résidence dans la province. Il y a donc une sélection qui est faite, fondée à la fois sur le cens et sur les capacités intellectuelles. Les illettrés, les fumeurs d'opium, ceux dont les ascendants sont impurs, les faillis, les criminels, les vagabonds sont exclus des collèges électoraux. Les officiers en service, les moines, les prêtres, les étudiants ne sont pas éligibles. Le nombre des membres des Assemblées est fixé par décret. Ces assemblées ont une session annuelle de quarante jours qui peut être prolongée et une session extraordinaire de vingt jours. Un comité permanent composé du cinquième des délégués à l'Assemblée provinciale traite les affaires durant le temps où elle n'est pas en session régulière. C'est le Gouvernement seul qui a l'initiative des discussions sur les matières financières provinciales.

Dans ce cadre cependant limité, les premières Assemblées provinciales se sont montrées très dignes et très fermes. Malgré toutes les précautions prises, elles se sont toujours inspirées de l'intérêt général du pays. Le recrutement spécial imposé par les exigences sans cesse accrues du Trône a eu pour effet de constituer une élite intellectuelle, réfléchie, sérieuse, forte précisément de cette sélection rigoureusement imposée. Avec une très haute conscience de leur devoir, de leur responsabilité, les Assemblées provinciales se sont appliquées à obtenir par des moyens légaux la consécration des droits, jusque là méconnus en Chine, de l'homme qui travaille, souffre et pense.

Loin d'elles les idées subversives et révolutionnaires. Soumises au souverain, elles ne consentent cependant pas à s'humilier. Fières de l'honneur qui leur est conféré par les électeurs, elles tiennent à cœur de justifier leur confiance et de travailler dans l'intérêt général. Elles ont été pour la Chine une véritable école de pur patriotisme, de désintéressement, d'abnégation.

Et précisément, parce qu'elles ont toujours été

irréprochables et dignes de l'estime de tous, elles ont donné un élan formidable et irrésistible aux revendications de la Nation, revendications qu'elles ont présentées et défendues avec une passion raisonnée. Elles ont été les gardiennes vigilantes et énergiques de l'esprit libéral contre les attaques violentes et sournoises de l'esprit réactionnaire.

En repoussant leurs requêtes, en n'attachant aucune attention à leurs sages conseils, la Cour a achevé de se perdre dans l'esprit du peuple, a ouvert elle-même la porte à la révolution et pré paré son abdication.

L'égoïsme des Mandchous ne leur a pas permis de comprendre les sentiments qui animaient ces assemblées. Ils n'ont vu en elles qu'un ennemi qu'ils croyaient tenir à leur discrétion, qu'ils ont dédaigné, bafoué et qui, pour se venger, s'est effacé pour livrer passage au torrent révolutionnaire.

Les assemblées provinciales ont senti que seules elles ne pouvaient utilement travailler à réformer et à sauver le pays, qu'il fallait près du pouvoir central un organisme qui, issu d'elles, représenterait la Nation : l'Assemblée nationale.

Plus de cinquante membres des Assemblées provinciales se réunirent à Shangaï en Décembre 1909 et après avoir tenu six conférences décidèrent de se rendre en corps à Péking pour présenter au Trône une requête en vue de l'établissement d'un Gouvernement parlementaire dans un délai de trois ans. Les délégués arrivèrent dans la capitale le 18 Janvier et cinq d'entre eux furent reçus par le Grand Conseil. Ils tentèrent de convaincre de vieux

Mandchous, comme le prince K'ing et Na tong, de la nécessité qu'il y avait à provoquer au plus tôt la convocation de l'Assemblée nationale. Habilement les deux compères rusèrent et avec de bonnes et creuses paroles se débarrassèrent de ces visiteurs gênants. A la fourberie, les délégués répondirent par la ténacité. Le Régent refusa de les recevoir ; ils parvinrent cependant à lui faire tenir leur pétition. Sans succès d'ailleurs : le Régent, par un édit du 30 Janvier, répond que le délai de neuf ans précédemment fixé est absolument nécessaire pour la préparation du nouveau système gouvernemental et qu'il ne saurait revenir « sur une décision mûrement réfléchie et empreinte de la plus grande sagesse ». La Cour croit être délivrée de ces importuns et pendant plusieurs mois de silence, elle a peut-être l'illusion d'avoir réussi à les décourager. Il n'en est rien : à la façon chinoise, on tourne, on retourne, on négocie, on se crée des amitiés, on se ménage des appuis et en Juin une nouvelle pétition est remise au Régent. Cette fois, la réponse est impérative, tranchante, menaçante : interdiction de revenir sur ce sujet. L'insistance est déjà un manque de respect. Aucun amendement ne sera apporté aux décisions antérieures ; si elle s'en rend digne la Nation recevra une Constitution.

Le refus du Trône est si catégorique, si formel que tout espoir est désormais enlevé aux délégués de vaincre cet entêtement acharné. Les efforts des Chinois se brisent contre le mur mandchou. Il y a parmi ces hommes un moment d'abattement et même ils balancent à quitter la capitale. Mais, bien vite, ils se ressaisissent. Soutenus par les encouragements qui leur viennent des provinces, ils restent à Péking pour attendre l'ouverture de l'Assemblée consultative.

Ce nouveau délai qui leur est imposé, ils le mettent à profit pour se livrer à ces manœuvres où triomphe l'esprit d'intrigue des Chinois.

Et, quand, le 3 Octobre 1910, cette assemblée commence ses travaux, elle est presque entièrement gagnée à la cause du régime parlementaire.

Le Régent en personne ouvre la séance et prononce le discours d'inauguration. L'assemblée consultative est, dit-il, la première étape vers un régime constitutionnel. C'est un gage d'espoir pour le grand avenir du pays. Forte de la confiance du Gouvernement et du peuple, elle se doit d'accomplir avec zèle les tâches qui lui seront confiées.

Certes, le Gouvernement pouvait avoir confiance dans l'assemblée consultative, car sur 230 représentants, la Cour s'était par avance assuré la majorité par le droit qu'elle s'était réservé de nommer elle-même cent trente de ses membres : dix délégués choisis parmi les princes et les proches parents de l'Empereur, cinquante-quatre représentants des fonctionnaires de la Cour, soixante-six conseillers élus parmi les fonctionnaires, lettrés et hauts commerçants des provinces sur la recommandation et la garantie des vice-rois et gouverneurs. Il ne restait donc que cent sièges aux représentants des Assemblées provinciales. De fait, par son recrutement, ce n'était pas à proprement parler une Assemblée nationale. Sa compétence était limitée aux budgets, aux impôts, aux emprunts, et encore dans ces questions, elle n'avait que voix consultative.

Grande fut la surprise de la Cour de constater que cette Assemblée réduite était animée d'un esprit tout différent de celui qu'elle escomptait. Une sorte de mysticisme politique en réunit les éléments très disparates, qu'une vieille haine aurait dû séparer et qui cependant communient dans la même pensée, dans le même désir : la réunion du Parlement.

Dès la première semaine, outrepassant ses pouvoirs, l'assemblée aborde cette question brûlante. Et la journée du 22 Octobre mérite d'être comparée à notre nuit du 4 Août.

Aucune abstention parmi les délégués du Trône et des Assemblées provinciales. Tous se sont rendus à la salle des séances, située dans l'ancien parc des éléphants, au sud de la ville tartare. Ils sont là côte à côte, les représentants chinois et mandchous, certains portant la ceinture jaune, dans leurs élégantes robes de soie, la natte s'échappant de la calotte surmontée du bouton mandarinal. Les gestes sont sobres, mesurés, mais amples en même temps dans les longues et larges manches qui glissent sur les mains fines. La parole est précise, recherchée. C'est une assemblée de choix. Presque tous les cœurs battent à l'unisson. Une émotion profonde se cache sous le calme et la dignité rituels.

Un souffle supérieur soulève tout à coup l'Assemblée. Princes, nobles, fonctionnaires, lettrés dans un vertige d'enthousiasme renoncent aux privilèges dont ils jouissent depuis des siècles, se font les porte-paroles des délégués provinciaux dédaignés et, sans s'arrêter aux risques qu'ils encourent, adoptent une motion demandant au Trône la convocation immédiate du Parlement. Un Mémoire est rédigé dans lequel les fautes du Gouvernement sont sévèrement critiquées, où il est clairement démontré que l'assemblée actuelle ne saurait être assimilée en aucun cas à une véritable assemblée nationale. Et ce n'est pas seulement l'Assemblée consultative qui est animée de cet esprit nouveau : nombre de vice-rois et de gouverneurs, gagnés par la contagion, télégraphient à Péking pour demander une Constitution et un Parlement.

La Cour elle-même est entraînée. Une aussi complète unanimité, d'aussi ferventes prières paraissent la toucher, et le 4 Novembre un édit programme promet le Cabinet responsable, la Constitution, le Parlement dans un délai de trois ans. On a réduit de neuf à trois ans le délai jugé indispensable pour la préparation de la réforme.

Mais cette concession arrivait trop tardivement. Et, s'il se produisit dans tout l'Empire des manifestations de joie, ceux qui par leur persévérance avaient obtenu cet avantage ne s'en montraient pas satisfaits. Ils ne voulaient plus permettre au Trône de retarder, si peu que ce fût, la réalisation de la réforme. Ils n'avaient et ne pouvaient plus avoir confiance. Ils savaient trop bien que, si l'on temporisait, la Cour se ressaisirait, qu'une réaction se produirait, que tout serait à recommencer. Volontiers, on aurait attendu trois ans, si la dynastie avait apporté une meilleure volonté, un plus grand empressement à accorder de bon cœur ce que lui arrachait aujourd'hui la pression de l'opinion publique et la menace d'un bouleversement imminent. Si la Nation n'était pas satisfaite, la Cour, divisée par les intrigues et les cabales, était mécontente.

Cependant l'Assemblée poursuit ses travaux, insiste pour l'ouverture prochaine du Parlement. Elle s'attaque à son ennemi, le Grand Conseil, parce qu'il a sanctionné un emprunt contracté par le Gouverneur du Hounan sans que l'assemblée provinciale eût été consultée.

Le Régent incapable de prendre une décision, perd pied et ne sait sur qui se reposer. Tantôt il penche du côté des réactionnaires, et le Grand Conseil triomphant, méprisant l'Assemblée, prend des décisions sans même daigner la consulter. Tantôt, au contraire, le Régent incline vers l'Assemblée et celle-ci, si soumise au début aux volontés de la Cour, lui impose ses conditions, lui dicte ses ordres. C'est la mise en accusation du Grand Conseil, c'est l'adoption de mesures « anti-opium », c'est le veto mis au renouvellement de l'accord sino-britannique. C'est l'ordre donné par elle de constituer un Cabinet responsable à défaut du Grand Conseil responsable.

Sous l'influence des réactionnaires, le Régent fait acte d'énergie : il refuse nettement de céder et dans son édit du 18 Décembre 1910 spécifie que la responsabilité des Grands Conseillers et la création d'un Cabinet sont des questions qui ne regardent que le Trône et que dans ces deux cas, l'Assemblée n'a pas à intervenir. Mais, le temps de la soumission est passé et l'assemblée choisit dans son sein un comité chargé de mettre le Grand Conseil en accusation. La guerre entre l'Assemblée et le Grand Conseil se poursuit âprement.

A la mise en accusation du Grand Conseil, on oppose la mise en accusation de l'Assemblée.

La clôture de la session met fin à cette lutte où les partisans de la Réforme ont fait des progrès considérables, où la Cour a donné la mesure de son impuissance, de son incapacité à prendre une décision, où elle n'a fait preuve que d'orgueil.

De cette Assemblée qu'elle avait travaillé à rendre inutile, par sa maladresse, elle s'était fait un ennemi. En vain s'était-elle assuré la majorité, elle avait rencontré unanimité complète sur les plus importantes questions constitutionnelles. L'assemblée consultative avait joué le rôle d'assemblée nationale et infusé dans la masse un esprit nouveau. L'échec était sensible et allait avoir des conséquences sérieuses que la duplicité de la Cour devait rendre plus graves encore durant l'année 1911.

Suivant l'expression chinoise consacrée, la Cour « avait perdu la face ». C'est une chose que l'on ne pardonne pas en Chine et qui exige, sinon une vengeance, du moins une revanche.

Le clan mandchou conservateur voyait la partie compromise ; il avait perdu la première manche, mais il pouvait miser sans crainte sur l'orgueil du Régent. Les concessions nouvelles obtenues durant les derniers mois de 1910 avaient été accordées de mauvaise grâce sous la pression de l'opinion publique représentée par l'Assemblée consultative, et parce que, au sein de la Cour les intrigues de palais avaient désuni le parti. L'impératrice douairière, Long Yu ambitionnait pour elle-même le pouvoir que Tseu Hi avait exercé durant de si longues années. Et le Régent n'était pas sans inquiétudes sur les coalitions secrètes qui se formaient à l'instigation des Eunuques. Pour conserver le pouvoir, il lui fallait donc montrer qu'il était véritablement le maître, devant la volonté de qui tout doit ployer. Trop fier de sa haute naissance, trop peu intelligent pour comprendre que son intérêt comme celui de la dynastie qu'il représentait, était de rester fidèle à ses promesses, qu'il devait tout tenter pour regagner la confiance du peuple, il se fit, au contraire, le représentant de la réaction. Dès lors, il accumule fautes sur fautes. Pour venger son orgueil blessé, il a recourt à la fourberie, parfois à la menace et à la violence.

Il se refuse de prolonger la session de l'Assemblée malgré les prières adressées par le Président et n'hésite pas à remplacer le prince Pou Louen à la tête de l'Assemblée par un réactionnaire notoire. L'ex-président a été jugé dangereux parce que, trop acquis aux idées nouvelles, il a soutenu les revendications justifiées de l'assemblée parce que, prince mandchou, il a affiché des tendances réformistes.

Le nouveau président Si-Sou, est entièrement dévoué à la Cour, mais il a ce dévouement spécial qui consiste à être plus royaliste que le roi, ce dévouement aveugle et borné qui est plus un danger qu'une aide. De ses propres mains, il travaillera à diminuer l'assemblée dont il devrait être le défenseur. Son rôle de Président, il le comprend comme celui d'un dompteur ou d'un garde-chiourme. Il s'attache avec un soin jaloux à mettre dans l'impossibilité de nuire ceux que l'on a déjà si étroitement enchaînés, les représentants de la Nation.

La prochaine session de l'Assemblée consultative aura lieu au mois d'octobre 1911 : d'ici là, on va mettre le temps à profit pour donner le change à l'opinion publique, pour la tromper encore. On joue la comédie et on prépare inconsciemment la tragédie.

Un jour, on apprend que le Grand Conseil est supprimé et qu'à sa place est créé un Cabinet responsable. Quelle dérision ! Les anciens Grands Conseillers, les mandchous et particulièrement les membres de la famille impériale en font partie. Le vieux prince K'ing préside. Et ainsi constitué, le Cabinet n'est responsable que devant l'Empereur seul. Rien n'est changé ; on revient aux anciens errements et on tente de donner grossièrement le change en substituant simplement une nouvelle étiquette à l'ancienne. L'assemblée n'étant plus en session, on peut bien se livrer à cette plaisanterie. Cependant, les assemblées provinciales protestent, manifestent leur mécontentement de voir réserver encore aux princes mandchous la direction des affaires de l'Empire. La Cour ne daigne pas s'arrêter à de telles remontrances.

Quelques semaines après apparaît le Conseil

privé. N'est-ce pas une nouvelle preuve de la bonté de l'Empereur ? N'est-ce pas un gage sérieux de ses intentions conciliantes ? Le Conseil privé, c'est le Grand Secrétariat sous un autre titre, puisque tous les Grands Secrétaires en font partie. Les noms changent, les hommes restent. La réaction s'organise, la fourberie triomphe.

Il manque encore une pierre à la forteresse. Il faut parer à tout danger, l'assemblée devant se réunir dans deux mois, contre elle, il faut se garantir et puisque toutes les précautions prises auparavant ont été vaines, il faut cette fois la réduire à l'impuissance. C'est son futur président qui patiemment a forgé les menottes, qui a préparé le garot pour l'étrangler. Puisque par elle on a « perdu la face », on va la rendre ridicule et ruiner son crédit. Cour d'appel pour juger des différends entre les assemblées provinciales et les gouverneurs, elle était l'avocate de ces assemblées auprès du Trône et le lien naturel avec le pouvoir central. Ce lien on le coupe : Défense aux assemblées provinciales de s'adresser à elle, l'Empereur seul écoute et juge, sans recours. Ainsi, tous les abus de pouvoirs des gouverneurs redeviendront possibles. Emanations du pouvoir suprême et infaillible, ils ne sauraient avoir tort. La cause sera jugée par avance.

Issue, bien indirectement cependant, de la Nation, l'assemblée n'aura plus le droit de recevoir et de présenter les pétitions du peuple. La voie hiérarchique seule sera admise. Ainsi la Cour a la certitude d'avoir toujours raison. Pour couronner l'œuvre, il faut retirer à l'assemblée le contrôle des finances. C'est ainsi qu'on lui interdit de se mêler des emprunts. Elle n'a aucun droit d'intervenir dans cette question, aucune explication à demander, aucune objection à formuler. On la menace de mesures de rigueur, si elle veut élever la voix.

La Cour compte trop sur le nouvel emprunt affecté au rachat des chemins de fer par l'Etat pour permettre à qui que ce soit de s'en occuper. Ces fonds qui vont lui être versés, elle entend en disposer à sa guise.

L'emprunt, c'est l'espoir des réactionnaires, l'arme avec laquelle ils abattront définitivement les progressistes. A tout prix, il faut en conserver l'usage exclusif. Qu'importe que la Nation soit grevée de nouvelles et lourdes charges, que sa souveraineté et son indépendance soient compromises ! La dynastie conservera le pouvoir absolu.

L'or allume les convoitises. Déjà on se prépare, grâce au projet de Chen Siuan Houaï, à puiser largement dans ce nouveau Pactole et sous prétexte de rachat des chemins de fer aux compagnies privées, le vol, le « squeeze », la prévarication vont pouvoir derechef triompher librement. L'intérêt du pays ne pèse rien en comparaison de l'intérêt de la dynastie. La Cour ne comprend pas le patrotisme qui anime les progressistes. Elle reste fermée à toute idée généreuse. Elle revient à l'autoritarisme intransigeant et, d'un coup de pinceau, annule les concessions libérales qu'elle s'est laissé arracher.

D'elle-même, elle se sépare de la Nation, traite ses sujets en ennemis, brise tous les espoirs, décourage tous les dévouements sincères et intelligents.

Elle veut régner sur des esclaves. C'est la suprématie du conquérant sur le peuple conquis. Dynastie étrangère, elle reste indifférente au véritable bien du pays. Son hypocrisie la rend odieuse à tous.

Progressistes, réformistes sont atterrés devant ce sursaut de réaction. Puisque légalement et loyalement on ne peut triompher de l'orgueil de la Cour, puisqu'elle reste obstinément fermée à tout raisonnement, qu'elle est l'ennemie déclarée de toute transformation, de toute amélioration, on aura recours à la rébellion.

Ce n'est pas de gaîté de cœur que ces hommes pacifiques et sensés vont abandonner la ligne de conduite respectueusement ferme qu'ils avaient adoptée jusque-là. Mais ils ne peuvent reculer ; l'opinion publique est trop surexcitée.

L'orage gronde dans le lointain.

L'étincelle jaillit au Sseutchouan, embrase la vallée du Yangtseu et de là s'irradie dans toute la Chine, de l'Est à l'Ouest, du Sud au Nord.

CHAPITRE II

Par sa maladresse, son impéritie, son incompréhension des idées nouvelles qui avaient insensiblement pénétré dans certains milieux, par son égoïsme et son obscurantisme, la Cour se séparait de ses sujets.

Des intérêts opposés allaient faire de la dynastie mandchoue et du peuple chinois des ennemis irréconciliables.

Les Assemblées provinciales, cette Assemblée consultative que le Gouvernement traitait avec si peu d'égards représentaient la Chine pensante, la Chine instruite. C'était l'élite intellectuelle de la Nation.

Ces hommes avaient un idéal moral élevé : la grandeur du pays qu'ils voulaient sauver de la ruine et rénover tout en conservant les traditions transmises par les sages et les philosophes de l'antiquité.

La décadence était d'autant plus sensible que la splendeur avait été plus grande.

Pendant des siècles, le Chinois avait pu avec

orgueil appeler sa patrie « Sous le Ciel ». D'où qu'il vînt ou qu'il allât sur cette terre d'Asie, il se trouvait toujours chez lui, sur son sol national.

Le nouveau siècle lui apporta avec des déboires inconnus, la sensation que la Chine n'était pas le Monde, mais seulement une partie de ce monde, que son immensité même n'était plus une force, que le temps avait fui où il pouvait s'enfermer dans sa tour d'ivoire et mépriser tout ce qui n'était pas lui.

Par la violence, il fut amené à avoir des rapports avec ces barbares d'outre-mer que jusque-là il affectait d'ignorer et dont il avait difficilement toléré l'éphémère apparition. Dans son pays même, il se heurtait à des étrangers solidement établis, qui avaient pris pied sur la terre chinoise, qui en administraient certaines parties. Il n'était plus chez lui. Sa jonque était ballotée au remous des vaisseaux de guerre qui sillonnaient ses fleuves. Des canons luisants étaient comme une menace dirigée contre lui. Dans les grands ports, il était refoulé, cantonné dans la ville chinoise. A Péking, il était contraint de faire un détour au long des avenues qui bordaient les remparts du Quartier des Légations. Des sentinelles lui barraient l'accès de cette nouvelle ville interdite, européenne celle-là, construite au sein de la capitale.

Son orgueil blessé lui fit rechercher les causes de la puissance de ces pays, dont certains n'étaient pas plus grands qu'une des dix-huit provinces, et, pour mieux en découvrir le secret, il se mit à leur école.

Au début, il se montra timide. Quelques-uns seulement s'expatrièrent et le Japon fut le premier pays vers lequel se dirigèrent les étudiants. Puis, certains s'enhardirent à aller jusqu'en Europe, jusqu'aux Etats-Unis.

Au Japon, ils trouvèrent des maîtres prêts à les accueillir et à encourager des aspirations qui pouvaient servir les ambitieuses visées du Pays du Soleil Levant. Ils s'y imprégnèrent de l'idée que la race jaune doit dominer l'Asie et peut-être le Monde. Séduits par la théorie du panasiatisme, les étudiants chinois prirent là un nouvel aliment à leur orgueil, un espoir dans un avenir brillant, dans une revanche possible des humiliations infligées.

La Chine aux Chinois, l'Asie aux Asiatiques ! Il y avait de quoi faire naître sinon un véritable patriotisme, du moins un nationalisme nouveau dont le cerveau serait le Japon et la force la Chine. Il importait plus de faire des adeptes que des élèves. L'élève pouvait devenir dangereux pour le maître, l'adepte serait au contraire l'auxiliaire du maître. Il fallait pour masquer sa propre convoitise, éveiller l'ambition du parent jaune sans donner l'élan à un patriotisme éclairé, sans fournir les armes avec lesquelles on pouvait être battu ou tout au moins repoussé, éloigné à tout jamais de cette Terre promise. De même race que le Chinois, le Japonais savait que la reconnaissance est chose rare, exceptionnelle, que c'est une vertu individuelle et non collective, que tout calcul politique est faussé lorsque la principale donnée est d'ordre purement sentimental.

De sa science, de ses connaissances, il s'attacha à ne donner que ce que bon lui semblait, que ce qui devait être plus utile à lui-même qu'à son élève.

Frères, ils étaient ennemis et ne se trouvaient unis que par le même désir, par le même but poursuivi : s'affranchir de la tutelle des blancs et faire des Jaunes les maîtres incontestés de l'Asie.

Le Japon avait donné l'exemple de ce que pouvaient produire l'énergie et la volonté. En soixante ans, il avait conquis une indépendance complète, absolue. Personne n'était plus admis à contrôler ses actes et les Etrangers désormais soumis à sa juridiction ne pouvaient arguer de traités ou de conventions pour faire échec à sa souveraineté.

L'exemple était frappant, encourageant.

Sous les coups du petit samouraï, le géant russe avait chancelé, avait touché des épaules sur le sol de Mandchourie. Le Japon traitait d'égal à égal avec les plus fortes puissances étrangères. Il était respecté. On comptait avec lui.

Non seulement les étudiants chinois au Japon purent profiter malgré tout d'une instruction générale meilleure que celle de leur pays, mais encore ils retrouvèrent là tous ceux que le despotisme de la dynastie avait contraints de fuir, de chercher un refuge sur une terre plus hospitalière. Un disciple de Kang Yeou Wei, Leang Ki Tchao publiait un journal et développait la théorie d'une monarchie constitutionnelle, dissertait de liberté, d'égalité. Liberté, égalité ! mots inconnus dans l'Empire du Milieu. Lettré distingué, esprit large et cultivé, il fit rapidement école. Tous ces jeunes gens ardents qui voulaient la grandeur de leur patrie, aidèrent, malgré toutes les précautions prises par le Gouvernement, à la diffusion de ses idées en Chine.

Mais ce n'était qu'un théoricien, un idéologue, non un homme d'action. Ses écrits ne pouvaient avoir de portée que sur un milieu restreint. Ils restaient incompris de la masse et ne pénétraient même point dans les sociétés secrètes. Cependant, il avait préparé le terrain qu'un autre devait ensemencer.

La Cour accumulait fautes sur fautes, étalait une mauvaise foi insigne, ne voulait en somme pas admettre une participation quelconque du peuple à l'administration de la chose publique.

Pour lutter contre elle avantageusement, il était nécessaire de déterminer un mouvement puissant qui atteignît les couches profondes de la population.

Jusqu'ici, on était resté dans le domaine purement spéculatif. Maintenant, il fallait s'attaquer aux réalités. C'est à quoi s'employa Sun Yat sen.

Les coups de main tentés par lui sur divers points de la Chine l'avaient convaincu que tout succès ne serait que local et passager, que la dynastie trouverait toujours le moyen de triompher des révoltés, de disperser leurs forces. Pour réussir, il fallait la complicité de toute la Chine, complicité qui ne pouvait être acquise que si la masse était intéressée au succès de l'entreprise.

Toutes les théories avaient fait long feu et en

somme avaient déçu l'opinion publique. On attendait avec impatience une réalisation. Or, Sun Yat sen se présentait avec un programme assez séduisant puisqu'il visait à panser les blessures d'amour-propre des vrais Chinois.

L'édifice était trop pourri pour qu'on pût le réparer, il fallait l'abattre et construire une nouvelle Chine avec des éléments purement chinois. Dans ce nouvel Etat, le Mandchou serait radicalement exclu du pouvoir, parce qu'Etranger, parce qu'il avait conduit la Chine à la ruine financière et politique. En revanche, le peuple serait souverain, de lui émanerait toute autorité.

En prenant comme tremplin la haine latente du Mandchou, haine particulièrement violente et agissante au sud du Yangtseu, on se rapprochait des nombreuses et puissantes sociétés secrètes qui prétendaient conserver les saines traditions de la vieille Chine. Elles allaient devenir les agents de liaison d'abord, d'exécution ensuite, du parti K'o Ming T'ang, du parti qui « déchire l'ordre impérial », du parti révolutionnaire. D'un autre côté, les étudiants tous embrigadés dans ce parti adoptaient et propageaient les idées du tribun avec l'ardeur, l'incohérence et l'inexpérience propres aux néophytes.

On était révolutionnaire comme on est militaire ou magistrat, c'était presque une fonction sociale. Bientôt étudiant devint synonyme de révolutionnaire.

Contre ces nouveaux adversaires, la Cour voulut prendre des mesures. Interdiction fut faite à tout étudiant de revenir en Chine avant d'avoir accompli le cycle complet des études qu'il avait abordées, avant d'avoir fourni les preuves qu'il avait satisfait aux examens ou aux concours qui devaient normalement couronner ses efforts. Mais, les contrôleurs nommés par l'Empereur étaient impuissants à empêcher des gens qui se considéraient comme ayant une mission à remplir en Chine, de se faufiler, de retourner sur la terre natale pour y porter la bonne parole, la parole d'espoir, le message de liberté.

Les dangers auxquels les étudiants s'exposaient étaient un attrait de plus, un titre de gloire, un mérite acquis aux yeux du chef mystérieux et quelque peu romantique qui avait toujours échappé aux poursuites des agents du Trône. Son éloquence, son prestige personnel avaient galvanisé cette jeunesse. Cet homme devenait un symbole.

La victoire remportée sur la Russie avait attiré au Japon les étudiants désireux de s'instruire et de lutter, dans un avenir prochain, contre le blanc détesté. Puis, lorsque Sun Yat sen eut formé le parti révolutionnaire, ils vinrent au Japon moins pour étudier que pour prendre contact avec l'apôtre de la liberté, avec l'homme qui luttait dans l'ombre pour soustraire la Chine au joug mandchou. Les études passaient au second plan. La politique devenait le principal objet de leurs occupations. Et, dans leur hâte, beaucoup négligèrent le fond, se contentant de connaissances superficielles, d'une instruction sommaire. Leur étonnante mémoire qui trompait les autres sur la solidité de leurs connaissances, les illusionnait eux-mêmes tous les premiers. Pendant de trop longs siècles, la science chinoise avait été presque exclusivement affaire de mémoire. Victimes de l'hérédité, peu s'appliquaient à développer leur jugement. Vite satisfaits, n'ayant pas conscience des difficultés parce qu'ils n'avaient point assez poussé leurs études pour se rendre compte qu'ils ne savaient rien ou que ce qu'ils savaient était incomplet, ils se crurent appelés aux plus hautes destinées, abordèrent les plus graves problèmes sans en voir ni prévoir toutes les conséquences. Leur léger bagage, ce vernis scientifique en firent des déclassés ou des mécontents. Ils furent peut-être utiles, comme le sont des manœuvres, au triomphe de la révolution, mais précisément pour cette raison, ils ont été, depuis, un constant élément de désordre dans la Chine républicaine. Comme des poulains sauvages, ils ont tout piétiné, tout abîmé, ils ont donné lourdement dans tous les obstacles, trébuché au milieu des ruines. Leur turbulence est une des causes de l'impuissance qui frappe la Chine, qui l'empêche de se reformer en un État homogène, de redevenir un État organisé.

Les étudiants d'Europe et d'Amérique n'ont pas été en mesure de compenser cette influence.

Partis souvent très jeunes et pour de longues années, ils sont devenus dans de nombreux cas, à leur retour dans leur pays, des « déracinés ». Insuffisamment instruits au point de vue chinois, ils ont acquis, avec une science superficielle, un orgueil nouveau. Ils ont grossi le nombre des déclassés et n'ont apporté que plus de confusion encore dans le chaos politique chinois. Trop fréquemment, ils ne se sont attachés qu'à acquérir la forme extérieure des choses, particulière aux pays dans lesquels ils vivaient, sans s'inspirer du sens pratique que voilait parfois un rigorisme quasi-religieux. Ailleurs, ils n'ont vu que le côté élégant et frivole. Heureux de s'être assimilé les règles d'une certaine civilité, ils ont cru que là devaient se borner leurs efforts et que cette enveloppe étrangère, aisément copiée, était la preuve sensible de leur culture.

Les Etats-Unis et l'Angleterre attiraient un grand nombre de jeunes gens qui s'appliquèrent à se perfectionner dans la connaissance de la langue la plus répandue en Extrême-Orient. Beaucoup avaient l'illusion qu'ainsi ils avaient vaincu la plus grosse difficulté et que, puisqu'ils pouvaient parler comme eux, ils étaient aussi forts que leurs maîtres. En affectant une certaine désinvolture, une certaine raideur non exempte de brutalité, ils se faisaient illusion à eux-mêmes. Comme des écoliers singent leurs professeurs et sont fiers d'en prendre les manies et les tics, ils se bornèrent à reproduire servilement l'allure générale sans discerner que cet aspect extérieur n'était qu'une enveloppe renfermant quelque chose de solide qu'ils ignoreraient toujours.

Aux Etats-Unis, les étudiants chinois, sous l'influence de la puissante Young Mens Christian Association, purent étudier les principes républicains tels qu'ils sont compris et interprétés en Amérique avec l'esprit spécial qui caractérise les missionnaires. Ils perdirent le souvenir des vieux préceptes de la Chine polie et lettrée et prirent par contre une suffisance nouvelle, un esprit sectaire et étroit. Cette instruction primaire qu'ils reçurent n'eut d'autre effet que de les ancrer dans l'idée qu'ils portaient en eux, de leur très haute supériorité sur le commun des mortels. Leur orgueil fut mis à profit par ceux qui n'avaient pu en temps utile prendre en Chine une position égale à celle des autres peuples étrangers. Le soin de la protection des Philippines et la menace du Japon sans cesse grandissant poussèrent les Américains à laisser ouvertes pour les étudiants chinois les barrières que certains Etats de l'Union avaient mises à l'envahissement des jaunes. Loin de les repousser, il fallait accueillir largement ceux que l'on dresserait pour en faire les auxiliaires dévoués des intérêts américains. Les Célestes assistèrent aux Etats-Unis à la lutte intense pour la vie économique et, s'ils n'en rapportèrent point d'idées très généreuses ni très hautes, du moins ils y développèrent le désir de voir leur pays se transformer, grandir sous l'égide américaine. C'était de part et d'autre calcul d'intérêt : une aide mutuelle contre l'ambition japonaise, un marché immense ouvert à la surproduction des Etats-Unis, un appui moral et financier vis-à-vis des puissances européennes. Tout un avenir brillant devait se présenter à ceux qui revenaient de là-bas munis d'un diplôme quelconque. Un accent nasillard, un air rogue, un sans-gêne affecté, un manque absolu de politesse donnaient une vaniteuse assurance à cette jeunesse à parchemins, qui désirait une transformation du pays pour la satisfaction de ses ambitieuses visées. Ces futurs réformateurs voulaient une République non pas tant pour le bien du pays que pour leur intérêt personnel. Ils travaillaient au renversement de la dynastie mandchoue beaucoup plus par jalousie de la classe noble et privilégiée que parce que le pays était conduit par elle à la ruine. Ils préféraient à un Gouvernement républicain centralisé et fort l'autonomie provinciale. Ils avaient pris goût à la liberté, mais à la liberté du plus fort ou du plus égoïste qui opprime le plus faible ou le plus désintéressé.

Cette liberté comprise à la façon américaine, ils voulaient la transplanter en Chine purement et simplement sans d'ailleurs se préoccuper de savoir si elle serait applicable à un peuple qui n'y était ni entraîné ni préparé. Ils apportaient brutalement l'idée. Souvent très ignorants des choses de leur propre pays, n'en connaissant parfois même que fort peu la langue, ils se trouvaient aussi étrangers chez eux qu'ils l'avaient été aux Etats-Unis.

Inaptes à expliquer les principes de la liberté qu'ils n'avaient généralement point pénétrés, ils étaient incapables d'aider utilement à la reconstruction d'une nouvelle forme de Gouvernement.

Pour eux, liberté se confondait avec désordre. Tout naturellement ils vinrent grossir l'armée des démolisseurs. Il fallait à tout prix jeter par terre l'édifice ancien. Des ouvriers se présentaient ; peu importaient leurs véritables capacités.

On reniait l'ancienne Chine, on ne respectait plus rien de ce qui avait étayé cette société lettrée. Non seulement on s'attaquait au Trône, mais encore on sapait les fondations qui auraient pu être utilisées pour l'édifice d'une Chine nouvelle.

Religion, rites, philosophie, tout était jeté au rebut. La Bible détrônait les vieux livres sacrés.

Peu importait la conviction réelle et la bonne foi des catéchumènes ; la quantité remplaçait la qualité. La Chine bouillonnante allait devenir un merveilleux champ d'expérience religieuse, morale, économique.

C'était un rôle tentant et rénumérateur que celui de précepteur, de directeur de conscience de la jeunesse républicaine chinoise. On lui démontrerait la supériorité du protestantisme sur le catholicisme. Tout en façonnant son esprit, on lui inculquerait la notion de la toute-puissance anglo-saxonne ; on lui ferait toucher du doigt la faiblesse des peuples latins.

Cromwell et Washington deviendraient les dieux de la liberté. Par les pasteurs, on obtiendrait des sphères d'influence. Sous le couvert de la religion et de l'enseignement, on s'efforcerait d'établir son emprise sur la Chine.

Les Etats-Unis avaient tout à gagner à guider dans la voie de la liberté un pays qui leur apporterait une innombrable clientèle, la possibilité de mettre en valeur les ressources encore mal connues et inexploitées de son sol.

De son côté, l'Angleterre, tout en luttant pour conserver la suprématie commerciale en Extrême-Orient avait avantage à contrôler un mouvement qui pouvait avoir une répercussion sur les Indes et que, pour cette raison, il lui importait de surveiller et de diriger.

Avec de tels appuis, les étudiants de langue anglaise furent d'utiles auxiliaires pour le triomphe de la Révolution. Mais ils ont été incapables d'aider à la reconstruction du pays. Ils étaient trop poussés par leur propre ambition pour ne pas rechercher à retirer un bénéfice immédiat de la collaboration qu'ils avaient apportée. L'idée qui les guidait n'était pas essentiellement généreuse et désintéressée. Leur éducation nouvelle avait encore accru la somme d'égoïsme propre à leur race. Ils avaient perdu la politesse raffinée de leurs ancêtres et n'avaient acquis qu'un utilitarisme plus absolu. Le désintéressement, chose assez peu connue en Chine, était une notion totalement étrangère à leur esprit. Cette civilisation de surface masquait une hypocrisie parée d'illusionnantes et creuses formules. Par leur nombre, par leur activité, encouragés, protégés, soutenus par les établissements de la Young Mens Christian Association, ils représentaient une force.

A cette force égoïste et brouillonne, les étudiants chinois des pays latins, de France en particulier, ne pouvaient servir de contrepoids. Ils n'avaient pour eux ni le nombre ni l'aide nécessaires.

Comme tous les intellectuels chinois, eux aussi espéraient transformer leur pays, y faire pénétrer les principes qu'ils avaient puisés chez nos penseurs, chez nos philosophes dont ils étaient les fervents admirateurs. La majorité d'entre eux penchaient vers l'idée républicaine et, par cette tendance, se rapprochaient des K'o Ming T'ang purs. Ce n'était pour eux qu'une alliance passagère pour faire triompher dans leur pays la liberté, l'égalité, la justice. Montesquieu et J.-J. Rousseau étaient les maîtres dont les œuvres étaient religieusement traduites et commentées. Mais chacun sentait pourtant que ces idées ne pouvaient, en Chine, être comprises que dans un milieu très restreint. Or, pour rénover la Chine, un changement radical de la forme de Gouvernement s'imposait. La dynastie mandchoue avait donné de trop nombreuses preuves de sa mauvaise foi pour qu'on espérât l'amener par la persuasion à évoluer elle-même d'un despotisme absolu à un régime libéral. Et, par nécessité, ces étudiants furent conduits à faire cause commune avec les éléments révolutionnaires que dirigeait du Japon le docteur Sun Yat sen. D'ailleurs, ils trouvèrent en France des sympathies parmi les intellectuels russes qui, eux aussi, travaillaient à transformer le régime politique de leur pays, et bientôt le journal révolutionnaire « les Temps nouveaux » eut à Paris une édition chinoise à laquelle collaborèrent les sujets les plus instruits et les plus distingués. Ils étaient contraints d'aller à l'extrême, puisque dans leur patrie les hommes sensés avaient échoué dans toutes les tentatives de collaboration avec le Trône. Bien qu'ennemis en principe des moyens violents, ils devaient fatalement être entraînés à donner leur adhésion tacite à une entreprise que tous considéraient comme très lointaine. La réalisation n'interviendrait que lorsque tout aurait été préparé, combiné, prévu pour une réforme méthodique et complète. Du désordre théorique qu'ils préconisaient, ils espéraient voir sortir un nouvel ordre de choses.

Leur rêve était un peu chimérique. Ils estimaient que le bouleversement politique serait presque aussitôt suivi d'une évolution de la Nation vers un esprit nouveau, que le vrai patriotisme se développerait dans la masse. Toutefois, ils ne voulaient point précipiter un mouvement dont la rapidité les déconcerta et, comme tous les autres, les prit au dépourvu. Ils ont cependant été utiles à leur patrie parce qu'ils se sont efforcés d'y introduire des idées généreuses, d'y développer un patriotisme éclairé. A différentes reprises, leur influence s'est fait sentir, mais leurs efforts se sont heurtés aux intrigues des pupilles de la Young Mens Christian Association qui se sont employés à conserver pour eux les postes importants.

D'une façon générale, tous les étudiants appartenaient au parti K'o Ming T'ang, au parti révolutionnaire créé par Sun Yat sen qui comprenait des éléments très divers, issus de milieux différents, d'éducation et d'instruction inégales, pour lesquels le régionalisme avait souvent une importance capitale.

Les dirigeants du parti n'avaient pas prévu un déclanchement aussi rapide du mouvement qu'ils voulaient provoquer. Habiles chefs de sociétés secrètes ou de partis d'opposition, rien dans leur passé ne les avait préparés à assumer la lourde charge de conduire un pays tel que la Chine. Ils ont été emportés par une force qu'ils ignoraient, par une force naturelle, mystérieuse et invincible : la foule inconsciente. Ils n'étaient point prêts à l'utiliser. Ils ont contribué à faire sauter le barrage qui maintenait cette masse ; elle s'est précipitée brutalement sans qu'ils aient été en mesure de l'endiguer ou de la canaliser. Ils n'ont pas manqué de s'enorgueillir d'un succès qu'ils n'espéraient ni aussi facile, ni aussi foudroyant. Ils se sont attribué un honneur qu'ils avaient peu mérité. Le premier résultat acquis si aisément, ils le devaient bien plus à des circonstances fortuites, à l'incapacité, à la lâcheté d'une dynastie pourrie qu'à leur prévoyance ou à leur courage.

L'action des K'o Ming T'ang a été une action dissolvante. Ils ont déchaîné des appétits, des ambitions personnelles. Ceux qui avaient des idées désintéressées, généreuses, qui voulaient le bien du pays ont été impuissants à remonter un courant que d'autres ont exploité pour leur bénéfice particulier immédiat.

Démolisseurs acharnés, les chefs révolutionnaires ont inlassablement poursuivi leur œuvre de destruction sans permettre à qui que ce soit de reconstruire.

Le souffle d'enthousiasme, de patriotisme qui avait couru un instant sur la Chine s'est évanoui.

La nature a repris le dessus.

CHAPITRE III

Ce ne sont ni les Assemblées provinciales, ni l'Assemblée consultative, ni les étudiants embrigadés dans le parti révolutionnaire qui déterminèrent le mouvement qui emporta la monarchie.

Réformistes et révolutionnaires auraient été impuissants à provoquer la catastrophe qui engloutit les Mandchous, car malgré tous leurs efforts, d'ailleurs mal coordonnés, ils ne seraient pas parvenus à soulever la masse populaire. Cette masse était trop insuffisamment éduquée pour saisir toute la portée des idées nouvelles. Ignorante des choses de l'Etat, elle n'aurait jamais eu l'idée d'une participation quelconque à l'administration du pays. Le peuple illettré serait toujours demeuré inerte. Rien ne l'aurait fait sortir de sa torpeur, de son indifférence à tout ce qui ne touchait pas sa vie matérielle et journalière.

Les différentes tentatives faites au cours des siècles contre la dynastie mandchoue avaient avorté parce que le peuple n'apercevait pas l'intérêt immédiat qu'il aurait à intervenir dans ces conflits. Dans toutes ces histoires, il recevait les coups, il était pillé, sa maison était incendiée, ses bestiaux dispersés, son riz volé, ses femmes violées ou emmenées comme concubines par les combattants. Il ne voyait dans un changement de maître qu'une source nouvelle de déboires et de ruines.

Quel que fût le régime, il était destiné à supporter le mandarin. Rarement honnête, ce mandarin, qui considérait l'habitant comme un être à qui il pouvait faire suer impunément l'argent : l'argent qu'il avait dépensé pour acheter sa charge, l'argent dont il s'enrichirait et dont il ferait profiter les siens, l'argent avec lequel après sa mort, ses descendants élèveraient un arc de pierre où seraient gravés ses mérites et ses vertus. Le paysan avait assez à faire de lutter contre les éléments, la sécheresse, l'inondation, les épidémies qui décimaient des régions entières, les pirates et les bandits de toutes sortes. Toute cette séquelle de maux qui l'accablait était simplement une charge exceptionnelle, imprévue, qui venait s'ajouter au fardeau quotidien, imposé par le représentant du pouvoir central. Comme l'autre, il l'acceptait avec résignation. Il s'inclinait devant le sort hostile et, inlassablement, il se remettait à la tâche. Comme les fourmis dont on a saccagé le nid, il recueillait précieusement les matériaux échappés au désastre. Il allait à des « lis » de distance remplir de terre, de bois, de roseaux, les paniers suspendus au fléau de bambou qu'il portait sur son épaule. Et, tous les jours, il recommençait la même besogne, rythmant sa marche pressée et souple au son d'une triste mélopée.

Il ne pouvait échapper à sa destinée. Sa patience laborieuse lui faisait tout accepter jusqu'au jour où, ne pouvant plus satisfaire aux exigences du mandarin, il était jeté en prison pour le reste de sa vie. Parfois, il était purement et simplement dépossédé de son lopin de terre ; tous ses pauvres biens étaient vendus ou saisis. Il ne lui restait plus alors qu'à mourir de faim. Et cela aussi, il le faisait tout uniment, sans cris, sans révolte, avec cette résignation fataliste et animale particulière aux êtres nés sur le continent d'Asie.

Cette passivité s'était encore développée par l'usage de l'opium. La fumée bleue lui donnait une philosophie plus grande pour supporter ses maux. Son estomac délabré criait-il famine, allongé sur une misérable natte auprès de la petite lampe clignotante, il aspirait l'âcre drogue de rebut achetée au rabais. Certes, ce n'était point le poison parfumé et subtil que des serviteurs de choix préparent pour le mandarin ou le riche marchand. Ce n'étaient point là sensations délicates et perverses de lettré ou de snob. Il ne recherchait que l'anéantissement complet de tout son être physique, l'oubli pendant quelques heures de ses souf-frances. Pour lui, ce n'était pas un vice, mais une halte afin que sa carcasse humaine pût à nouveau souffrir et peiner jusqu'au moment où viendrait le grand repos.

Sa religion ne lui était d'aucun secours. Représentée par les bonzes et par les moines à l'image d'un royaume terrestre, elle ne lui donnait aucun espoir d'être accueilli dans cette hiérarchie mandarinale céleste.

Tous ses dieux montraient la même âpreté égoïste, le même désir de richesse que les fonctionnaires impériaux. Jamais une main secourable ne se tendait vers lui. Aussi vendait-il les nippes qui le protégeaient mal des intempéries pour avoir les quelques sapèques suffisantes pour acheter « le néant ».

Pour un temps, il ne serait plus. La mort aurait peut-être pitié de lui et l'enlèverait dans son sommeil de brute éreintée !

Si pour le malheureux, l'opium n'était qu'un dérivatif, pour d'autres, il était une source d'abondantes richesses. La culture en était facile et rémunératrice, et, dans toutes les provinces de l'Empire, les pavots égayaient de leurs couleurs vives la monotonie du paysage chinois.

A plusieurs reprises des tentatives avaient été faites pour mettre fin à la production et à la consommation du dangereux poison. Mais, à partir de 1858, de graves troubles intérieurs et le manque d'argent amenèrent l'Empereur à tirer lui-même profit d'un commerce qu'il était impuissant à supprimer. Contraint par la force d'accepter l'importation étrangère contre laquelle il avait voulu s'élever, il avait été poussé par la nécessité à ne point renoncer à une source importante de revenus que l'état de ses finances ne lui permettait plus d'ailleurs de négliger. Les circonstances l'obligeaient à profiter du vice qui minait son peuple. Il en était réduit sinon à l'encourager du moins à en tirer pour lui-même le meilleur parti possible.

Certes, les vieux édits de Yong Tcheng et de Kien Long qui prohibaient l'usage et la vente de la drogue n'étaient point officiellement rapportés, mais en fait, puisqu'il en touchait des revenus, il donnait son acquiescement tacite au lent empoisonnement, à la déchéance de ses sujets. Ainsi, bon an mal an, le Trésor impérial encaissait près de dix millions de taels. C'était tout au moins la part reversée par les fonctionnaires qui ne se faisaient point faute dans les provinces, d'accaparer pour eux-mêmes le plus gros des revenus.

Tout le monde était content de cet état de choses puisque chacun y trouvait son bénéfice. Il ne venait à personne l'idée de se plaindre. On fumait non seulement dans les fumeries mais encore dans tous les établissements publics, restaurants, hôtels, maisons de thé, maisons hospitalières. Les courtisanes donnaient à fumer à leurs clients. Le vice atteignait toutes les classes de la société : grand mandarin, vice-roi, maréchal, préfet fumaient tout aussi bien que commerçant, paysan ou coolie.

Près de trente pour cent de la population de l'Empire consommait de l'opium, et dans certaines provinces les fumeurs étaient la presque majorité, quarante à soixante pour cent.

C'était une politesse du fonctionnaire que d'offrir une pipe d'opium à son visiteur. Sur le « k'ang » luxueux s'étalait le plateau de fumerie avec toutes sortes d'accessoires délicats et artistiques et c'est au grésillement de la boulette que se poursuivaient les conversations, que se traitaient les affaires.

Après une journée de dur labeur, la coolie préférait sa pipe rustique à un bol de riz. Aux étapes, il reprenait des forces factices en fumant.

Et ainsi d'un bout à l'autre de l'échelle sociale chacun s'abrutissait à qui mieux mieux. Progressivement, la Chine s'engourdissait, s'abêtissait, se perdait en songes vagues.

Le mandarin se délectait au parfum suave de la drogue, son rêve s'étoilait d'or, il échafaudait de merveilleuses combinaisons pour soutirer de l'argent à ses administrés. Il considérait d'un cœur léger les affaires de l'Etat. Dans les nuages de la fumée, ses soucis se dissipaient. Les crimes les plus effrayants devenaient chose naturelle, les vols, les exactions n'existaient plus quand il s'agissait de satisfaire un vice si poétique. Son œil vague et embué suivait les volutes de la fumée, y voyait des paysages aimés, y retrouvait les poètes préférés. Son corps s'allégeait. Dans l'anéantissement de ses muscles et de ses nerfs, son esprit se vivifiait. Il sentait et percevait toute la beauté des choses forgées par son imagination et doucement, de son rêve il glissait dans un lourd sommeil.

L'opium était un élément de prospérité pour le cultivateur. Les provinces de l'Ouest de la Chine, le Kan-sou, le Chen-si, le Chan-si, le Sseutchouan, le Yunnan, le Kouei-tcheou, s'adonnaient tout spécialement à cette culture. C'était un revenu qui venait s'ajouter au produit des récoltes de riz et de céréales, sans d'ailleurs les gêner.

Le pavot se plantait en automne après les moissons. Alors que d'habitude la terre sommeille, que pour le paysan c'est la morte-saison, qu'il voit disparaître et fondre les économies et les provisions péniblement faites, il avait par cette culture la possibilité non seulement d'augmenter ses ressources mais encore de s'enrichir. Il n'était plus autant à la merci de la Nature. Il pouvait regagner ainsi ce que les éléments hostiles lui avaient fait perdre, soit sur le riz, soit sur les autres céréales. Pour lui, plus de chômage, il arrachait à la Terre tout ce qu'elle pouvait donner. Sans arrêt, de sa bêche ou de sa charrue primitive, il éventrait le sein de cette mère nourricière. Il n'avait de pitié ni pour lui ni pour elle. Il la forçait à produire sans trêve. Avec la perspective de l'abondance et de la richesse, il ne pensait pas à compter les heures consacrées à son travail forcené. Il arrivait à retirer de cette culture un revenu trois ou quatre fois supérieur à celui que lui donnaient ses autres plantations. Et parce qu'elle le nourrissait, parce qu'elle lui donnait le bien-être, il restait fidèlement attaché à cette Terre sous laquelle dormaient ses ancêtres, où il irait à son tour se reposer sous un haut tumulus. Ses fils viendraient là brûler religieusement des présents, verser des libations sur la tombe d'un des artisans de la fortune et du bonheur de la famille. Parce qu'il serait régulièrement honoré et vénéré dans la mémoire des siens, il deviendrait un de ces esprits bienfaisants qui, invisiblement, veillent sur la prospérité d'une descendance respectueuse et l'attachent encore plus au bien familial.

Le paysan aimait son champ qui représentait pour lui l'Univers ; il ne voyait, n'ambitionnait rien au-delà. Ainsi, il était facile à mener. Il restait soumis dans son propre intérêt. Il vénérait l'Empereur, le Fils du Ciel, cette divinité vivante qui lui permettait de vivre sur sa terre.

La culture de l'opium avait créé toute une industrie qui prospérait à mesure que le vice se répandait. Elle enrichissait certaines provinces, plus spécialement le Sseuthouan (1).

Mais cette richesse menaçait de ruiner le pays.

Beaucoup de ceux qui voulaient rénover la Chine, en faire un pays libre, indépendant et fort s'étaient rendus compte que le peuple lui-même devait d'abord être régénéré. Il était nécessaire de tirer le pays de sa torpeur, de l'arracher à son vice. De nombreux rapports de hauts fonctionnaires signalaient le péril et préconisaient une série de réformes « anti-opium ».

Le Trône ne pouvait rester indifférent à cette mort lente du pays. Le 20 Septembre 1906, un décret impérial, en notant que le poison avait pénétré dans toute la Nation, qu'il y causait d'effroyables ravages, indiquait qu'il était indispensable d'extirper le mal et stipulait que cette funeste habitude devait disparaître avant dix ans.

Deux autres édits des 7 Février et 26 Juin 1907 reviennent sur la question, confirmant l'intention de la Cour de mettre un terme à l'empoisonnement de la race. Ainsi la Cour donnait l'exemple et renonçait elle-même aux revenus importants que lui fournissait la consommation de la drogue.

Le Conseil d'Empire eut charge d'élaborer les

---

1) Sur une production de 580.000 piculs pour la Chine en 1906, cette province figurait pour 280.000.

Le Yunnan fournissait 78.000 piculs, le Chen si 50.000, Le Kouei tchéou 48.000, le Kan sou 34.000, le Chan si 30.000. (Procès-verbaux de la Conférence de l'opium de Changhaï).

règlements « anti-opium ». En neuf ans, la culture devait avoir complètement disparu. Les fumeurs recevraient des cartes spéciales. A partir de soixante ans, on considérait que l'individu ne pouvait plus se guérir ; mais avant cet âge il devait arriver à renoncer à cette passion, et, progressivement, on réduisait la quantité accordée au fumeur.

Il en était de même pour les producteurs qui graduellement devaient se consacrer à une autre culture et auxquels des permis spéciaux étaient délivrés.

Les officiels étaient tenus de donner l'exemple, et des mesures sévères étaient prescrites contre ceux qui contreviendraient aux règlements.

Malheureusement, si l'intention était bonne, l'application de ces dispositions laissait la porte ouverte à de nouveaux abus. Les autorités locales ne pouvaient négliger une aussi belle occasion de retirer pour elles-mêmes les bénéfices auxquels la dynastie renonçait si généreusement dans l'intérêt national.

La délation était autorisée, recommandée même. Les vengeances personnelles pouvaient librement s'exercer et le petit mandarin, cette plaie de l'administration chinoise, y voyait un bon prétexte à pressurer ses administrés.

Sous le couvert de l'ordre impérial, on commettait des abus de pouvoir, des exactions qui irritaient la population menacée de ruine. Du fait de la suppression de la culture du pavot, les impôts rentraient moins bien. Dans certaines régions montagneuses, les terrains situés sur les hauteurs retombaient en friche, le paysan ne devait plus compter que sur les récoltes ordinaires de céréales.

Le fumeur se cachait, son vice devenait ignominieux. Il était tenu à l'écart des fonctions officielles, si infimes fussent-elles. Le misérable voyait disparaître la consolation qui le soutenait, qui lui faisait tout accepter. Où puiser maintenant la résignation ? Pour lui, plus de relâche aux peines journalières, plus de dérivatif à sa souffrance. Il s'aigrissait, devenait agressif et méchant comme l'animal à qui on retire sa pâture. Il ne se rendait pas compte que c'était pour son bien qu'on l'empêchait de s'empoisonner, parce que ceux qui auraient dû appliquer les règlements dans leur véritable esprit s'en faisaient une arme nouvelle pour le martyriser.

C'était alors la contrebande, la lutte de ruses avec les autorités alléchées par l'appât des primes. Souvent le champ de céréales cachait en son centre la plantation de pavots. D'autre part, on recherchait des stupéfiants nouveaux : la morphine en injections qui provoquaient par la saleté d'horribles plaies ; l'alcool qui donnait un coup de fouet, une gaieté passagère, mais qui rendait fou et violent.

Ruiné, le paysan n'était plus aussi attaché à sa terre. Parfois, il en était chassé parce qu'un ennemi dans la nuit avait planté quelques pavots dans son champ. Le droit d'expropriation octroyé à l'autorité locale contre ceux qui n'observaient pas l'ordre impérial donnait lieu à des abus de toutes sortes. Né possédant plus rien, mis hors la loi, le cultivateur se muait en pirate ou grossissait l'armée des mécontents.

Le mandarin, qui voyait ses revenus diminuer, s'ingéniait à s'enrichir aux dépens de celui qui était impuissant à se défendre contre ses entreprises tortueuses.

Ainsi la décision prise par la dynastie pour le bien du pays se retournait contre elle, lui suscitait de nouveaux ennemis, des gens décidés à tout puisqu'ils n'avaient plus rien à perdre. Et parce qu'ils ne craignaient plus rien, ceux-ci étaient prêts à devenir les auxiliaires inconscients d'une cause qu'ils ne comprenaient pas, de cette révolution dont on faisait miroiter à leurs yeux les bienfaits immédiats. Une promesse quelconque, si vaine, si irréalisable fût-elle, était cependant un espoir auquel ils ne pouvaient renoncer.

De ces gens si souples, si respectueux pour la personne impériale, beaucoup devinrent des brigands qui, plus ou moins affiliés à des sociétés secrètes comme celle des « Ko Lao Houei » dans la vallée du Yang-tseu, furent les premiers contingents de l'armée révolutionnaire. Tous ces misérables qui luttaient pour leur existence, pour leur avenir matériel, mirent brutalement devant le fait accompli les meneurs politiques qui ourdissaient leur complot dans l'ombre et qui n'ont pas eu la gloire de déclancher un mouvement dont ils ont seulement essayé de tirer profit plus pour eux-mêmes que pour le pays.

La dynastie était comme le peuple, victime de ce mandarinat haïssable.

Trop longtemps l'Empereur s'était cru un être exceptionnel et divin. Le dogme de son infaillibilité, de son origine céleste, qu'il avait voulu imposer à son peuple, il était arrivé à y croire lui-même, à avoir une conception plus qu'humaine de sa propre personne ! Il était trop au-dessus des contingences habituelles de la vie pour pouvoir en connaître et comprendre les conditions matérielles, pour apercevoir toutes les iniquités commises en son nom qui allaient détacher de lui une population en général passive, déférente et travailleuse.

Non seulement les murailles de son palais le séparaient de ses sujets, mais encore à ce mur de pierre s'ajoutait le formidable bastion du fonctionnarisme chinois. Les mandarins faisaient bloc autour du Trône moins pour le soutenir et le défendre que pour en tirer avantage.

Les Rites avaient peu à peu consacré la divinité de l'Empereur. Il en était devenu prisonnier. L'étiquette l'isolait de tout. Le mandarin ne voyait pas l'Empereur lorsqu'il était reçu en audience. Le Fils du Ciel, caché derrière un écran, ne pouvait être souillé par le regard d'un mortel ordinaire. Le souffle humain ne pouvait l'atteindre.

Cette pompe rituelle, immuable, cet éloignement volontaire ou imposé de tout ce qui était vie réelle laissaient à ceux qui exécutaient l'ordre impérial, qui étaient les intermédiaires entre cette personne supra-terrestre et les hommes, toute latitude pour abuser d'un pouvoir absolu, discrétionnaire, divin.

Dans le fond, la majorité de la Nation vénérait cet Empereur d'origine céleste. Ce n'est point tant à lui qu'on en voulait qu'à ses ministres, à ses représentants, à ceux qui dénaturaient ses ordres pour exploiter le peuple.

Certains cependant avaient tenté de le faire passer pour un usurpateur, un étranger qui avait détrôné le souverain véritablement chinois.

Les dieux chinois ne se sont-ils pas toujours livrés des combats pour la suprématie du ciel ! Toute la mythologie chinoise est pleine de ces luttes célestes. L'homme ordinaire est trop petit, trop infime pour y intervenir et y prendre parti. Et d'ailleurs cela remontait à plusieurs siècles !

Le peuple englobait dans un même mépris les bonzes et les moines, malhonnêtes intermédiaires de la Divinité et les agents du Trône que la force et l'autorité faisaient craindre mais non estimer et respecter. Des uns comme des autres, il est la victime. C'est contre ceux-là, contre ces artisans de ses peines et de ses maux qu'il regimbe. Il n'en fait pas remonter la cause plus haut. Il ne le veut pas, il ne le peut pas. Cela dépasse son entendement, révolte son âme, son esprit humain.

Les sacrilèges sont l'exception. Murmurer contre l'Empereur est un crime contre une divinité.

Et, c'est ainsi que la rébellion qui fit tomber les Mandchous n'est à son origine ni un mouvement révolutionnaire, ni un mouvement contre la personne même du Souverain.

Le peuple n'est pas entré en révolte contre l'Empereur. La colère du peuple luttant pour des intérêts économiques a été exploitée par ceux qui voulaient la perte de la dynastie et préparaient une révolution.

Les révolutionnaires proprement dits étaient relativement peu nombreux. Ils sont venus trouver les mécontents, les ont encouragés à une action qui n'avait au commencement aucun but politique, mais qui tendait seulement à obtenir la reconnaissance de droits et surtout d'intérêts particuliers et régionaux.

La suppression de la culture du pavot portait une atteinte très sérieuse aux revenus de certaines provinces, spécialement le Sseutchouan. Une crise économique en résultait.

Alors, le Chinois commerçant et spéculateur dans l'âme, a éprouvé le besoin de compenser ce manque à gagner.

La construction des chemins de fer lui fournissait une excellente occasion de se laisser aller au travers de son caractère. Ces vastes entreprises devaient tout naturellement l'attirer, le passionner. Il en espérait des bénéfices considérables tant en spéculant sur les actions, qu'en faisant les marchés de fournitures. Très régionaliste, il entendait, dans sa province, avoir le droit de faire des chemins de fer ou tout au moins de créer des compagnies de chemins de fer dont il aurait seul l'exploitation et le contrôle. Et durant plusieurs années, il eut toute liberté pour former des sociétés pour la construction des voies ferrées. Nombreux étaient les projets. Pour lui, une ligne de chemin de fer était une entreprise commerciale avec cet avantage qu'elle procurait des bénéfices considérables, sans compter les pots de vin.

De toutes les lignes projetées, bien peu ont été construites. Parfois, elles ont été amorcées, le plus souvent l'argent avait fondu avant que les terrassements eussent été entrepris.

Cependant, malgré ces mécomptes, les provinces envisageaient toujours les bénéfices importants qu'elles retireraient des lignes dont elles avaient obtenu la construction et l'exploitation. Elles tenaient à ces droits. Se plaçant à leur point de vue personnel, les habitants des provinces considéraient les lignes de chemin de fer comme une propriété ou une affaire privée. Il ne pouvait donc être question d'une intervention quelconque de l'Etat dans une opération commerciale dont les pertes ou les gains devaient revenir uniquement aux actionnaires.

Cependant les nombreux scandales qui avaient marqué la constitution et l'effondrement des compagnies locales étaient connus du Gouvernement. Celui-ci, sous l'influence du parti réactionnaire, voulut faire acte d'autorité, et le 6 Mai 1911 parut le décret de nationalisation des chemins de fer. En fait, le Trône avait toutes raisons d'intervenir dans une question d'intérêt général. Il avait déjà procédé au rachat du Péking-Hankeou et il ne pouvait que se louer d'une initiative qui n'était pas sans lui procurer les ressources dont il avait le plus grand besoin. De même, il voulait conserver et centraliser les moyens de communications et plus spécialement les grandes artères du Sseut-chouan-Hankeou et du Canton-Hankeou.

L'incapacité notoire des compagnies provinciales à mener à bien d'aussi vastes entreprises lui faisait presque un devoir de les reprendre à son compte. Il avait un intérêt politique, économique et stratégique à établir au plus vite des relations directes entre la capitale excentrique et les provinces lointaines. Il était nécessaire pour le développement du pays que des échanges rapides et sûrs pussent être faits entre les différents centres de production et d'exportation de l'Empire.

L'intention était excellente et l'opinion publique eût favorablement accueilli l'initiative gouvernementale, si le Régent n'avait pas voulu profiter de cette occasion pour manifester de façon éclatante qu'il n'entendait nullement consulter les représentants de la Nation sur une question d'un intérêt aussi général.

La décision fut prise en dehors de l'Assemblée consultative, et, malgré ses protestations. La Cour continuant la politique adoptée sous l'influence des réactionnaires, n'était pas décidée à soumettre ses actes à une assemblée qu'elle redoutait et méprisait. Elle voulait agir seule, sans contrôle.

Cette façon de procéder ne pouvait qu'irriter plus vivement les susceptibilités des éléments avancés. Elle permettait toutes les suppositions que les ennemis de la dynastie ne se firent nullement faute d'exploiter. Sur des gens simples, qui ignorent les dessous de la politique, les insinuations ont toujours prise. — On veut vous déposséder, disait-on, vous ruiner. De l'argent engagé dans les compagnies de chemins de fer, vous ne verrez plus une sapèque. Tout passera dans les poches des mandarins.

La personnalité du ministre des communications, Chen Kong Pao (1), n'était pas sympathique. Il était réputé pour un de ces fonctionnaires prévaricateurs qui s'enrichissaient aux dépens du peuple et de l'Etat. Mais, il avait l'appui du Régent. Il avait promis de trouver de l'argent, de remplir à nouveau les coffres impériaux. La Cour était acculée à une situation financière sans issue.

A tout prix, il fallait des fonds. Chen était l'homme qui se faisait fort d'en procurer. Un contrat d'emprunt, en cours depuis plusieurs années, est enfin conclu avec la France, l'Angleterre, les Etats-Unis, l'Allemagne.

L'Assemblée consultative n'a pas été saisie. L'affaire est escamotée. Qu'importe désormais les protestations ! on a de l'argent. Le succès est assuré. Certes, il y a des mécontents, et nombreux : ceux qui se sont engagés dans des spéculations dangereuses, ceux qui, avec les fonds des actionnaires, ont joué et perdu, ceux qui ont dilapidé les finances des compagnies provinciales. Ceux-là sont effrayés à la pensée des comptes qu'ils auront à rendre. Ils cherchent à échapper aux poursuites qui ne manqueront pas de leur être intentées. Pour se sauver, ils abuseront de la bonne foi de la population. Pour masquer leur scélératesse, ils accuseront la Cour de vendre le pays aux

____

(1) Chen Hsiuan Houai.

Etrangers. N'est-il pas prévu que ce sont les étrangers qui auront la construction et l'exploitation des lignes rachetées ? Les Mandchous aliènent le patrimoine national pour maintenir leur autorité absolue. Il suffit d'agiter le spectre étranger pour susciter un regain de ce patriotisme spécial à tendances xénophobes.

Partout on manifeste. Pourtant, dans les premiers temps, ces démonstrations ne sont point violentes. Ce sont surtout ceux qui géraient les fonds des compagnies ou des sociétés qui organisent ces manifestations, les entretiennent, les renouvellent. Le peuple qui n'est pas directement touché reste en somme assez indifférent. Quand il voit que les travaux se poursuivent, que les coolies travaillent et sont payés, il n'attaque plus un décret qui ne lui porte aucun préjudice.

Si la Cour n'avait pas commis l'insigne maladresse d'afficher son dédain de l'assemblée consultative, si elle n'avait pas fait étalage du peu de considération où elle tenait les représentants de la Nation, elle aurait aisément fait admettre et même approuver son intervention directe dans la question des chemins de fer. Rien ne lui aurait été plus facile que de faire accepter son projet par une assemblée dont elle s'était assuré la majorité. Mais, forte de l'appui financier des quatre puissances (1), elle a été trop heureuse de pouvoir marquer encore plus nettement son attitude intransigeante à l'égard d'un organisme qu'elle détestait profondément.

(1) France, Angleterre, Etats-Unis, Allemagne.

Les protestations venues du Kouang tong, du Hounan et du Sseutchouan n'étaient pas particulièrement violentes. L'agitation contre la nationalisation des chemins de fer n'a été dans les premiers mois que l'expression un peu bruyante du mécontentement de ceux qui voyaient mettre un terme à leurs bénéfices scandaleux, à l'agiotage éhonté sur les valeurs de chemin de fer. Mais, en réalité, il n'apparaissait pas que ce mouvement très local et particulier dût prendre un développement dangereux pour l'avenir de la dynastie.

La personne même de l'Empereur restait au-dessus des attaques. On s'inclinait respectueusement devant les tablettes de Kouang Siu. C'est aux ministres, aux représentants de l'Empereur que l'on s'en prenait. C'est sur les agents d'exécution que se portait tout le ressentiment de la population.

Malheureusement, la Cour persista dans son attitude et les décrets du mois de Septembre sur la question des chemins de fer, loin d'être une amélioration, aggravèrent encore celui qui avait déjà soulevé des protestations.

L'effervescence qui régnait dans les provinces du Sud et de l'Ouest offrait un excellent terrain à la propagande et aux entreprises des révolutionnaires. Aussi, peu à peu reparaissent-ils. Leur présence est signalée un peu partout, mais surtout au Kouang tong. Les sociétés secrètes s'agitent dans la vallée du Yang Tseu. Les étudiants se joignent aux manifestants. Au Sseutchouan, il y a déjà des victimes, le sang a coulé.

La Cour prend des mesures énergiques. On

envoie des troupes, on nomme de nouveaux fonctionnaires ; des ordres sévères sont donnés pour la répression des manifestations. Dans les décrets, on parle maladroitement de rebelles, alors qu'il n'y en a pas encore. Comme dans toutes les périodes troublées, pirates et bandits sortent de leurs repaires, ravagent les campagnes, terrorisent les populations.

Un des lieutenants de Sun Yat sen, Houan Hing, est à Tcheng tou où il organisme le mouvement. Tout le monde s'en mêle. Les commerçants font grève, le plus souvent par crainte du pillage. Le Sseutchouan tout entier est en ébullition. Le vice-roi est attaqué, assiégé dans son Yamen. Malgré une censure sévère, cette nouvelle se répand dans la Chine méridionale. Les troupes, comme toujours mal payées, sont hésitantes, peu sûres, prêtes à faire cause commune avec ceux qu'elles doivent combattre.

A Péking, le faible et inintelligent Régent s'affole et donne des ordres contradictoires. Seul, Cheng Kong Pao est décidé à lutter jusqu'au bout. C'est lui qui agit, qui commande. A la Cour, nulle entente. Des cabales se forment. Non seulement il faut faire face à la révolte d'une province lointaine, mais encore il faut se défendre contre les intrigues du Palais.

Touan Fang, par ordre impérial, doit aller au secours du Vice-roi du Sseutchouan, quelques jours après on lui adjoint l'ancien vice-roi de Canton Tcheng-Tchouen Hiuan. Toutes ces mesures dénotent l'incohérence, l'incapacité, la faiblesse du Gouvernement. On a recours à la force et on temporise. On emploie la violence et on négocie.

Le sol est miné. Les révolutionnaires se sont démasqués. Ils organisent leurs forces sans cesse accrues par de nouvelles désertions des troupes impériales. Des deux côtés on se vend et on achète. L'intérêt, l'ambition conduisent dans les rangs des révoltés des fonctionnaires, des officiers. Les concessions étrangères servent de refuges aux révolutionnaires. Ils y ont leurs officines. Ils y préparent des tracts, des pamphlets, y impriment des journaux, y fabriquent des bombes. L'active société secrète « Tong Mong Houei » — union jurée — envoie des émissaires un peu partout, prépare l'attentat qui mettra les révolutionnaires en possession de Woutchang, Han Yang, Hankeou, le cœur de la Chine.

La Cour perd pied. Elle a peur et lorsqu'elle veut agir, il est trop tard.

Elle a beau s'humilier, disgracier ses favoris d'hier, faire appel à ceux qu'elle a brutalement chassés, peine perdue. Elle n'a pas su conserver l'affection de ses sujets. Elle a causé trop de déceptions. Elle a manqué de grandeur d'âme et d'énergie. Retranchée dans son orgueil égoïste, elle n'a pas su faire des concessions en temps voulu, elle n'a pas su pardonner. Les descendants de Kang Hi et de Kien long ont dégénéré.

C'est un concours exceptionnel de circonstances qui a permis aux révolutionnaires de triompher prématurément d'un Gouvernement décrépi, dirigé par un Régent inerte au milieu d'une Cour dissolue.

Les chefs K'o Ming T'ang n'étaient pas prêts.

Ils n'avaient ni fonds, ni munitions. Ils ont été emportés par le flot des mécontents encadrés par ces jeunes étudiants turbulents. Ils ont été contraints de suivre puisqu'ils ne pouvaient plus arrêter l'élan donné à une masse qu'ils eussent été par eux-mêmes incapables de mettre en mouvement.

Derrière la Grande Muraille, la « Jeune Chine » avait grandi. Et, tout d'un coup, comme un poussin qui a brisé sa coquille, elle s'ébrouait, agitait ses ailes naissantes, puis s'élançait, mal assurée encore, du Sud au Nord, de l'Ouest à l'Est, chantant sa délivrance, ivre de mouvement et de liberté.

CHAPITRE IV

La société chinoise au début de la Révolution. — La Révolution
du 10 octobre 1911. — Appel de la Cour à Yuan Che Kai. —
Deuxième session de l'Assemblée Nationale. — La Charte impériale.

L'Assemblée consultative était en vacances. La
Cour n'entendait plus ses remontrances et n'admettait même plus qu'elle se permît d'en faire.
Les représentants des provinces ne se fiaient que
médiocrement à une immunité parlementaire que
le Gouvernement était prêt à violer. Le projet de
Chen-Kong-Pao, s'il déchaînait au loin de véhémentes récriminations, donnait par contre au Régent, à la Cour, aux princes et dignitaires de
l'Empire une quiétude presque complète. On avait
des jours dorés devant soi ! On s'amusait, on
paradait en brillant équipage. On construisait des
palais, on perdait une fortune au jeu. Les théâtres,
les maisons de thé regorgeaient de monde. Les
grands mandarins aux somptueux vêtements de
soie, affalés dans leur voiture, qu'escortaient des
coureurs et des cavaliers bariolés et bruyants se
rendaient au plaisir. Les coups pleuvaient dru
sur les épaules de la foule trop lente à se garer

pour laisser passer leurs Excellences. Une rumeur sans fin s'élevait des quartiers de nuit. Les violons grinçaient soutenant la voix perçante des chanteurs et des chanteuses. Des milliers de femmes, de fillettes, de jeunes éphèbes se prêtaient aux caprices des mandarins assoiffés de sensations, de vices. Les nuits se passaient en orgies.

Pendant que les inondations couvraient des régions entières, que la famine désolait certains districts, le riche fonctionnaire régalait ses invités de marque de plats recherchés et dépensait en un soir de quoi faire vivre une famille pendant un an.

L'Empire tombait en pourriture et pas un de ceux qui en vivaient n'avait le courage de travailler à son relèvement. Dans le cerveau du mandarin jouisseur aveuglé et détraqué par l'orgueil germaient les plus étranges fantaisies. Il n'avait qu'une idée : posséder cet argent qui permet de satisfaire tous les caprices. Il s'ingéniait à étonner par son raffinement et son luxe. C'était un moyen d'arriver que de fournir à ses supérieurs des concubines ou des chanteurs. Certains, profitant de cette faiblesse du caractère chinois, atteignaient aux plus hautes prébendes parce que leurs charmes physiques leur avaient acquis la tendre affection et l'appui d'un Ministre ou d'un grand personnage. Rien ne pouvait émouvoir la haute société chinoise dépravée, désséchée par un égoïsme féroce. L'excès même de sa civilisation faisandée la rendait indifférente à tout ce qui n'aidait pas à la satisfaction de ses bas instincts. Chez elle, plus de sentiments nobles.

La dynastie n'avait pu échapper à la contagion. Les princes donnaient l'exemple d'une vie scandaleuse et dissolue. Ils faisaient étalage de leurs passions malsaines et semblaient tenir à honneur de se distinguer par leurs excentricités et d'offrir le spectacle de leurs turpitudes. Oublieux de leurs ancêtres, dédaigneux de tout respect humain, ils se roulaient dans la fange. Les abus de toutes espèces tuaient en eux dignité et énergie.

L'édifice administratif et politique chinois était comme une maison rongée par les termites. Bien que lézardée, l'extérieur conservait encore une certaine apparence de grandeur et de solidité. Mais, l'ensemble ne tenait que par artifice, par habitude.

Une secousse suffit à faire tomber cette façade. On vit alors que la charpente était irrémédiablement vermoulue et on comprit qu'elle n'offrirait aucune résistance à la bourrasque dont on percevait le lointain grondement.

Le 10 Octobre 1911 un incident, en lui-même insignifiant, une mutinerie de quelques soldats, provoque la catastrophe. Une bombe éclatant accidentellement sur une concession étrangère à Hankeou fait découvrir un complot militaire. La crainte des représailles conduit tous ceux qui sont plus ou moins directement compromis à agir rapidement contre les autorités impériales, et, presque sans coup férir, Woutchang tombe aux mains des révoltés. Un chef est élu, c'est le général Ly Yuan Hong. Brave homme, très simple, un peu lent, un peu lourd, d'intelligence médiocre, il est le reflet de la volonté de son entourage de bouillants étudiants. Il est ainsi poussé à jouer un rôle dont l'importance le remplit à la fois d'orgueil et de timidité. Ce militaire qui semble gêné dans ses hautes bottes et dans son uniforme, ce gros homme dont la principale distraction consiste à dessiner à la brosse de larges et beaux caractères, dont il ne comprend pas toujours le sens, va devenir le porte-parole des Révolutionnaires. C'est lui qui, de Woutchang, lance les proclamations de la « Jeune Chine ». Tel est le champion de la liberté contre l'absolutisme.

Le vice-roi du Hou Kouang, Jouei Tcheng, ne juge pas nécessaire de s'exposer et a tôt fait de passer le Yangtseu pour se réfugier sur les concessions à Hankeou. De là, il compte organiser des troupes pour reprendre possession de sa capitale, qui restera d'ailleurs la forteresse inexpugnable de la Révolution.

Les Révolutionnaires ne perdent pas de temps. Han Yang, ses usines et son arsenal tombent en leur possession. Hankeou est occupé sans résistance. Ils vont pouvoir s'armer, fabriquer des munitions. Ils ont sans retard exploité leur premier succès, tandis qu'à Péking, la Cour affolée n'a pris aucune mesure pour réprimer cette rébellion. Aux mutins se joignent sans cesse plus nombreux les vrais révolutionnaires. Tous montrent une énergie peu commune. Ce sont les beaux jours, les jours glorieux de la Révolution chinoise. On se bat avec enthousiasme pour « l'Idée ». Les uniformes manquent, on se contente d'un brassard épinglé sur un vêtement civil. Il n'y a pas assez d'armes : celles des blessés, celles de ceux qui tombent passent aux mains de ceux qui viennent combattre et mourir pour la liberté. Ils ne sont point entraînés, mais ils ont l'élan et. c'est dans la bataille qu'ils apprennent à manier leurs fusils. Ils n'ont que peu d'artillerie ; c'est à l'ennemi qu'ils prennent les batteries qui les aident à riposter plus ou moins maladroitement. Rien ne les arrête, ils veulent vaincre et font trembler l'Empire. Leur exemple est contagieux, toute la Chine du Sud les suit anxieusement, puis les imite. Leur ténacité, leur abnégation permettent à la Révolution de s'organiser, de s'étendre tandis qu'à Péking c'est la désorganisation, l'éparpillement des forces, des ordres, des contre-ordres, des menaces, des prières, l'émiettement d'un pouvoir séculaire, la faiblesse et la peur qui glacent les cœurs.

Déjà de hauts fonctionnaires, des princes disparaissent alors qu'on se bat à mille trois cents kilomètres de la capitale, et vont chercher asile sur les concessions étrangères dans les ports ouverts. C'est l'exode de tous ceux que la lâcheté fait fuir un péril encore lointain, de tous ceux qui, gorgés de richesses, veulent les mettre à l'abri. Ils abandonnent le Régent, la famille impériale pour pouvoir jouir en toute liberté et en lieu sûr du fruit de leurs rapines. Tous ces nobles, tous ces hauts dignitaires qui, il y a quelques jours encore, écrasaient le peuple de leur mépris et de leur morgue, n'osent point faire face au danger et défendre cet Empereur à qui ils doivent leur fortune, qui pour eux et par eux a perdu l'affection de ses sujets.

L'Empire se désagrège ; tous les jours c'est une ville nouvelle, une province qui passe à la Révolution. Le mouvement se propage rapidement au long du Fleuve bleu. Kiu Kiang puis Nanking, l'ancienne capitale des Ming, Changhaï, le grand port chinois, se rallient aux révoltés. Sur la côte, à Foutcheou, à Canton, les impériaux sont contraints d'abandonner la place. Il n'y a presque pas de résistance. Exceptionnellement on se bat, mais, dans la majorité des cas, tout se passe sans effusion de sang. Du côté impérial, aucun geste, aucun acte de courage. Tel qui a juré de tenir jusqu'au bout est le premier à donner l'exemple d'une fuite éperdue. Tous ces mandchous, tous ces Tartares campés dans les villes chinoises restent comme hébétés. Ils ne tentent rien. Ils lâchent pied.

En quelques jours, toute la Chine du Sud est acquise à la cause révolutionnaire. Dans le Nord, le Chantong proclame son indépendance, le Chansi et le Honan sont le théâtre de troubles.

La Cour est atterrée, l'Impératrice douairière Long Yu est abattue et incapable de prendre le pouvoir. Le Régent perd la tête, il ne sait à qui confier le soin de sauver l'Empire. Finalement, sous la pression du vieux prince K'ing, il nomme le 15 Octobre 1911 Yuan Che Kai vice-roi du Hou-Pei et du Hou-nan. C'est à celui qu'il a honteusement chassé après la mort de Kouang siu qu'il est contraint de s'adresser. C'est celui qu'il a profondément humilié qu'il charge de reprendre les provinces révoltées et de sauver le trône.

Le ministre de la guerre Yin Tchang a le commandement des troupes de terre, de ces troupes dont Yuan fut le créateur et l'organisateur. Le Régent commet une nouvelle faute en nommant trois personnes à la direction des opérations contre les révolutionnaires : Jouei Tcheng, l'ex-vice-roi qui a si rapidement abandonné Woutchang, Yuan-Che-kai le nouveau vice-roi et Yin-Tchang soldat de parade. Yuan n'est pas homme à accepter d'être placé en sous-ordre. Il faut que sans conteste il soit le maître absolu, il lui faut les mains libres. Il n'a pas oublié l'affront qu'il a reçu ni qui le lui a infligé. Il a attendu patiemment dans sa somptueuse retraite de Tchang-Te-Fou le moment où la fortune lui adresserait un nouveau sourire. Son heure est venue. Il n'est point pressé d'accepter le poste que lui confie son ennemi personnel, le Régent, contraint par les circonstances. Il sait mieux que personne la gravité de la situation. Bien qu'il paraisse douter, suivant la formule habituelle chinoise, de ses capacités et de ses mérites, il a conscience qu'il est seul capable de tenir tête à l'orage. Ce militaire est un rusé et fin diplomate. Il n'oublie pas la vengeance qu'il a à tirer du Régent. Il ne veut pas non plus compromettre son prestige dans une aventure dont le succès est très douteux. L'affaire est mal engagée. Il a beaucoup plus confiance dans des négociations où son esprit délié, sa rouerie lui donneront des avantages sérieux, une supériorité que le sort, toujours aléatoire, des armes ne saurait lui assurer. Il est plus habile de sa part de laisser les deux adversaires s'user. Il lui sera loisible d'intervenir au moment où les impériaux étant complètement désorganisés, les révolutionnaires auront commencé à constituer un embryon de gouvernement avec lequel on pourra négocier. Il faut amener les uns au bord de l'abîme, soit pour jouer au sauveteur, soit pour donner la dernière poussée qui les fera basculer ; il faut faire sentir aux autres la difficulté de triompher d'une dynastie qui règne depuis près de trois siècles, d'établir un gouvernement accepté par toute la Chine, reconnu par les Puissances étrangères.

Devant le danger menaçant, la Cour n'a plus qu'une idée, protéger la capitale et se mettre elle-même à l'abri des entreprises révolutionnaires. Il n'est plus question de reprendre pied au Sseut-chouan ou dans les provinces du Sud qui se sont affranchies du pouvoir central, mais de défendre l'accès de Péking aux troupes révolutionnaires. C'est à quoi se bornent désormais tous les efforts des Impériaux. Woutchang reste la citadelle des révoltés, la capitale révolutionnaire.

C'est la Chine du Sud qui déjà se dresse contre la Chine du Nord.

Li Yuan Hong lance de fulminantes proclamations rédigées par Houang Hing, grand-maître du « Tong Mong Houei », de l'Union jurée, dans lesquelles il se fait fort d'aller « détruire le nid des mandchous malfaisants ». De son côté, Yin Tchang réplique par de grandiloquentes menaces. A la façon des héros grecs, on s'interpelle, on s'injurie. Le ministre de la guerre n'apporte pas un grand empressement ni une grande rapidité à exécuter un mouvement en avant. Il reste à bonne distance du champ de bataille, à soixante-dix kilomètres des avant-postes révolutionaires. Il attend les renforts. Aux attaques, les révoltés résistent opiniâtrément. Ils ne cèdent le terrain que pied à pied, lorsque les positions deviennent intenables sous le feu de l'artillerie. Et ce n'est que le 30 octobre 1911 que les Impériaux parviennent à reprendre Hankeou dont la cité chinoise est livrée aux flammes.

Yuan Che Kai escomptait pouvoir tirer parti de l'effet moral produit par ce succès. Mais, il ne se faisait cependant aucune illusion quant au résultat final d'une lutte prolongée avec des troupes dont la fidélité n'était pas à toute épreuve. Et, il commence les négociations à la façon chinoise, sans renoncer complètement aux démonstrations par les armes qui donneront plus de poids à ses propositions. En lui-même, il jugeait la partie perdue pour la Cour. Des ruines de la dynastie, il pouvait personnellement tirer profit et sur des décombres asseoir un nouveau pouvoir dont il serait le chef incontesté. Pourtant, il ne tenait pas complètement dans ses mains les destinées de la dynastie, et, d'autre part, il ne lui était pas encore possible d'imposer sa volonté aux révolutionnaires. Certes, il jouissait auprès de tous d'un grand prestige que lui valaient son énergie, sa valeur personnelle, ses talents d'organisateur. Mais son autoritarisme et son orgueil le rendaient dangereux et suspect aux uns comme aux autres. La Cour se méfiait de cet homme énigmatique qu'elle considérait comme acquis aux idées nouvelles. Les révolutionnaires de leur côté ne pouvaient oublier qu'il était le principal artisan de l'échec des réformistes en 1898. A la Cour il triompherait facilement des rancunes, des haines que le danger pressant obligeait à dissimuler prudemment. Il lui fallait, sans toutefois se compromettre ouvertement, donner des gages de loyauté à un parti qu'il n'était pas encore en mesure de juguler et dont il comptait se servir pour la réalisation de ses propres entreprises. Après, il saurait bien se débarrasser d'auxiliaires susceptibles de devenir un obstacle à ses ambitieuses visées.

Les circonstances allaient l'aider dans ses subtils projets.

*
* *

A Péking, l'assemblée consultative a repris sa session régulière le 22 Octobre 1911 et, dès l'ouverture, le Régent fait appel aux bons sentiments de ceux qu'il méprisait si profondément l'année précédente. Ce ne sont plus maintenant des menaces, mais presque des prières adressées à cette assemblée qui est l'espoir du pays et « qui doit travailler dans les limites qui lui ont été fixées ». Elle a tôt fait de prendre une revanche des humiliations reçues. Elle ne se contente plus du cadre étroit où on avait voulu la confiner. Elle donne ses avis, elle dicte ses volontés, elle impose ses conditions. Devant elle, la Cour s'incline et capitule. Et c'est le jeune Empereur, cet enfant que des tuteurs et des conseillers, maladroits parfois, le plus souvent malhonnêtes, ont conduit à la ruine, que l'on fait parler, qui demande pardon des fautes qui ont été commises par ceux qui avaient reçu la garde du Trône et qui ont été incapables de le sauver du désastre. C'est lui qui doit faire acte de contrition. C'est cet enfant qui vient à peine de commencer ses études qui s'accuse des erreurs accumulées par une dynastie ancienne, trop étroitement confinée dans des rites désuets, trop séparée de ses sujets. C'est lui qui se charge de tous les péchés des descendants dégénérés de Kang hi et qui supporte seul les conséquences d'une politique que sa jeunesse l'empêchait de comprendre.

La petite assemblée consultative est plus hautaine depuis que la Révolution est venue lui donner un nouvel appui. Ce renfort, qu'au fond elle ne désirait pas, qui l'effrayait même, l'aide à imposer sa volonté à cette Cour chancelante. Grâce au soulèvement de la majorité des provinces purement chinoises, elle va pouvoir prendre une revanche éclatante.

Dès les premières séances, elle reprend la question des chemins de fer. Devant ses remontrances, la Cour, pour se tirer d'affaire, offre une victime expiatoire : le Ministre des communications, Chen-Kong-Pao. C'est sur lui que l'on tente de détourner l'orage. Publiquement, par décret du 26 Octobre 1911, on le désavoue, on le destitue « parce qu'il a violé les lois, parce qu'il n'a point saisi l'assemblée consultative du projet de rachat des chemins de fer, parce qu'il a déchaînées les justes revendications des actionnaires sseutchouannais ». Celui qui, quelques jours auparavant, était encore assez puissant pour faire nommer un de ses fidèles, un ennemi de Yuan Che-Kai, vice-roi du Sseut-chouan, est obligé de fuir rapidement la capitale où sa vie est désormais en danger.

Par la même occasion, on blâme le prince K'ing et les conseillers Na tong et Siu Che Tchang.

Enfin, pour flatter Yuan Che Kai, on nomme un de ses plus fidèles amis, Tang Chao Yi, à la direction du Ministère des communications.

En destituant Chen Kong Pao, la Cour donnait une preuve de faiblesse. Elle se mettait en contradiction avec elle-même. N'avait-elle pas, alors qu'elle se croyait la plus forte, soutenu son ministre contre toutes les protestations et des députés et des provinces ? N'était-elle pas restée sourde aux prières de ses sujets ? N'avait-elle pas ordonné une répression sanglante ? N'avait-elle pas voulu soumettre par la force les protestataires du Sseut-chouan ?

Personne n'était plus dupe de ses tardifs remords, de cette confession publique d'une faute dont elle chargeait ses serviteurs pour dégager sa propre responsabilité. Elle se déconsidérait aux yeux de son peuple. Elle capitulait. C'est en spéculant sur sa lâcheté que désormais l'assemblée la tiendra en son pouvoir. C'est par ce seul moyen qu'elle l'amènera à tout accepter, à se livrer entièrement. L'Assemblée consultative se sent forte devant cette Cour que la peur paralyse. Elle s'applique maintenant à se venger des affronts reçus lors de la première session. La lâcheté des gouvernants la rend audacieuse. Elle s'arroge les pouvoirs d'un véritable Parlement, et, cette fois, personne ne songe à contester ses droits réels ou usurpés. Ce ne sont plus de timides avis mais des demandes comminatoires qu'elle adresse. Devant la volonté chancelante du Trône, la sienne se fait plus ferme, plus intransigeante. On l'a invitée à coopérer au sauvetage du gouvernement : elle l'accuse et lui dicte ses conditions. La dynastie s'est mise elle-même dans l'engrenage où elle passera toute entière.

L'Assemblée reprend aussitôt la question du Cabinet responsable qui l'avait mise si fortement en opposition avec la Cour et lui avait valu de vertes réprimandes, un cinglant rappel à l'ordre de la part du Régent. Mais les temps sont changés. Les dirigeants ont trop montré leur angoisse et leur faiblesse. L'illustre dynastie devient le jouet de la petite assemblée.

Au cours des séances de fin octobre, l'assemblée a pris une importante décision en ce qui concerne la composition du Cabinet responsable : les membres de la famille impériale en seront exclus. Elle considère que c'est le seul moyen d'arriver à un apaisement des passions. Une étroite collaboration du peuple et du gouvernement est nécessaire pour rétablir l'ordre. Cette collaboration ne peut être réalisée que par le Cabinet responsable formé par des hommes qui n'auront aucune attache avec la famille impériale.

Elle a attaqué le sujet délicat de la Constitution. Il n'appartient pas, à son avis, au Trône d'opter pour tel ou tel système. Ce sont les représentants de la Nation qui doivent élaborer les lois constitutionnelles.

Elle sanctionne le triomphe de la Révolution.

Le mouvement qui a abouti au détachement de la majorité des provinces de Chine est légitimé. Ce n'est pas une révolte mais une révolution politique qui a pour but l'établissement d'une monarchie constitutionnelle. C'est la manifestation du droit qu'a le peuple d'imposer la forme de Gouvernement qui lui convient, qu'il a librement choisie. La conclusion est qu'une amnistie générale doit être accordée aux représentants des partis avancés, compromis, emprisonnés ou exilés.

Enfin, l'assemblée exige le châtiment de ceux qui, par leur mauvaise administration, sont responsables de la lutte fratricide qui se livre sur le Yangtseu.

C'est ainsi qu'elle entend aider au sauvetage de la dynastie croulante. Et, pour mieux faire accepter ses propositions, elle lie partie avec les éléments militaires. L'armée menace de faire défection si une constitution n'est pas immédiatement accordée.

Atterrée par ce nouveau et menaçant danger, la Cour, abandonnée de tous, s'incline devant l'Assemblée, accède à ses exigences, laisse échapper lambeaux par lambeaux le pouvoir qu'elle détenait depuis des siècles. Devant cet embryon de Parlement, elle s'humilie et fait amende honorable. En moins d'un mois, la dynastie étrangère qui avait maintenu en esclavage quatre cent millions de sujets, dont l'autorité s'étendait sur le plus vaste empire du monde, voyait crouler son pouvoir. Le souverain devant qui tremblaient les plus puissants de ses vassaux, craignait maintenant pour sa propre sécurité. Trouverait-il un régiment décidé à défendre sa personne et son palais ?

En faisant toutes les concessions qu'on lui demande, la Cour espère encore se sauver, et par toute une série de décrets elle consacre et rend publique sa capitulation.

Elle accepte que les membres de la famille impériale ne fassent plus désormais partie du Cabinet responsable. En même temps, le fameux conseil privé est supprimé. La forteresse réactionnaire est démantelée. La Cour reconnaît à l'assemblée le droit de discuter les lois constitutionnelles et la presse même de commencer ses travaux. Elle accorde l'amnistie à ceux qui ont été poursuivis pour délits politiques depuis 1898 jusqu'au jour du décret, c'est-à-dire le 30 Octobre 1911, à ceux qui, pour les mêmes raisons, se sont réfugiés à l'étranger et enfin, « à ceux qui, contraints et forcés, ont pris une part quelconque ou se sont trouvés compromis dans le mouvement révolutionnaire ». Tous les réformistes, progressistes et révolutionnaires repentants sont pardonnés.

La Cour va plus loin encore, non contente de donner son approbation complète et de sanctionner par édit les desiderata de l'assemblée, elle reconnaît publiquement et officiellement ses fautes. Elle s'en excuse et le jeune Empereur Siuan Tong fait son mea culpa : il s'est trompé dans le choix de ses fonctionnaires qui n'ont jamais recherché que leur intérêt personnel ; les troubles du Sseut-chouan, du Hou pei et des autres provinces ont leur origine dans la mauvaise administration du pays. Et Lui, l'enfant impérial, Pou Yi, confesse son erreur, sa très grande faute, s'en repent et jure solennellement de respecter la Constitution.

Les décrets du 30 octobre 1911 marquent la fin du pouvoir absolu des Tsing et le commencement de la monarchie constitutionnelle chinoise. Il n'y aura plus désormais qu'une ombre de Gouvernement impérial qui, dans l'espace de quelques mois, s'effacera devant le nouveau maître des destinées de la Chine.

Inlassablement, Yuan Che Kai poursuit le but qu'il s'est fixé et la Cour désemparée met en lui sinon toute sa confiance du moins tout son espoir.

Le succès remporté à Hankeou sur les révolutionnaires lui a permis de démontrer qu'il a les moyens de leur interdire l'accès du Nord de la Chine et de protéger la dynastie. Là ne se borne pas son ambition, il veut prendre les rênes du Gouvernement. Il a su se rendre indispensable. Le pusillanime Régent, incapable de trouver en lui-même l'énergie nécessaire pour résister au courant qui menace d'emporter la dynastie, se jette dans les bras de son pire ennemi. Il ne recule devant rien pour s'attacher l'homme qu'il a jadis bafoué ; il est prêt à tout abandonner à celui dans lequel il persiste à voir le sauveur du Trône. Le premier Novembre paraît un décret nommant Yuan Che Kai Président du Conseil des Ministres. C'est lui qui va désormais assumer la lourde tâche de reconstituer un Empire qui tombe en morceaux, de refaire l'unité de la Chine. Investi de tous pouvoirs, Yuan entre aussitôt en négociations ouvertes avec les révolutionnaires pour arrêter les opérations militaires. Il lui est indispensable d'avoir quelques semaines de répit pour organiser le nouveau Gouvernement et, après avoir pris contact avec Péking, d'arrêter son plan.

Admirablement bien renseigné et tenu au courant par ses fidèles de ce qui se trame, des tractations secrètes qui ont lieu entre l'assemblée et les militaires, il préfère laisser la Cour livrée à elle-même. Il interviendra comme le deus ex machina au moment critique, où hors d'état de nuire, réduite aux abois, trahie par tous, elle n'aura que lui comme défenseur.

Tous les jours, elle cède un peu plus et le 3 Novembre, elle accepte et promulgue la « Charte impériale » en dix-neuf articles, imposée par l'assemblée consultative sous la pression de la Ligue militaire. L'Empereur s'engage à prêter serment devant le Temple des Ancêtres et à respecter les principes qui serviront de base à la Constitution.

La dynastie Ta Tsing continuera de régner, mais combien diminuée ! La personne de l'Empereur est inviolable. Ses pouvoirs sont limités par la Constitution qui détermine l'ordre de succession au Trône. L'assemblée consultative dont l'existence était si précaire prend une importance considérable puisqu'à défaut d'assemblée nationale, elle élabore les lois constitutionnelles. Elle seule peut amender la Constitution. Elle élit le président du Conseil qui est ensuite nommé par l'Empereur. Elle peut mettre ce Président en accusation. Elle vote le budget et fixe le montant de la liste civile.

Il ne reste à l'Empereur que le contrôle direct

de l'armée et de la marine, avec cependant cette restriction qu'il ne pourra en user pour les affaires intérieures sans l'assentiment de l'assemblée. Il peut déclarer la guerre sauf l'approbation des représentants dont le consentement est indispensable pour la conclusion des traités internationaux. Il promulgue les décisions du Parlement. Cette fois, le Trône est bien ligoté.

On conserve l'Empereur comme une vieille relique dont on se débarrassera à la première occasion.

Il n'a d'ailleurs pas encore vidé la coupe d'amertume. Pendant qu'au Hou Kouang, Yuan Che Kai, Président du Conseil et commandant des troupes, négocie et poursuit les opérations militaires dont l'exécution est confiée par lui aux généraux Fong Kouo Tchang et Touan Ki Jouei, à Péking, on promulgue toujours de nouveaux décrets bien humbles, pleins d'excuses parce qu'on se bat, de promesses parce qu'il faut ramener les fidélités chancelantes.

L'incendie de Hankeou a provoqué une vive indignation. C'est l'œuvre d'un Mandchou, Yin Tchang, ministre de la guerre, rappelé d'urgence à Péking pour calmer l'émotion. Cette vengeance inutile et maladroite est naturellement exploitée contre la dynastie qui est encore forcée de descendre plus bas pour ne pas périr. Elle promulgue le 5 un décret par lequel elle reconnaît aux K'o Ming T'ang, aux révolutionnaires, le droit de constituer un parti politique. Elle consacre ainsi leur existence légale. Mais, rien ne peut contenir le flot montant de la révolution : le Chan-si est en révolte, on s'y bat, on se massacre, on y assassine le général envoyé par l'Empereur ; le Chantong exige son autonomie ; le Yunnan proclame son indépendance ; Changhaï, Nanking puis Canton sont aux révolutionnaires.

L'assemblée est toujours pleine d'activité, bien que nombre de députés se soient rendus dans les provinces. On vote sur la question de la réunion immédiate du Parlement. On élit Yuan Che Kai premier ministre. Aussitôt des décrets viennent corroborer ces décisions. Car la Cour estime devoir encore donner des preuves de sa bonne volonté et de son désir de voir revenir le calme et la paix. Le 10 Novembre un décret proclame l'égalité absolue entre Chinois et Mandchous que « la dynastie considère tous comme des enfants, qu'elle aime d'un même cœur ».

De son côté, Yuan Che Kai télégraphie dans tout l'Empire son intention d'introduire en Chine le système constitutionnel et le gouvernement représentatif, d'étudier tous les amendements raisonnables qui seraient proposés aux lois constitutionnelles. Mais, en même temps, il marque publiquement sa ferme intention de défendre la dynastie régnante. Il semble vouloir mettre un point final à la série des concessions faites hâtivement par la Cour. Il ne veut pas d'un pouvoir trop amoindri. Il ne saurait être prisonnier d'une constitution trop étroite.

Dès lors les décrets changent de ton et comportent même quelques menaces à l'égard de ceux qui « fauteurs de troubles, agitateurs, ennemis de tout pouvoir, sont un danger public pour l'Etat ».

Cette attitude plus ferme contraste étrangement avec l'humilité des jours précédents.

L'Empereur n'est déjà plus que le porte-parole de Yuan Che Kai.

L'arrivée du Président du Conseil dans la capitale le 13 Novembre est une démonstration impressionnante du nouvel état de choses. C'est le dictateur qui vient prendre possession du pouvoir. Des troupes nombreuses assurent le service d'ordre, et sa garde personnelle, composée d'hommes de stature imposante, armés d'énormes coupe-têtes, laisse à penser que désormais on trouvera à qui parler. Il n'y a point de parade éclatante et inutile, mais on sent qu'une force nouvelle a surgi, qu'il faudra la respecter, qu'au besoin elle brisera tout pour s'établir solidement.

La Cour va pouvoir respirer !

Elle a désormais à côté d'elle un défenseur énergique, un gardien vigilant, un maître... son maître et celui de la Chine révolutionnaire.

CHAPITRE V

La présence de Yuan Che Kai se fait immédiatement sentir. Tout rentre rapidement dans l'ordre. On sait qu'il ne faut point plaisanter avec l'ancien vice-roi du Tche Li. Les principaux postes sont tenus par ses amis et ses anciens collaborateurs. L'assemblée s'est d'elle-même épurée, elle n'est presque plus composée que de ses partisans. Elle doit être pour lui un instrument.

Pour couper court aux intrigues des K'o Ming T'ang, il fait nommer douze pacificateurs qui, par leur situation et leur renommée, pourront efficacement agir dans leurs provinces. Leur mission consiste à faire connaître les intentions de la Cour, d'établir un lien entre le Gouvernement central et les provinces, d'introduire les réformes administratives nécessaires à la conservation de l'Etat et au bien du peuple. En réalité, il s'agit de ramener les douze provinces dissidentes au

Gouvernement de Péking et d'éviter une scission entre le Sud et le Nord.

Ce plan est complété par un édit qui ordonne à tous les vice-rois et gouverneurs de convoquer les notables et de faire élire par eux dans chaque provinces trois à cinq délégués, versés dans les affaires administratives. Ces représentants d'exception seront convoqués à Péking pour prendre part à une conférence générale dont le but est de « consolider les bases de l'Etat et d'assurer l'existence paisible des populations ». Ainsi l'action de Yuan-Che-Kai s'exercera et par ses représentants dans les provinces, chargés de porter la bonne parole et de belles promesses, et par ceux des provinces qu'il compte avoir auprès de lui à Péking et qu'il saura s'attacher (les petits cadeaux entretiennent l'amitié). En Chine, on est tout particulièrement sensible à la manifestation palpable et sonnante d'une sympathie qui n'est généralement désintéressée ni d'un côté ni de l'autre.

Dès le 16 Novembre, Yuan forme le premier Cabinet républicain de la nouvelle monarchie constitutionnelle. Les Chinois y ont neuf portefeuilles : les Affaires étrangères, l'Intérieur, les Finances, l'Instruction publique, la Guerre, la Marine, la Justice, l'Agriculture, l'Industrie et le Commerce, les Postes et communications. Un Mandchou est chargé du ministère des colonies. En outre, dix ministres adjoints sont nommés parmi lesquels le fameux disciple de K'ang Yeou Wei, Leang Ki Tchao à la Justice. Les hommes qui composent ce cabinet purement chinois sont très modérés : on y compte un seul réformiste notoire et les K'o

Ming T'ang n'y ont aucune place. Yuan n'aime pas beaucoup les révolutionnaires. Il est obligé de les subir pour le moment, mais, systématiquement, il les éloigne du pouvoir. Il veut rétablir l'ordre, et ce sont des éléments de désordre avec lesquels on est toujours sur pied de guerre.

Sa secrète rancune à l'égard de ces gens turbulents est encore accrue par la communication que Ly Yuan Hong adresse le 4 Novembre 1911 au Corps consulaire de Hankeou. Le champion de la liberté notifie que « les commandants des armées des provinces autonomes » l'ont élu chef du Gouvernement central républicain dont le siège est à Woutchang. Il spécifie que les traités et emprunts précédemment conclus avec la Chine seront reconnus par le nouveau Gouvernement. Il garantit la protection, la sécurité, le maintien des droits, privilèges et propriétés des Etrangers mais, il dénonce tous les emprunts qui, à dater du 4 Novembre, viendraient à être consentis et déclare que toute aide apportée à la dynastie déchue sera considérée comme un acte d'hostilité. Le parti révolutionnaire prend nettement position et se refuse à reconnaître le Gouvernement de Péking. Il adopte une attitude hostile au nouveau Cabinet formé par Yuan Che Kai. Il semble que ce soit une provocation directe. Mais le Président du Conseil n'y attache, pour l'instant du moins et en apparence, qu'une médiocre importance. Il ne s'émeut point des déclarations des révolutionnaires. L'ancien gouvernement a pour lui d'être reconnu de longue date par les puissances. C'est un appoint énorme, une carte qui lui permet de pousser son jeu. Il poursuit donc l'exécution de son plan. L'assemblée de plus en plus réduite le gêne encore. Il y a quelques tiraillements, des discours tendancieux, une indépendance trop grande, une tendance à diminuer encore les attributions du pouvoir central. Il y met bon ordre. Un décret du 21 Novembre 1911 décide que désormais les pétitions et les rapports devront être présentés au Président du Conseil directement et non plus au trône. Il statuera donc seul sur les projets soumis à l'Assemblée.

Tout en réglant cette question, il remplace peu à peu les fonctionnaires importants par ses créatures et insensiblement étend son autorité. C'est un travail de patience qui consiste à substituer aux anciens rouages de la vieille machine de nouvelles pièces sans rien arrêter, sans rien brusquer.

En même temps, les opérations militaires se poursuivent avec lenteur dans la vallée du Yangseu. Le général Fong Kouo Tchang reprend Hanyang et menace Woutchang. Mais à quelques jours de là, Nanking est occupé, définitivement cette fois, par les troupes révolutionnaires. Grâce à l'aide officieuse des étrangers, un armistice est conclu à Hankeou pour trois jours. La guerre est virtuellement terminée. Le Yangtseu est le fossé derrière lequel se tiendront et se retrancheront les Impériaux au Nord, les révolutionnaires au Sud. Désormais, c'est la lutte politique et diplomatique qui commence. Yuan a nettement l'avantage. Le Gouvernement du Nord est faible et désorganisé, mais il existe encore et pour les

Chinois et pour les Puissances étrangères. Il s'agit de remettre de l'ordre, de réparer et de consolider l'édifice administratif. La grosse question est le manque de fonds. En face, tente de se dresser le Gouvernement républicain, mais il n'est pas organisé. Il n'a pas encore droit de cité. Les chefs sont nombreux, trop nombreux et tout le monde commande. Il n'y a pas à proprement parler de Gouvernement révolutionnaire. Il n'y a que des provinces ralliées à la Révolution. Or, le sentiment qui domine, c'est le particularisme et le désir d'une autonomie aussi complète que possible. L'Empire chinois tend à devenir une mosaïque de petits Etats. Les provinces ont parfois des intérêts contraires, elles se jalousent. Dans l'immense famille chinoise, les races se heurtent, s'opposent, se détestent souvent. Du Nord au Sud, entre purs Chinois, on ne parle pas la même langue, on ne se comprend pas. L'unité de l'Empire ne résultait pas d'une communauté d'intérêts et de sentiments. L'obéissance, librement acceptée ou durement imposée, à un monarque, servait surtout de lien entre tous les éléments épars sur la vaste terre chinoise. Le président du Conseil, pour empêcher une dislocation de la Chine, devait donc, provisoirement du moins, s'opposer de toutes ses forces à l'abdication de l'Empereur. Le Fils du Ciel était malgré tout, pour la majorité de la population, le symbole vivant de la Nation. Nul autre que lui ne pouvait accomplir les rites religieux desquels dépendaient la continuité de la tradition et l'avenir du Pays. De même que dans toute famille il faut un descendant mâle pour la célébration du culte des Ancêtres, de même il était indispensable qu'il y eût un membre de la grande famille chinoise pour présenter au ciel divinisé les offrandes et accomplir les sacrifices. C'est ce lien religieux si ténu qu'il fallait se garder de rompre. Si les esprits forts faisaient bon marché de pareilles croyances, la masse n'aurait pas vu sans effroi un tel sacrilège, un tel mépris de la vraie religion de la Chine.

Les révolutionnaires, dans l'ensemble, n'avaient pu fouler aux pieds les convictions populaires. Ils s'étaient acharnés à reprendre Nanking, parce que c'était le berceau des Ming, des Empereurs chinois chassés par le Mandchou. Ils voulaient réveiller le sentiment national en rendant hommage au fondateur de la dynastie disparue dont le tombeau se dresse dans les collines qui, vers le Sud, limitent l'horizon de l'antique capitale. Ils essayaient de renouer le fil de la tradition et se heurtaient en même temps à la difficulté de retrouver un authentique descendant de la dynastie éteinte, seul digne d'être le grand prêtre de la religion céleste.

L'âme chinoise n'avait pas encore assez évolué à cette époque pour pouvoir s'affranchir d'un culte millénaire. Les missionnaires de la Young Mens Christian Association n'avaient encore eu ni le temps, ni les moyens de répandre dans la jeunesse chinoise ce moralisme dissolvant qui a eu une si funeste influence sur l'avenir du pays.

*
* *

L'armistice conclu, les négociations commencèrent non sans difficultés dès les débuts.

Les représentants du Gouvernement révolutionnaire ne veulent point reconnaître les négociateurs envoyés par le Nord. La première conférence doit sé tenir à Woutchang, puis on décide qu'elle aura lieu à Changhaï. De là, le docteur Wou Ting Fang, représentant diplomatique des révolutionnaires, adresse de nombreuses et pressantes communications où il insiste sur la nécessité de l'abdication de l'Empereur et de la constitution d'un Gouvernement républicain. On ne veut plus discuter avec la Régence, mais directement avec le Président du Conseil régulièrement élu, chef du Cabinet responsable. Pour Yuan Che Kai qui veut éviter toute nouvelle rupture, il devient indispensable d'obtenir la démission du prince Régent. Ce devoir que lui imposent les circonstances, n'a rien qui soit de nature à lui déplaire. Le Régent n'est certes pas gênant, il n'a qu'à signer les décrets préparés par le premier ministre. C'est encore trop. Le 6 Décembre, sous le nom de l'Impératrice douairière Long Yu, paraît un décret ordonnant au Prince Régent de se retirer dans son palais. Désormais, le Président du Conseil des Ministres et les Ministres d'Etat nommeront les fonctionnaires. Les édits seront revêtus du sceau impérial. Officiellement, on reconnaît l'incompétence du Régent qui, depuis trois ans, s'est maladroitement acquitté de la lourde charge de conduire l'Etat. Deux tuteurs, Che Hu et Siu Che tchang sont nommés auprès du jeune Empereur. L'Impératrice douairière paraîtra à côté de lui.

Yuan Che Kai a pris sa revanche sur le prince Régent qui l'avait chassé et qui à son tour est destitué avec des considérants peu flatteurs. Dans le Nord, Yuan est maître de la situation. Il a gagné la première manche de la partie, la dynastie est à sa merci. Tranquille du côté de la Cour, il lui reste la tâche délicate et ardue de vaincre ou de convaincre les révolutionnaires. Pour se faire bien voir d'eux, il voudrait mettre fin aux opérations militaires. Il négocie, il discute et il est puissamment aidé dans ces pourparlers par son fidèle ami Tang Chao Yi qui, chef de la délégation du Nord, part pour Woutchang puis pour Changhaï où s'est transportée la conférence.

Dès le début, les révolutinnaires se montrent intransigeants. Le serment prêté par l'Empereur aux dix-neuf articles de la Constitution, la formation d'un Cabinet responsable, la retraite du Prince régent, ne leur suffisent point. Ce qu'ils veulent avant tout, c'est l'abdication de la dynastie et la constitution d'un Gouvernement républicain. Le représentant de Yuan Che Kai au contraire propose le maintien de la dynastie, avec un président du Conseil élu par le peuple et investi de toutes les attributions d'un Président de république. Mais rien ne peut réduire l'entêtement des Cantonais, car les chefs révolutionnaires sont, en majorité, originaires de la province du Kouang tong. Ils ont apporté à la Conférence leur esprit sectaire, leur orgueil et leur mauvaise foi. C'est une opposition systématique à toute discussion raisonnable. C'est l'hostilité latente du Sud contre le Nord qui se fait jour et demeure irréductible. Malgré tous ses efforts et ses concessions, Tang Chao Yi ne peut aboutir à un résultat satisfaisant. Toutefois, l'Assemblée de Changhaï est loin de représenter la Chine entière. Nombreuses sont les provinces qui n'y ont point de délégués. La rapidité avec laquelle elle a été constituée n'a pas permis aux députés de certaines provinces d'assister aux séances. Mais les révolutionnaires et surtout leur porte-parole Wou Ting Fang ne s'arrêtent pas à ce détail, cependant important. Ils sont décidés à imposer leur volonté, celle d'une minorité bruyante et turbulente. Ils partent de ce principe que, seuls, ils sont dépositaires et gardiens de la légalité. Ils représentent la vérité. Ils sont le dogme de l'infaillibilité révolutionnaire et républicaine.

Cette attitude se fait plus intransigeante du jour où le grand agitateur, le fondateur du parti K'o Ming Tang, Sun Yat sen arrive à Changhaï. Les révolutionnaires exultent. La partie que joue Yuan Che Kai devient plus dure. Il doit déployer toutes les ressources de son intelligence, toute la finesse de son esprit délié et souple pour triompher d'un obstacle d'où dépend l'avenir du Pays.

Le congrès de Changhaï s'est complété ; dix-sept provinces sur dix-huit y sont représentées, seul le Tche Ly est resté à l'écart. Brusquement, cette conférence se transforme en Assemblée nationale. On passe outre aux protestations de Yuan Che Kai qui voudrait que l'Assemblée nationale fût régulièrement constituée, suivant un projet qu'il a déjà communiqué. Il n'y a désormais plus de temps à perdre.

A la suite de conversations tenues au Palais impérial au cours desquelles le Président du Conseil offre sa démission et fait ressortir la gravité de la situation, un décret du 28 décembre reconnaît qu'il est nécessaire de convoquer d'urgence le Parlement qui décidera de la forme de gouvernement la mieux adaptée aux besoins actuels de la Chine. La dynastie se déclare prête à s'en remettre à la décision populaire. Mais si elle admet ce nouveau principe déjà contraire à la Constitution qui lui a été imposée, elle établit également que « l'opinion d'un groupe de la population ne peut avoir de valeur décisive dans cette question ». D'avance, elle met en garde le peuple contre la tendance d'une minorité à imposer sa volonté au reste du pays.

L'impatience des révolutionnaires est extrême. Ils veulent forcer la main du Président du Conseil dont les efforts de temporisation les irritent. L'antagonisme entre le Nord et le Sud se fait plus âpre, et l'Assemblée de Changhaï élit Sun-Yat-sen Président provisoire de la République chinoise.

A Yuan-Che-Kai, représentant de la dynastie, chef du nouvel Empire constitutionnel, on oppose le docteur Sun-Yat-sen, le révolutionnaire militant, l'agitateur qui depuis des années parcourt le monde pour recueillir les fonds nécessaires à sa propagande. Les K'o Ming T'ang tiennent à consacrer la victoire qu'ils ont remportée grâce à des éléments sur lesquels ils ne comptaient pas et par suite de circonstances indépendantes de leur volonté. Devant eux, ils poussent l'homme à qui ses théories politiques et sociales font une auréole d'apôtre. Sa vie aventureuse et mystérieuse, ses apparitions et ses disparitions subites, ses discours et ses écrits dans lesquels il expose des idées chères aux démocrates, aux socialistes, voire même aux communistes, lui ont acquis les sympathies des chefs de partis avancés du monde entier. Celui qui a dénoncé les abus des Mandchous, étalé au grand jour les tares du fonctionnarisme chinois, flétri les vices d'une dynastie étrangère, cache derrière lui une séquelle de politiciens que dévorent une soif ardente du pouvoir et un désir immodéré de s'enrichir. Sur les pas du tribun populaire se presse uune tourbe remuante de gens forgeant sans cesse des projets nouveaux et remplaçant les actes par de vagues théories. Leur fanatisme étroit les conduit à prendre leurs propres points de vue pour des principes essentiels. Ils s'imaginent être affranchis de tous préjugés, de toutes croyances inutiles et tombent dans les lieux communs les plus rebattus, dans les utopies les plus anciennes et les plus vides. Leur suffisance leur donne une foi si absolue en eux-mêmes qu'ils ne voient aucune difficulté à transformer brusquement un Empire comme la Chine en république. Rien n'égale leur inexpérience des choses de l'Etat. Théoriciens bornés, ils n'ont aucune idée pratique et ils raisonnent dans l'abstrait.

Le nouveau Président n'est pas plus qu'eux au courant des nécessités du pays. Sun Yat sen est un déraciné. Il a peu vécu en Chine. Dès son jeune âge, il est parti pour les îles Sandwich où sa famille a émigré et c'est dans la colonie anglaise de Hong Kong qu'il termine ses études. La politique, dans laquelle il se jette ensuite à corps perdu, l'oblige à fuir la Chine et à commencer cette existence errante qu'il mènera durant des années sous le nom de Sun Wen, Sun Yi Sien, Sun Man, Docteur Takano. De taille moyenne, d'apparence plutôt grêle, la physionomie ouverte, les yeux vifs et noirs, le front découvert, il a l'élocution facile, le verbe entraînant. Il expose ses idées avec force et clarté. Il a le don de se faire comprendre de tous. Sa subtile rhétorique abuse ses auditeurs et il est lui-même dupe des mots.

Pas la moindre idée pratique dans la proclamation qu'il lance au lendemain de son élection. Il n'indique aucun moyen de panser les blessures par où risque de s'échapper la vie du corps chinois.

A côté de Sun Yat sen, le nouveau gouvernement républicain dont la capitale est Nanking, comprend les hommes qui ont joué un rôle prépondérant dans le soulèvement révolutionnaire : Ly Yuan Hong, vice-président, et Houang-Hing, premier ministre. Ce n'est d'ailleurs qu'un organisme provisoire auprès duquel la conférence de Changhaï tend à jouer un rôle prépondérant. Elle stipule que l'Assemblée nationale décidera de la forme de Gouvernement à adopter. Jusque là, le Nord et le Sud s'engagent à ne point contracter d'emprunts étrangers et à ne point recourir aux armes. Les troupes républicaines resteront sur leurs positions, les troupes du Nord devront se retirer à cent lis des premières lignes. C'est donc officiellement la cessation des hostilités, qui, en fait, n'ont plus été reprises depuis la signature de l'armistice de Hankeou.

Partiellement, Yuan Che Kai a réalisé son programme de pacification. Il lui reste à accomplir le travail d'unification du pays. C'est à cette tâche très délicate qu'il va désormais s'atteler malgré les grosses difficultés que lui opposera l'entêtement des révolutionnaires. La création du Gouvernement provisoire républicain représenté par Sun Yat-sen le favorisera. Cette manifestation des révolutionnaires qui, au premier moment, pouvait être considérée comme dangereuse, va l'aider à triompher. Car, au lieu d'avoir à éparpiller ses efforts, il trouvera devant lui un organe unique avec lequel il lui sera plus commode de négocier.

Dès ce moment, entre Nanking et Péking, c'est un échange incessant de télégrammes. La démission de Tang Chao Yi, représentant de Yuan Che Kai auprès du Gouvernement embryonnaire du Sud, n'arrête rien, au contraire. Des deux côtés, on déploie une grande activité. Protestations, propositions se croisent et s'enchevêtrent. Les pourparlers gravitent autour de la question de l'abdication à laquelle les révolutionnaires tiennent par dessus tout, et à laquelle Yuan Che Kai ne veut pas et ne peut pas se presser d'accéder, tant qu'il n'est pas assuré d'en retirer seul le bénéfice. Il n'est pas homme à laisser perdre le fruit de son patient labeur. Or, le fruit est à peine arrivé à maturité. Le cueillir en hâte serait un larcin, le laisser tomber pour le ramasser ensuite, serait une maladresse. Comme l'araignée prévoyante, il a de Péking progressivement et doucement tendu son filet sur toute la Chine. Presque tous ceux qui sont nantis de hautes situations officielles s'y cramponnent. Les intérêts personnels en jeu sont trop nombreux et trop considérables, les espérances surtout trop belles, pour que ceux qui ont bénéficié de la protection de l'homme d'Etat ne s'appliquent pas, par tous les moyens, à faire pression en sa faveur. Alléchés par le gâteau auquel ils ont commencé de goûter, tous ceux qui en ont une part et tous ceux qui espèrent en avoir une, se font les artisans de son triomphe, le soutiennent, l'imposent au Gouvernement du Sud. C'est une manifestation si unanime et qui paraît si spontanée que les chefs révolutionnaires n'y peuvent résister. Ils sont prêts à s'incliner devant le vœu populaire dès qu'ils auront l'assurance de voir disparaître la dynastie mandchoue.

En réalité, du jour où Yuan Che Kai est venu prendre le pouvoir à Péking, l'Empereur Tsing a cessé d'être. L'abdication n'est donc plus qu'une question de forme et de « face ». Le Président du Conseil a depuis longtemps conscience que ses efforts ne parviendront pas à sauver une dynastie qui, de capitulations en capitulations, est arrivée à abandonner tout pouvoir effectif. La responsabilité de cette déchéance revient à ceux qui avaient la garde du Trône, qui devaient s'efforcer de conserver intact au jeune Empereur Siuan Tong le patrimoine politique de ses ancêtres. Tous les princes mandchous qui se plaisaient à parader en de brillants uniformes n'étaient que des mannequins. Aucun d'eux n'a esquissé un acte d'énergie. Alors même qu'il fût resté inutile, un tel geste eût été une marque de courage et de noblesse. Si peu enclin à l'enthousiasme que soit le peuple chinois, peut-être se fût-il rallié à une dynastie qui avait donné plus de cent années de grandeur et de prospérité au pays.

Dans un Etat comme la Chine où le souverain était en quelque sorte une idole, un peu de volonté aurait facilement ranimé une croyance endormie mais qui subsistait chez tous. Or, ceux-là mêmes qui étaient les grands prêtres de cette religion d'Etat, ceux qui gardaient la divinité n'eurent pas le sang-froid de masquer leur trouble et leur doute lorsqu'elle commença de chanceler. Ils n'eurent qu'une hâte : recueillir leurs trésors et s'enfuir. En de semblables circonstances, l'homme à qui l'on donnait pour mission de sauver une dynastie qui ne croyait plus en elle, ne pouvait se montrer plus royaliste que le roi. Placé dans une situation telle qu'il tenait en ses mains les rênes du Gouvernement, il était normal qu'il essayât de capter un héritage que les ayants-droits abandonnaient par avance. Prêts à se désister d'une succession qu'ils estimaient peut-être trop lourde pour leurs mains débiles, ils s'attachèrent seulement par de vils marchandages à faire monter l'enchère.

La dynastie n'avait plus que le souci de monnayer sa gloire et son pouvoir déchus.

*
* *

Dès lors Yuan Che Kai poursuit une double négociation. D'une part, il s'assure à lui-même le pouvoir, d'autre part, il défend au mieux les intérêts matériels de la dynastie et s'efforce d'obtenir pour elle le meilleur traitement.

C'est directement avec le chef du Gouvernement de Nanking qu'il entre en pourparlers. Sun et son entourage, démolisseurs avant tout, sont incapables d'organiser quoi que ce soit. La capitale du Sud est le royaume de l'anarchie : un désordre effroyable, une gabegie invraisemblable menacent d'y discréditer à jamais la République. Sun Yat sen qui sent son incompétence s'effacera volontiers devant celui qui aura le courage de remettre de l'ordre dans le pays bouleversé. Il est prêt à s'incliner docilement devant l'homme qui, à maintes reprises, a montré ses talents d'organisateur et d'administrateur. Le prestige personnel du grand révolutionnaire lui permet de rallier ses partisans aux propositions du Président du Conseil, de l'assurer de son concours, c'est-à-dire de sa renonciation à la Présidence. Yuan de son côté, obtiendra l'abdication formelle de l'Empereur sous certaines conditions qui assureront à la dynastie déchue une existence dorée aux frais du nouveau Gouvernement. Muni par décret en date du 3 Février 1912 des pleins pouvoirs de la Cour, où il a facilement triomphé de toutes les intrigues, il lui est loisible de conclure secrètement avec le

Président provisoire des arrangements et de se débarrasser à la fois des Mandchous dans le Nord et des révolutionnaires militants qui s'agitent à Canton et dans la vallée du Yangtseu.

Plusieurs semaines sont cependant nécessaires pour arriver à un accord de principe. Les révolutionnaires, par le canal du docteur Wou Ting Fang, veulent obtenir toutes garanties contre la dynastie qui est leur bête noire. Ils cherchent aussi à lier Yuan Che Kai dont ils craignent toujours l'intelligence et la ruse. La situation menace de s'éterniser. Des deux côtés, on est pressé d'arriver à un arrangement que la fin prochaine de l'armistice rend désirable. Malgré les menaces, aucun des adversaires ne tient à rallumer la guerre civile. Grâce à l'active collaboration de Tang Chao Yi, de nouveau délégué de Yuan, on arrive enfin à un compromis.

L'Empereur conserve son titre honorifique, mais abandonne tout pouvoir politique. Il reçoit une liste civile de quatre millions de dollars. Il garde le Palais impérial ainsi que tout le personnel nécessaire. Les sacrifices aux ancêtres continueront d'être accomplis par lui comme par le passé. Des fonds spéciaux seront affectés à la construction du tombeau de l'Empereur Kouang Siu. Les princes et ducs sont maintenus dans leurs dignités. Leurs propriétés sont garanties. Ils ont les mêmes droits que les autres citoyens.

Mandchous, Mongols, Thibétains, Mahométans, Chinois sont égaux et jouissent de droits et privilèges exactement semblables.

Mais les révolutionnaires s'obstinent dans l'idée

de transférer la capitale à Nanking. Yuan ne veut à aucun prix de ce changement et ne s'attarde pas à discuter une question qu'il se réserve de résoudre à sa façon.

En fait, Yuan Che Kai, en possession des décrets d'abdication depuis plusieurs jours, ne se presse point de les publier tant qu'il n'a pas pris toutes les mesures nécessaires pour assurer sans heurt la transmission des pouvoirs.

Ce n'est que le 12 Février 1912, que paraissent enfin les trois documents qui consacrent la disparition effective de la dynastie Ta Tsing.

Sa Majesté l'Empereur investit le peuple de la souveraineté et se prononce pour une forme républicaine de gouvernement. Yuan Che Kai élu premier Ministre par l'Assemblée consultative, est muni des pleins pouvoirs pour organiser le Gouvernement républicain provisoire et discuter avec l'armée républicaine les moyens d'assurer l'union des cinq peuples chinois, mandchou, mongol, thibétain, musulman qui composent l'Empire.

La dynastie renonce au pouvoir pour faciliter le rétablissement de la paix, œuvre qu'elle confie à Yuan Che Kai de même qu'elle lui a confié ses destinées.

Pour elle qui n'a pas su faire le bonheur du peuple, elle renonce à la scène politique moyennant « un traitement libéral » qui consiste en une rente de plusieurs millions et quelques autres avantages. Retirée dans le Palais impérial qui lui est spécialement réservé, elle souhaite voir longtemps à l'œuvre le nouveau Gouvernement. Il semble qu'elle éprouve comme un soulagement à passer la main. Désormais délivrée de tous soucis, de toutes responsabilités, elle s'associe par avance au bonheur que le régime républicain ne manquera pas d'apporter au peuple.

En somme, elle se félicite de ce dénouement. Elle a eu très peur, elle s'en tire à bon compte et fait même une fructueuse opération commerciale. Plus de charges ; elle est grassement rentée pour ne rien faire. Son avidité en même temps que sa satisfaction d'avoir obtenu un bénéfice matériel considérable apparaissent dans les deux principaux décrets par lesquels elle consacre l'aliénation du patrimoine de gloire des premiers empereurs Tsing (1). Le souci de l'honneur du nom ne tient pas devant l'appât du gain. Puisque tout se vend en Chine, le fier Mandchou a vendu l'ombre de son pouvoir. Et il est d'autant plus heureux, qu'il a pu duper quelqu'un, le nouveau gouvernement républicain qui trouve un trésor vide et un pays en désordre.

Yuan Che Kai recueille enfin le prix de ses efforts et de son adroite diplomatie.

C'est de la dynastie qu'il tient le pouvoir auquel

(1) La dynastie mandchoue a régné sur la Chine de 1644 à 1912. Voici la liste des empereurs qui se sont succédé :

Choun Tche	1644-1661
Kang Hi	1662-1722
Yong Tcheng	1723-1735
Kien Long	1736-1795
Kia King	1796-1820
Tao Kouang	1821-1850
Hien Fong	1851-1861
Tong Tche	1862-1875
Kouang Siu	1876-1910
Siuan T'ong	1911-1912 (12 février).

Sun Yat sen, le président provisoire a cru avantageux de renoncer.

La situation est délicate plus qu'elle ne l'a jamais été. Mille difficultés se dressent dès le début. La succession laissée par les Tsing est lourde. Il y a tout un passé qu'il faut liquider, un présent à régler, un avenir à préparer.

C'est à ce dur labeur que l'énergique homme d'Etat va désormais se consacrer.

DEUXIÈME PARTIE

LA RÉPUBLIQUE CHINOISE

CHAPITRE VI

L'abdication de l'Empereur et la transmission du pouvoir à Yuan Che Kai soulèvent dès le début, de véhémentes protestations d'une partie des révolutionnaires. Les K'o Ming T'ang avancés ne peuvent admettre que Yuan Che Kai succède officiellement et en quelque sorte légitimement à l'Empereur déchu, sans que l'Assemblée nationale provisoire ait été appelée à se prononcer sur cette importante question. A leur point de vue, il est de toute nécessité que Yuan Che Kai se rende à Nanking pour y être régulièrement élu par les représentants des provinces et pour prêter serment de fidélité à la République. Cette obligation, Yuan cherche à l'éluder ; il ne lui convient pas de s'éloigner de la capitale où il s'est installé en maître, où il a toutes ses troupes sous la main. Des mécontents, il ne tient aucun compte, fort qu'il est de l'appui de Sun Yat sen, qui agit assez énergiquement sur l'Assemblée de Nanking pour enlever à l'unanimité l'élection de Yuan Che Kai comme président provisoire de la jeune République chinoise. Aux télégrammes de l'Assemblée le félicitant et le pressant de venir à Nanking, Yuan réplique en insistant sur la gravité de la situation diplomatique qui exige sa présence à Péking, auprès des Légations, tant que le nouveau Gouvernement n'est pas reconnu par les Puissances étrangères. Contrainte de céder devant l'immuable volonté du Président, l'Assemblée de Nanking décide d'envoyer dans le Nord une délégation spéciale pour trancher le différend. Ne pouvant bousculer l'obstacle, Yuan l'a tourné. Bien qu'il ne voie pas d'un bon œil la perspective d'une discussion âpre et serrée avec les délégués de Nanking, il fait contre mauvaise fortune bon cœur. Il lui était difficile d'acheter toute une Assemblée ; il lui sera plus aisé de s'attacher quelques hommes. Il n'est pas à court de moyens pour les persuader et les convaincre, s'il le faut, de l'impérieuse obligation où il est de demeurer dans le Nord.

Dès leur arrivée à Péking où ils sont accueillis avec les plus grands honneurs et un déploiement imposant de forces, les envoyés du Sud ont une conférence avec le Président. D'un côté comme de l'autre, on se butte à la question qui paraît insoluble du voyage à Nanking. Les délégués ont juré de décider Yuan à descendre dans le Sud ; leurs efforts se brisent contre l'invincible obstination du Président.

La situation est sans issue, chacun persistant dans son attitude intransigeante.

Mais, brusquement, sans que rien ait transpiré, des troubles éclatent dans la soirée du premier

Mars. Des coups de fusils partent de tous côtés, les mitrailleuses crépitent ; au loin le canon tonne et dans le ciel pur et transparent de l'hiver pékinois ,s'élèvent les hautes flammes des maisons incendiées. La ville paraît embrasée, de lourdes colonnes de fumée rougeoyante montent et s'étalent. Le pillage bat son plein. Ce sont les troupes de la troisième division qui se sont révoltées à l'annonce du départ probable de Yuan Che Kai et qui manifestent ainsi leur mécontentement. Et cela dure pendant trois jours, avec des accalmies dans la journée pour reprendre la nuit. Trois longs jours d'angoisse pour les délégués du Sud qui, désormais convaincus que la présence de Yuan Che Kai est indispensable à Péking, n'ont qu'un désir, quitter une ville où l'on est si peu en sécurité.

L'Assemblée de Nanking s'empresse de télégraphier à Yuan Che Kai, — car, malgré tout, les moyens de communications fonctionnent normalement, — qu'il n'est point nécessaire pour lui de quitter Péking dans un tel moment. Tout se réglera d'un commun accord par un échange de télégrammes entre Péking et Nanking.

Et c'est ainsi que, le 10 Mars 1912, Yuan Che Kai prête serment à la Constitution à Péking même, au Ministère des Affaires étrangères où il a établi sa résidence.

Aussitôt, l'ordre est très rapidement établi dans le Nord.

Yuan Che Kai a montré que, s'il jouait bien la comédie, il était également bon tragédien. Une impitoyable répression suivit cette mutinerie et les rues de la capitale jalonnées de cadavres aux têtes coupées furent une démonstration de la rigueur avec laquelle le Président entendait faire régner l'ordre dans le Pays agité. A bon entendeur, salut ! Les délégués du Sud, les fauteurs de troubles, les agitateurs de toute espèce se le tinrent pour dit.

La Chine avait jeté à terre une dynastie faible et débonnaire, elle s'était donné un maître, un rude pilote à la poigne de fer.

Comme pour tous les Chinois de vieille roche, le mot « République » n'avait pas pour Yuan Che Kai un sens très précis. Il ne signifiait pour lui qu'un nouveau gouvernement auquel le peuple pouvait prendre une certaine part, mais dont lui se réservait la principale, puisqu'il tenait le pouvoir au lieu et place de l'Empereur auquel il était substitué directement en vertu des décrets d'abdication. « République » n'était en tout cas pas, à son point de vue, synonyme d'anarchie, et liberté ne devait pas se confondre avec licence.

Son dessein était de faire régner l'ordre.

Dans la Chine républicaine, tout était à faire. La rapidité avec laquelle les événements qui amenèrent la chute de la dynastie s'étaient développés, avait complètement désorganisé le pays. Rien n'était préparé pour asseoir sur des bases légales une nouvelle forme de gouvernement. Le régime impérial avait disparu ; c'était un fait acquis : mais rien ne le remplaçait. A l'Empereur succédait simplement un homme qui avait pour mission de construire un nouveau Gouvernement. A ce moment, Yuan Che Kai personnifiait seul le pays. L'Assemblée de Nanking n'était qu'un congrès provisoire de révolutionnaires qui ne représentait pas tout l'Empire, qui n'avait rien de légal. Elle s'était arrogé des droits qu'aucun texte ne légitimait. Elle avait élu un président provisoire d'après l'ébauche de Constitution de 1911. Il fallait au plus tôt établir des règlements qui permettraient en attendant l'élaboration d'une véritable constitution appropriée au pays, de vivre, de faire figure d'Etat organisé tant à l'intérieur qu'à l'extérieur. C'est l'œuvre à laquelle s'attacha tout spécialement le docteur Wou Ting Fang. Le projet adopté le 10 Mars 1912 par l'Assemblée de Nanking est officiellement publié le 15 Mars à Péking, sous la dénomination de « Yue Fa » ou « loi conventionnelle ». Dès lors, la Chine a une Constitution, provisoire encore, il est vrai, mais qui paraît suffisante pour le moment. Ce n'est d'ailleurs pas de son plein gré que Yuan Che Kai la promulgue, mais il est de toute nécessité qu'un instrument légal, si mauvais et si imparfait soit-il, vienne déterminer les droits, les devoirs et les attributions de chacun. Dans le chaos où se débat le pays, c'est une planche de salut qui n'est point à négliger, quitte à la rejeter lorsqu'elle aura cessé d'être utile. Grâce à cette constitution, il sera possible d'organiser un Gouvernement accepté par le pays et d'obtenir peut-être des Puissances étrangères la reconnaissance officielle de la République de Chine. Il faut donner confiance à tout le monde, aussi bien au peuple qui ignore où va le conduire cette chose inconnue de lui qu'est la République, qu'aux Puissances étrangères dont le concours financier ne sera obtenu que si elles ont devant elles un Etat qui offre vraiment des garanties de durée et de solidité.

Cette Constitution provisoire valable pour dix mois seulement permettra à Yuan Che Kai de rétablir un peu d'ordre dans le pays et de préparer les amendements à la Constitution définitive que l'expérience aura suggérés.

Autant que possible, les rédacteurs de la loi conventionnelle se sont attachés à diminuer les attributions du pouvoir exécutif et à subordonner le plus grand nombre de ses actes à l'approbation du Parlement.

C'est du peuple délivré de son long servage que viennent tous les pouvoirs.

Tous les citoyens sont égaux sans distinction de race ou de religion.

Dans toute l'étendue du territoire de la République qui comprend, outre les dix-huit provinces purement chinoises, la Mandchourie, la Mongolie, le Thibet et le Turkestan, la liberté doit régner : liberté de personne, de parole, de presse, de réunion, d'association, de domicile, de profession, de correspondance, de religion. Tous les citoyens sont électeurs et éligibles. Auparavant, ils n'avaient que des devoirs, ils ont maintenant des droits : droit de pétition au Parlement et aux Ministères, droit d'ester en justice, droit de se présenter aux examens des carrières officielles. Leur seul devoir est de payer l'impôt et d'accomplir le service militaire.

Les pouvoirs exécutif, législatif et judiciaire sont désormais nettement séparés et délimités.

Le Président de la République représente la Nation. Il promulgue les lois. Il a le commandement des armées de terre et de mer, mais le Parlement en détermine l'emploi. Les nominations des officiers et des fonctionnaires lui appartiennent sauf cependant en ce qui concerne les Ministres, les Ambassadeurs et représentants de la Chine à l'étranger, pour lesquels l'approbation du Parlement est nécessaire. Il peut présenter à l'Assemblée des projets de loi. Il a le droit de grâce spéciale, celui de grâce générale étant limité par la nécessité d'obtenir le consentement du Parlement.

Les ministres nommés par le président contresignent les projets présidentiels et sont responsables devant le Parlement. Celui-ci est composé de cent vingt et un membres, à raison de cinq par province et un pour le Turkestan. Il vote les lois, le budget, les impôts, les emprunts. Il ratifie les déclarations de guerre et les traités de paix. Il sert d'élément compensateur pour contrebalancer et restreindre l'action du Président qu'il peut mettre en accusation ainsi que les Ministres.

C'est l'assemblée provisoire qui doit élaborer la loi électorale pour la constitution du Parlement définitif.

Les juges sont indépendants et inamovibles. Les audiences des cours et des tribunaux sont publiques.

Cette constitution était loin de donner satisfaction à Yuan Che Kai, mais sa persévérance et son habileté lui permettront de transformer peu à peu le rôle purement représentatif qui lui est dévolu en un rôle plus actif et de concentrer en ses mains les pouvoirs que les révolutionnaires se sont efforcés de limiter et d'éparpiller. Ancien mandarin militaire, il ne saurait s'accommoder d'une constitution aussi étroite et il n'aura de cesse qu'il n'ait mué en dictature le pouvoir qu'il tient de l'Empereur et dans lequel il a été confirmé par l'Assemblée révolutionnaire de Nanking. A son avis, il faut dans l'état où se trouve la Chine un pouvoir exécutif solide qui sache agir sans perdre de temps en discussions oiseuses. La masse chinoise n'est pas encore assez avertie des affaires de l'Etat pour y prendre une part utile. Il importe de faire son éducation politique progressivement et de ne point la mettre du jour au lendemain en présence de problèmes qui dépasseraient son entendement et dont elle serait incapable de saisir toute la complication. En réalité, il ne convient pas au Président de voir tous ses actes contrôlés et discutés par un Parlement de révolutionnaires. Avant toute chose, il faut procéder à l'escamotage de l'Assemblée. C'est là le but ; mais pour l'atteindre, le chemin est hérissé d'obstacles. Le principal est représenté par les K'o Ming T'ang, ces révolutionnaires qu'il est contraint de tolérer, et contre lesquels il garde au fond du cœur une grande méfiance et une vieille rancune. Ce sont, au surplus, des sentiments à peu près analogues que les révolutionnaires professent à son égard. Yuan est l'homme imposé. Ils n'ont en lui aucune confiance et c'est pour cette raison qu'ils ont autant que possible ligoté le Président dans les limites étroites de la Constitution, qu'ils se sont attachés à faire du premier magistrat de la République un personnage purement représentatif, sans aucune autorité effective. Yuan Che Kai est trop habile pour rompre en visière dès le début avec ce parti, pour donner prise à son hostilité sourde. Et c'est pourquoi le premier Cabinet de la République chinoise comprend des révolutionnaires notoires comme Tsai-Yuan-Pei, ministre de l'Instruction publique, Sun-Kiao-Jen, un des chefs K'o Ming T'ang, ministre de l'Agriculture, Tchen-Ki-Mei, ministre de l'Industrie et du Commerce, Wang-Tchang-Houei, ministre de la Justice. En revanche, les principaux portefeuilles sont tenus par des modérés ou des amis de Yuan Che Kai : Tchao-Ping-Kiun à l'Intérieur, Hsiong-Hi-Ling aux Finances, Touan-Ki-Jouei à la Guerre, Tang-Chao-Yi aux Communications et à la présidence du Conseil. Naturellement ni Sun-Yat-sen, l'apôtre de la Révolution, ni Houang-Hing, le seul et véritable chef militaire des insurgés n'ont place dans cette combinaison. Mais, l'un et l'autre sont pourvus de postes avantageux encore plus par les revenus très substantiels qu'on peut en retirer que par l'utilité ou l'importance qu'ils confèrent. Sun Yat sen est chargé d'une mission spéciale dans les chemins de fer, qui nécessite quelques voyages, quelques négociations, des achats, des rachats, peut-être des avances ou des emprunts, partant des indemnités et des commissions. Pour être révolutionnaire, on n'est pas forcément désintéressé. D'ailleurs, un homme comme Sun Yat sen a toute une clientèle qu'il faut aider, caser, entretenir. Ce sont des dépenses qui grèvent lourdement un budget particulier et qui sont peu de choses lorsque l'Etat paye !

Pour Houang hing, on crée la lieutenance générale de Nanking qui relève directement du Président de la République. C'est à lui qu'incombe le devoir d'organiser les forces du Sud et de faire régner l'ordre dans la région du bas Yangtseu. Un seul point noir à cet avenir doré, la lieutenance de Nanking sera supprimée dès que les forces du Sud seront réorganisées.

Les chefs étant nantis, reste le Parlement, à qui il faut faire toucher du doigt les difficultés présentes, indiquer le programme du nouveau Gouvernement. Se le concilier n'est pas une tâche aisée, car l'assemblée est en majorité composée de K'o Ming T'ang. Tous ces révolutionnaires portent comme étiquette de leurs idées avancées le costume européen. Plus de robes de soie, plus de nattes ; la redingote, le veston ont détrôné l'élégant costume chinois. Avec lui aussi sont parties la politesse et l'urbanité. On affiche une désinvolture et une rudesse qui paraissent de bon aloi, car c'est un signe de liberté. Et cette assurance affectée ne fait que souligner un peu plus le grotesque des vêtements étriqués ou trop vastes, la forme ridicule de ces défroques qui paraissent venir de chez le fripier. C'est devant ces gens dont les idées sont aussi mal classées, mal coordonnées, mal assorties que leurs vêtements sont mal coupés et mal repassés que Yuan Che Kai, en grand et brillant uniforme de général expose ses vues nettes et précises, son idéal d'ordre, son désir de travailler utilement au développement du pays. Avant tout, il faut reconstruire l'édifice avec de bons matériaux et d'habiles ouvriers ; il faut faire du solide et non du trompe-l'œil ; il faut restaurer les finances et pour cela faire appel aux Puissances ; il faut réorganiser la gabelle, réformer le système monétaire. La Chine, pays agricole, devra développer les produits de son sol et de son sous-sol, réduire les dépenses de son armée et établir une discipline plus stricte ; multiplier les moyens de communications.

Ce programme de réformes convient assez peu aux K'o Ming T'ang, qui, dénués d'idées pratiques, se drapent dans l'étendard de la liberté qu'ils entendent défendre jusqu'au bout et qu'ils brandissent à tout instant non comme un emblème mais comme une menace.

Cette intransigeance trop exclusive des révolutionnaires militants amena la formation de partis à tendances plus modérées. Par leur faute, par leur esprit sectaire et étroit, par leur incapacité de faire des concessions, les K'o Ming T'ang avancés provoquèrent un émiettement de leur propre parti. C'était cependant le seul qui, en raison du nombre de ses membres pût et dût prendre une part importante dans la conduite des affaires du pays. Dès les premières séances du Parlement provisoire, les différences de point de vue s'accentuèrent ; des discussions aigres aggravèrent les dissentiments. Yuan Che Kai ne manqua pas de saisir l'occasion qui se présentait de semer la division dans le parti le plus puissant et d'en tirer avantage pour fortifier son autorité et son pouvoir.

Après avoir discuté et définitivement accepté le nouveau drapeau aux cinq couleurs qui représente l'union des Chinois, des Mandchous, des Mongols, des Musulmans et des Thibétains, l'assemblée eut à établir la loi électorale. Sur ce sujet les discussions furent violentes, les idées si divergentes qu'on en vînt aux aménités parlementaires jusque là inconnues en Chine. Des injures on passa aux coups. Ces gens qui se méfiaient de Yuan Che Kai donnèrent le spectacle de leur désaccord et la preuve éclatante de leur méconnaissance complète des besoins du pays et de leur impuissance à organiser. Ils semblaient embarrassés du grand nombre de matériaux qu'ils avaient à leur disposition pour reconstruire une Chine nouvelle. Leurs divisions les affaiblirent et leur enlevèrent toute autorité. Des groupes hostiles se formèrent par la défection de certains membres du parti K'o Ming T'ang et diminuèrent d'autant la majorité jusque là incontestée que possédaient au Parlement les révolutionnaires. Ceux-ci voulaient avant tout discuter la loi constitutionnelle. Le parti modéré, au contraire, estimait que le vote de la loi électorale primait tout, puisqu'elle permettrait au pays d'être entièrement et légalement représenté et qu'au Parlement issu de ces élections, incomberait le devoir de préparer une loi constitutionnelle appropriée à la Chine. Malgré tous les modes d'obstruction employés par eux, les K'o Ming T'ang essuyèrent un échec complet. Dans le cours des séances, il fut décidé que la Chambre des députés porterait le nom de

« Tchong Yi Yuan » et le Sénat celui de « Tsan Yi Yuan ». Puis la loi électorale elle-même fut étudiée. Mais un travail long, exigeant de l'attention, de la persévérance n'était pas le fait des exaltés qui composaient la majorité. Cette faute, le Gouvernement l'attendait. La question de l'emprunt du Consortium était plus passionnante. Les insinuations calmonieuses, les dénonciations, les accusations allaient leur train. Deux mois après sa formation, le premier cabinet républicain est désorganisé par la brusque disparition du Président du Conseil, Tang-Chao-Yi, qui abandonne la scène politique. Les protagonistes de la Révolution se trouvent peu ou prou compromis. Sun Yat sen, le premier, accusé de quelques détournements de fonds, se voit justifié et défendu dans la presse officielle mais de telle sorte qu'il reste dans les esprits l'impression que les accusations portées on ne sait par qui, ne sont peut-être point absolument fausses. D'aute part, l'assassinat du général Tchang-Tchen-Wou, accusé de complot contre l'Etat, provoque une vive émotion dans les milieux révolutionnaires. Comme par hasard, le nom de Houang Hing est cité dans une certaine presse à cette occasion. Yuan aussitôt de prendre la défense de ce héros de la Révolution comme il l'a fait pour Sun Yat sen. Pour calmer les passions, les honneurs posthumes sont accordées à la victime. Puis, sous le motif de la raison d'Etat, l'affaire est étouffée.

Cependant, le Parlement, de plus en plus divisé, s'affaiblit et fond tous les jours à mesure que l'autorité et le prestige de Yuan Che Kai grandissent.

Pour couronner son œuvre, il manquait au Président de tenir à sa discrétion les promoteurs de la Révolution. Malgré toute la répugnance qu'ils avaient montrée jusque là à se rendre à Péking, Sun Yat sen et Houang hing se déterminèrent enfin à faire, chacun séparément, ce voyage. Le Maître de Péking avait pu s'abstenir d'aller à Nanking, ceux de Nanking se montreraient dans la capitale. Ce fut l'occasion admirable qu'attendait Yuan Che Kai pour entortiller dans ses filets ceux dont il pouvait tout redouter.

Réceptions grandioses, avalanches d'honneurs accablèrent ces hôtes de choix. Tant et si bien que Sun partit pour un long voyage en Europe afin de mettre sur pied son immense projet de réorganisation des chemins de fer et que Houang Hing reçut les fonds nécessaires pour créer à Changhaï une nouvelle banque.

Ainsi quelques mois avaient suffi à Yuan Che Kai pour escamoter la Révolution.

Le Parlement n'existant que de nom, les chefs révolutionnaires acquis ou éloignés, il allait pouvoir préparer à sa façon les élections qui devaient se faire conformément aux lois votées par l'assemblée provisoire sous la pression des modérés et promulguées par le Président les 10 Août, 4 et 20 Septembre 1912.

Ces lois inspirées dans l'ensemble des différentes constitutions européennes étaient parfaitement chinoises dans le détail et le furent encore plus dans l'application.

Une première difficulté se présentait : le chiffre exact de la population était inconnu. Il n'y avait en Chine aucun état civil régulier et on n'avait jamais procédé à un recensement méthodique. Ce fut donc sur les données approximatives d'un recensement par famille que l'on répartit les sièges, à raison d'un député par huit cent mille habitants avec un minimum de dix représentants par province. Dans de telles conditions, il était relativement aisé d'avantager certaines provinces, et, pour le Gouvernement qui faisait les élections, de s'assurer une majorité favorable. Yuan était trop prévoyant pour négliger la moindre carte qui lui donnerait une chance de plus de gagner la partie.

Dès le mois de Mai, le Président avait pris quelques précautions pour contrebalancer l'influence des K'o Ming T'ang et pour s'assurer par avance un certain nombre de voix tant à la Chambre des députés qu'au Sénat. On profita des dissensions qui divisaient l'Assemblée. Un projet de loi fut adopté sans difficultés par le Parlement provisoire, projet qui consistait à augmenter le nombre des représentants de la Mongolie et du Thibet. Or, ces représentants devaient être désignés par le Président, puisque les résidents ou fonctionnaires de l'administration chinoise dans ces régions en faisaient le choix.

C'est également dans le même dessein et pour enlever un soutien possible aux partis avancés que les colons chinois ne furent pas admis à nommer de députés et qu'ils n'eurent que sept sièges au Sénat.

La Chambre basse comprenait cinq cent quatre-vingt-seize députés élus pour trois ans et la Chambre haute deux cent quatre-vingt-dix-sept sénateurs, élus pour six ans. Ces deux Chambres réunies constituaient l'Assemblée nationale ou « Kouo Houei », qui avait pour principale mission l'élaboration de la Constitution chinoise. Aux présidents du Sénat et de la Chambre des députés revenait la présidence et la vice-présidence de l'Assemblée nationale.

Pour siéger valablement, l'Assemblée devait comprendre les deux tiers des membres des deux chambres, et les votes étaient acquis à la majorité de trois quarts des membres présents.

Dans chaque Chambre la durée de la session parlementaire était de quatre mois, avec la faculté de prorogation en cas de nécessité.

Il fallait au moins la présence de la moitié des membres pour atteindre le quorum nécessaire. Les décisions seraient prises à la majorité, le président ayant voix prépondérante.

Le même projet ne pouvait être soumis aux deux Chambres en même temps. Un projet repoussé ne serait plus représenté au cours de la même session. C'est à la Chambre des députés qu'il appartenait d'examiner tout d'abord le budget.

Les élections sont à deux degrés. Le collège électoral issu des élections primaires nomme les députés. Sont électeurs les citoyens âgés de 21 ans au moins qui paient deux dollars d'impôt direct, ou qui possèdent plus de cinq cents dollars d'immeubles, exception faite pour la Mongolie, le Thibet et le Tsing Hai (1) où une possession mobilière de même valeur est suffisante. Un certain degré d'instruction donne les mêmes droits. Des conditions

____

(1) Koukou Nor.

exactement semblables sont exigées des candidats à la députation qui devront toutefois avoir au moins vingt-cinq ans.

Les condamnés privés de leurs droits civils, les faillis non réhabilités, les aliénés, les fumeurs d'opium, les illettrés ne sont pas électeurs.

Le droit de vote et d'éligibilité est suspendu pour les militaires, les fonctionnaires en service, les moines et les prêtres. Ces deux dernières exceptions ne s'appliquent ni à la Mongolie, ni au Thibet, ni au Tsing hai.

Les professeurs des écoles primaires et les étudiants ne sont pas éligibles.

Le contrôle des élections est assuré par la plus haute autorité administrative tant dans la province que dans les districts. Il appartient aux contrôleurs de faire la répartition proportionnelle entre les différents districts électoraux des sièges de députés qui sont globalement attribués à la province.

L'application de cette loi électorale très compliquée dans le détail, prit un temps considérable et le délai de dix mois prévu par la Constitution provisoire pour la réunion de l'assemblée nationale fut largement dépassé.

Les personnages officiels en fonctions ne pouvaient théoriquement pas prendre une part directe aux élections dont ils assuraient simplement le contrôle. En fait, ils étaient bien placés pour susciter de grosses difficultés aux candidats à la députation et pour retarder la réunion d'un Parlement dont Yuan Che Kai se méfiait par avance. Des sanctions étaient prévues dans la loi contre ceux qui feraient obstruction ou qui fausseraient les élections.

Mais à qui devait-on en appeler ? A l'autorité administrative, au sous-préfet, au préfet, au gouverneur de la province et en dernier ressort au Ministère de l'Intérieur !

Les assemblées provinciales constituaient le collège électoral pour les élections sénatoriales. Ces assemblées étaient composées de représentants issus d'élections également à deux degrés et réunissant les mêmes conditions que les candidats à la députation.

La loi déterminait le nombre des représentants qui siégeraient dans chaque assemblée provinciale.

Le Parlement provisoire se trouvant réduit à sa plus simple expression, le Gouvernement put dans ce cas encore, en l'absence de données précises fournies par un recensement scientifique, avantager certaines provinces de la fidélité desquelles il se croyait plus certain ; comme par exemple le Tche li, dont l'assemblée réunissait cent quatre-vingt-quatre délégués provinciaux.

Chaque province devait élire dix sénateurs choisis parmi les citoyens chinois âgés de trente ans au moins. Les assemblées provinciales pouvaient élire un certain nombre de leurs membres sans toutefois que ce chiffre excédât la moitié des sièges réservés à la province.

Il était prévu que dix candidats de réserve combleraient les vacances qui se produiraient. Ces sénateurs en expectative étaient élus dans les mêmes conditions et pour le même laps de temps que les sénateurs titulaires.

L'ensemble de ces lois constitue le fondement légal sur lequel devait être édifiée la République chinoise. C'était le complément et la mise au point de l'ébauche juridique hâtivement brossée par l'Assemblée de Nanking, par des hommes que hantait le spectre d'une réaction possible ou d'une dictature miitaire dont Yuan che Kai serait le chef. Mais, leur manque d'entente, leurs jalousies et leurs ambitions les mirent dans l'impossibilité d'employer ce mécanisme pour les fins auxquelles il était destiné. Et, c'est ce qui permit, par la suite, au Président de la République d'en démonter les pièces, d'en briser certaines, d'en déformer d'autres pour la construction d'une nouvele machine gouvernementale qui pouvait aussi bien servir à une République qu'à une monarchie.

La campagne électorale engagée à la suite de la promulgation des lois nouvelles fut très animée et, en beaucoup d'endroits, particulièrement violente : urnes enlevées, bureaux de vote saccagés, pugilats, assassinats, en somme application à la Chine avec une certaine exagération des moyens ordinairement employés dans quelques pays civilisés entre factions adverses au moment des élections.

Le Président ne put rester indifférent au tumulte provoqué dans les provinces par les partis politiques et surtout par les K'o Ming T'ang qui, dès ce moment, rêvaient d'une nouvelle révolution, comme Hou-Han-Min, gouverneur de Canton et Sun-Kiao-Jen, l'ex-ministre de l'agriculture. Afin de parer à cette grave menace à l'avenir et à la paix du pays, un décret du 28 Novembre ordonne aux chefs des provinces de sévir avec rigueur contre les agitateurs, contre les révolutionnaires qui sont déclarés ennemis.

Chacun doit avoir pour but le bien de la Chine.
Pour contrebalancer l'activité de certains partis, le Gouvernement travaille en sous-main aux
élections. Parfois même il intervient si directement que les députés deviennent des agents à sa
solde. C'est ce qui se produit pour la Mongolie
dont les élections sont faites à Péking par le rési-
dent chinois. Les députés ainsi nommés ne repré-
senteront certes pas une colonie en révolte et qui
déteste les Chinois, mais ils viendront augmenter
à l'Assemblée le nombre de ceux sur qui le Gouvernement peut compter.

CHAPITRE VII

Les partis. — La campagne électorale. — Les Kouo Min T'ang. — Deuxième Révolution. — Election de Yuan Che Kai à la Présidence de la République, 6 octobre 1913.

C'est au cours de la campagne électorale que se dessinèrent nettement les partis politiques de la Chine nouvelle.

Deux groupes principaux se trouvèrent en face : d'une part, les partis avancés, issus du K'o Ming T'ang, ou parti révolutionnaire que la présence de Yuan Che Kai à la Présidence inquiétait et qui, non contents des résultats déjà acquis, souhaitaient un bouleversement plus complet de la Chine, et, d'autre part, les partis réformistes et conservateurs qui désiraient voir rétablir l'ordre dans le pays déchiré par des luttes fratricides et mettre fin à l'anarchie qui menaçait de ruiner à jamais l'Etat chinois. En somme, d'un côté, les exaltés et les utopistes, de l'autre les hommes sages et réfléchis qui comprenaient qu'un peuple comme le peuple chinois ne pouvait que graduellement passer d'une étroite servitude à une complète émancipation. Les uns voulaient tout saper, tout détruire sans même avoir un plan de reconstruction, les autres considéraient qu'il était dangereux de faire table rase de tout ce qui avait contribué, pendant des siècles, à constituer dans l'immense territoire chinois, malgré les différences de races, un Etat homogène dont la civilisation, l'art et la philosophie avaient éclairé tout l'Extrême-Orient.

Dès ce moment déjà, pour les partis avancés, tout se ramenait à une question de personne ; l'intérêt général passait au second plan. Les réformistes progressistes, au contraire, s'inquiétaient avant tout du bien public sans cependant pouvoir se dégager complètement de cette tendance chinoise qui consiste à mettre l'individu en avant comme un étendard.

Un homme seul dominait la Chine, c'est donc pour ou contre lui qu'allait se livrer la bataille électorale.

Tous les partis avancés ont une origine commune dans la fameuse association créée au Japon en 1901 par Sun Yat sen et Houang Hing « Union jurée », « Tong Mong Houei », société politique à tendances nettement socialistes. Elle avait pour but d'abattre le régime impérial mandchou et d'établir la République. C'était une sorte de franc-maçonnerie à laquelle étaient affiliés la plupart des hommes politiques chinois et plus de la moitié des gouverneurs de provinces.

Cinq bureaux, chacun sous un directeur, se répartissaient le travail : affaires générales, affaires étrangères, affaires politiques, affaires financières et secrétariat. La loge centrale établie à Péking communiquait avec les différentes loges des provinces et des grands centres. Le conseil composé des représentants de Péking et de deux à quatre délégués par province avait seul le pouvoir de modifier et d'amender les règlements généraux, d'en établir de nouveaux. De lui venaient toutes les directives. Des assemblées générales avaient lieu deux fois par an ; les assemblées ordinaires tous les trois mois. Les loges provinciales avaient la liberté de faire des règlements de détail en ce qui concerne l'administration intérieure, mais étaient tenues de se conformer strictement aux statuts généraux de la société. Elles devaient adresser tous les trimestres à Péking une liste de leurs adhérents, un rapport sur les travaux effectués et un résumé de la situation politique.

Les ressources de la société étaient constituées par les cotisations, les placements, les revenus des entreprises agricoles et commerciales de l'association.

Tout citoyen adulte possédant une certaine instruction peut être présenté à la loge par deux membres. Serment, observation des statuts, discipline, interdiction de s'affilier à des sociétés secrètes, démission soumise au conseil, expulsion de ceux qui se seraient rendus coupables de délit entachant l'honneur, telles étaient les principales obligations imposées aux membres de la Tong Mong Houei.

Cette société prit rapidement un développement très considérable et, grâce à elle, les révolutionnaires qui tous en faisaient partie, ont trouvé en bien des endroits et particulièrement dans la vallée du Yang tseu des ressources et un appui précieux pour le triomphe de leur cause.

Elle joua un rôle prépondérant pendant les premiers mois de la République, mais elle se rendit vite si impopulaire par son obstruction systématique à toute proposition raisonnable et tendant à remettre de l'ordre dans le pays qu'il fut nécessaire d'y apporter des remaniements rendus indispensables par la situation nouvelle. D'autre part, pour s'être développée trop vite, elle perdit de son autorité car les divergences d'opinion amenèrent peu à peu un assez grand nombre de ses adhérents à reprendre leur liberté. Sa tendance au socialisme radical détacha d'elle beaucoup de ses membres qui, bien que dévoués aux idées républicaines, appréhendaient pour la Chine le communisme vers lequel penchait l'extrême gauche du Tong Mong Houei. Cette vaste association ne formait cependant pas à proprement parler un parti politique nettement défini. Elle restait avant tout une société secrète ou à peu près. L'unité de but qui lui avait assuré une complète cohésion durant la période révolutionnaire avait cessé d'exister du jour où le Mandchou avait été détrôné et la République proclamée.

Des partis nombreux étaient nés qui, au sein du Parlement provisoire, luttaient entre eux pour s'assurer le pouvoir. Et de ce fait, le bloc révolutionnaire, fissuré, désagrégé, se trouvait menacé d'impuissance devant les modérés dont l'influence s'affirmait au fur et à mesure que l'autorité de Yuan Che Kai s'imposait davantage à la Chine.

Pour parer à ce danger, les chefs révolutionnaires s'attachèrent à regrouper les éléments dissidents en vue de constituer un véritable parti politique qui serait destiné à former dans le nouveau Parlement une majorité disciplinée.

Les pourparlers engagés entre différents groupes et la Tong Mong Houei aboutirent en Août 1913. Sun Kiao Jen, ex-ministre de l'agriculture, K'o Ming T'ang à tous crins, fut chargé d'établir le programme du nouveau parti issu de ce regroupement, qui prit le nom de Kouo Min T'ang ou populaire. A lui se ralliaient l'ensemble des révolutionnaires, la majorité de la société de l'Union jurée et certains progressistes. Il se proposait d'aider à maintenir l'union du Sud et du Nord et de concourir à la formation d'un Gouvernement fort, tout en préconisant une grande autonomie pour les provinces qui devaient à un moment donné être en situation de suppléer à l'insuffisance du Gouvernement central. De tendances socialistes très nettes, il voulait introduire dans le pays des réformes en vue de l'amélioration de la situation des travailleurs et mettre en valeur les ressources agricoles et minières par une sorte de socialisation de l'agriculture et de l'industrie. Il inscrivait également à son programme l'égalité des races et la liberté de religion. Au point de vue international, il souhaitait voir la Chine prendre place parmi les Nations sur le pied d'égalité complète.

C'est en vue des élections nouvelles que le Kouo Min T'ang fut créé, et son existence fut consacrée de façon quasi-officielle par Sun Yat sen et Houang Hing lors de leur voyage à Péking. En se substituant à la Tong Mong Houei, il constituait en somme une sorte de bloc démocrate-socialiste sous l'active et belliqueuse direction de Sun Kiao Jen.

Il absorbait le parti de coalition républicain « Tong Yi Kong Ho T'ang », le petit parti démocrate national « Kouo Min Kong T'ang » et certains groupes comme celui de l'Union et Progrès, « Kong Ho Hsieh Chin Houei ». Au surplus des différences insignifiantes distinguaient ces partis, représentés généralement par un protagoniste groupant autour de lui quelques satellites. Ils n'étaient pas à proprement parler représentatifs d'une idée ou d'un programme nouveaux, mais seulement d'un homme et de sa clientèle. Le « Tong Yi Kong Ho T'ang », parti républcain de coalition, fondé par le Gouverneur du Yunnan, Tsai Ngao, durant la session de l'assemblé provisoire de Nanking, différait assez sensiblement des autres groupes affiliés au Kouo Ming T'ang parce qu'il avait un programme, une idée et qu'il ne représentait pas seulement un homme. Bien que de tendances également socialistes, il visait à une réorganisation des circonscriptions administratives pour refaire l'unité du pays sous un Gouvernement central fort. Il voulait une réforme fiscale en vue d'une répartition plus équitable de l'impôt. Il préconisait un système protectionniste pour développer l'industrie du pays. Il proposait un étalon d'or pour l'unification du système monétaire, et l'assainissement des finances avec l'aide d'une Banque nationale destinée à remplacer la Banque impériale Ta Tsing qui s'était effondrée lamentablement durant la Révolution. Il estimait nécessaire pour le développement du pays la construction de voies de communications, chemin de fer, routes et canaux. La réforme de l'armée, de la marine et de l'enseignement complétait son plan.

C'était un des partis les plus intéressants de la Chine en raison de son programme et de sa modération. Il eut d'ailleurs souvent à jouer un rôle important au Parlement provisoire pour contrebalancer l'influence souvent néfaste de la Tong Mong Houei, association faite pour la lutte et mal préparée à traiter les affaires de l'Etat en dehors de tout parti-pris de personne. Outre son fondateur, ardent républicain, esprit éclairé, enlevé trop jeune à son pays, il eut de brillants représentants en Yin Yu Lin, Wou Tsing Lien, Tang Houa Long, Kou Tcheng Siu qui tranchaient sur la masse des politiciens chinois avancés. En définitive, le Tong Yi Kong Ho T'ang représente le parti républicain démocrate modéré.

En face du parti Kouo Ming T'ang, aucun groupement assez nombreux pour pouvoir lutter avec quelques chances de succès. Pour lui résister, force fut donc aux modérés, aux réformistes et à certains protagonistes de la Révolution qui avaient vu leurs espoirs se réaliser par l'établissement de la République, de s'unir et d'organiser un bloc susceptible de tenir en échec la Tong Mong Houei et par suite le Kouo Min T'ang qui en dérivait directement. Cette coalition prit le nom de « Kong Ho T'ang », que l'on a, à tort, voulu assimiler à un parti républicain. En lui se fondaient différents petits groupes politiques qui ne se distinguaient les uns des autres que par l'étiquette qu'ils portaient, mais qui, en fait n'avaient aucun programme bien marqué. Ils étaient nés de ce besoin qu'ont les Chinois de créer des sociétés et des associations locales ou provinciales. Le Kong Ho T'ang englobait le Min Che T'ang, parti du général Ly Yuan Hong, association représentant la province du Hou Pei. Il absorbait les sociétés provinciales du Min Kouo Kong Houei représentative de Soutcheou, le Kouo Min Sie Tsin Houei, société composée de gens du Nord, plus spécialement de Péking, en somme tous les groupes provinciaux ou locaux qui n'avaient d'autre but que de faire pièce à la brouillonne impétuosité, à l'agressive attitude de la Tong Mong Houei. Cette hostilité contre l'Union jurée, lui avait donné l'appui provisoire du Tong Yi T'ang, parti de centralisation, créé par un ancien adhérent de la Tong Mong Houei, le journaliste Tchang Pin Lin qui s'était séparé de Sun Yat sen. De là pour le Tong Yi T'ang une indépendance presque complète, une influence croissante à mesure que la Tong Mong Houei s'affaiblissait par de nouvelles désertions dues à son intransigeance et à la crainte qu'inspiraient ses affiliés extrémistes. Lorsque le Tong Yi T'ang sans se séparer complètement du parti républicain, reprit une certaine indépendance, le Kong Ho T'ang reçut un nouveau renfort avec Leang Ki Tchao et le groupe des anciens réformistes, disciples de Kang Yeou Wei auquel se ralliaient beaucoup de partisans de Yuan Che Kai. Il devint par la suite le plus ferme soutien du Gouvernement. Les gouverneurs des provinces du Tche Li, de Moukden, de Kirin, de Heilungkiang, du Chan tong et du Hou Pei, beaucoup d'anciens fonctionnaires de la dynastie l'avaient rejoint. Il représentait le Nord alors que le Kouo Ming T'ang personnifiait le Sud. Il avait pour programme l'organisation d'un Gouvernement central puissant dominant toutes les provinces, hostile par conséquent au principe de l'autonomie provinciale préconisée par le Kouo Min T'ang. Sans être ennemi des réformes administratives que l'établissement de la République rendait nécessaires, il voulait avant tout reconstituer l'unité de l'Etat chinois et le développement progressif du pays. Il ne reniait point les anciennes traditions et c'est sur elles qu'il comptait s'appuyer pour faire une Chine sinon absolument nouvelle du moins rénovée et plus forte. Composé de gens qui avaient l'habitude des affaires qui souvent avaient pris une part directe au Gouvernement, il distinguait les écueils qui pouvaient faire sombrer la Chine républicaine dans l'anarchie.

C'était en réalité le parti de Yuan Che Kai. C'était aussi le parti conservateur.

Il ne manqua aucune occasion d'appuyer la politique et les décisions du Président et lui permit ainsi de triompher de l'obstruction systématique de la Tong Mong Houei.

Entre le parti avancé et le parti conservateur, se place le Min Tchou T'ang, purement et simplement républicain, en majorité composé d'étudiants. Mais outre qu'il est peu nombreux, il lui manque un véritable chef et un programme. Son influence est donc presque nulle.

Les socialistes collectivistes constituaient un petit parti, le « Cho Koei T'ang », qui se rattachait à la Tong Mong Houei dont il constituait l'extrême gauche ; au surplus beaucoup plus gênant qu'utile pour cette société. Ces extrémistes effrayaient leurs compatriotes même les plus avancés, par leurs démonstrations bruyantes, leurs théories qui paraissaient alors subversives, à tel point que le général Ly Yuang Hong, l'ancien chef des insurgés de Woutchang, les expulsa du Hounan qu'ils avaient adopté comme quartier général.

Quelques socialistes égalitaires tentèrent de former un parti au Kouang Si. L'heure était encore mal choisie. Ils n'étaient pas compris et on les considérait, sinon tout à fait pour des malfaiteurs, au moins comme des fous dangereux.

Dans la Chine à peine en République, la masse ne connaissait pas la signification des étiquettes des partis. Dans sa simplicité, elle ignorait souvent qu'il y eût un changement de régime. A quelques kilomètres de Péking, le paysan croyait que Yuan-Che-Kai était le premier Ministre ou le tuteur de l'Empereur. Lorsqu'on lui parlait de République, il ne comprenait point et se bornait à répondre : je ne sais pas. Le peuple n'était pas encore initié aux arcanes de la politique. Il restait indifférent. Il ne demandait que la paix, ou au moins une tranquillité relative qui lui permît de se livrer sans entraves à ses occupations quotidiennes.

La révolution n'était pas son œuvre. Entraîné par quelques orateurs, parce qu'il se laisse facilement piper par la parole et les promesses, il y avait pris une part inconsciente. Parfois et dans certaines régions, une sorte de démon l'avait poussé à sortir de son terrier. Comme Jean Lapin, encore tout tremblant de l'aventure, il n'avait qu'une hâte : regagner son logis et s'y enfouir loin des bruits du monde.

*
* *

L'activité déployée durant la période électorale par les Kouo Ming T'ang sous l'impulsion de Sun Kiao Jen fit prévoir des résultats tels que le Gouvernement central crut devoir prendre quelques précautions. Il lui était difficile de s'opposer à cette campagne. Gouvernement républicain, de nom tout au moins, il ne pouvait entrer en guerre ouverte contre le parti républicain socialiste. Il s'efforça donc de s'attacher les groupements réformistes, progressistes, modérés et conservateurs, de façon à contrebalancer au Parlement l'influence que les Kouo Ming T'ang étaient appelés à prendre et de créer au besoin un bloc gouvernemental englobant tous les partis hostiles aux socialistes.

Il ne put cependant renoncer complètement à la méthode d'intimidation. Les Kouo Min T'ang avaient commis l'erreur d'employer les moyens violents pour triompher et imposer leur volonté dans les provinces. L'exemple donné par eux devait leur être néfaste. Et c'est ainsi qu'eut lieu une de ces étranges tragédies chinoises dans lesquelles disparaissent les gens gênants sans qu'il soit possible de retrouver trace de la main qui l'a tramée et dont tous les acteurs finissent de façon violente.

Sun Kiao Jen, le leader socialiste, l'homme politique redouté pour son ardeur, son éloquence et sa foi révolutionnaire, tomba victime d'un assassin qui, à son tour, fut trouvé mort dans sa prison. Les principaux auteurs ou intermédiaires, ceux en tout cas, dont les noms circulaient dans le public, moururent mystérieusement. L'un fut poignardé en chemin de fer, bien qu'il eût une garde de police pour le protéger, un autre empoisonné... accidentellement ! Les recherches judiciaires n'aboutirent naturellement à aucun résultat.

Force fut donc de classer l'affaire Sun Kiao Jen. Mais le drame n'était pas oublié.

La guerre entre le Gouvernement et les Kouo Min T'ang n'est pas encore ouvertement déclarée, c'est une sourde hostilité, une nouvelle fermentation de la Chine méridionale qui se manifeste par des complots et conspirations, d'ailleurs impitoyablement réprimés.

La disparition de son chef n'empêcha pas cependant le parti Kouo Min T'ang de remporter un succès sérieux aux élections. Il obtint une importante majorité dans les assemblées provinciales, à la Chambre des députés et au Sénat, et, lorsque le Parlement se réunit enfin à Péking le 8 Mars 1913, on y comptait quatre cent trente-six Kouo Min T'ang.

A la Chambre des députés, sur cinq cent quatre-vingt-seize membres, trois cent six appartenaient au parti radical socialiste. A la Chambre haute composée de deux cent soixante-quatorze sénateurs, il comptait cent trente sièges. Les représentants cantonais dans les deux Chambres faisaient tous sans exception partie du Kouo Min T'ang et dans leur ensemble, les provinces du Sud, par le choix de leurs députés et sénateurs, avaient nettement marqué leurs sentiments républicains avancés.

Ce n'est point précisément sur une assemblée de ce genre que comptait Yuan Che Kai. Mais il n'était point homme à se laisser démonter par un insuccès. La signature de l'emprunt du consortium le 27 Avril 1913, l'influence grandissante que prend un parti nouveau, créé pour les besoins de la cause par Leang Che Yi, le « Tsin Pou T'ang », sont un nouvel appoint qui permettront au Président provisoire de lutter avec quelques avantages et finalement de triompher de toutes les attaques dirigées contre son gouvernement.

Cependant des difficultés sans nombre surgissaient de tous côtés, au dehors comme à l'intérieur. Telle par exemple la question russo-mongole dont l'importance échappe presque complètement à l'Assemblée, qui ne s'intéresse qu'aux questions de personnes et qui passe de nombreuses séances en discussions oiseuses. L'opposition systématique des Kouo Min T'ang, qui ont adopté la même conduite que le Tong Mong Houei, empêche d'aboutir à une solution raisonnable. Il faudrait organiser le pays, le tirer de l'ornière où il menace de s'embourber, et, au bout de huit séances, on est parvenu péniblement à élire les bureaux.

De nouveau et plus aigu encore apparaît l'antagonisme du Sud contre le Nord : celui-ci républicain modéré, voire même conservateur, celui-là socialiste avancé, presque communiste. Le Nord, c'est la « vieille Chine » contre laquelle se dresse irritée et combative « la jeune Chine », le Sud.

Dès ce moment aussi s'accentue la divergence de vues de Canton et de Péking. Dans les provinces, l'entente est loin d'être parfaite. Les haines politiques se font âpres. Si, dans l'ensemble, elles ont une origine commune dans l'intransigeance orgueilleuse des Kouo Min T'ang, des radicaux socialistes à l'égard de tous ceux qui ne partagent pas leurs opinions, en fait, elles proviennent presque uniquement de questions de personnes. L'intérêt général est complètement négligé et celui de la province même ne pèse pas lourd en comparaison des rivalités individuelles.

Tous les « Tou-tou », Gouverneurs de province, qui, dès cette époque, ont une tendance à considérer la circonscription qu'ils administrent comme un fief, se disputent, se battent entre eux, se dépossèdent à tour de rôle, non sans avoir prélevé sur le trésor provincial des sommes importantes qui leur permettent de vivre joyeusement. Ce qui se produit au Kouang tong d'où le gouverneur Hou Han Min est chassé par le général Tchen Kiong Ming se reproduit ailleurs. Au nom de la République en danger, de la liberté menacée, les artisans, les travailleurs et les commerçants sont rançonnés sans pitié par ceux qui se prétendent les champions du droit et les défenseurs du peuple.

La Chine républicaine menace de s'effriter, de tomber en poussière, poussière de petits Etats en guerre les uns contre les autres, déchirés eux-mêmes, affaiblis, ruinés par des luttes intestines.

Partout on mobilise, on recrute. Les « Tou-tou » du Nord insultent et défient par télégrammes ceux du Sud ; ils achètent des armes et des munitions.

C'est l'emprunt des cinq puissances qui, en allumant les convoitises, surexcite les esprits. L'assemblée et le Gouvernement sont assaillis de télégrammes qui approuvent ou dénoncent l'emprunt. Les Chambres donnent le spectacle d'une lamentable discorde. La presse gouvernementale et la presse socialiste répandent des pamphlets venimeux, des articles tendancieux et diffamatoires. Des attentats, des assassinats se commettent journellement.

Le Sud s'agite de plus en plus. Sun Yat sen dont le traitement mensuel de trente mille dollars a été supprimé par décret présidentiel, et Houang Hing privé de la lieutenance de Nanking, tentent une fois de plus d'allumer un nouvel incendie.

Plusieurs Gouverneurs affiliés au parti Kouo Min T'ang entrent en rébellion ouverte contre le Gouvernement central. C'est la lutte des Sudistes contre les Nordistes qui s'instaure. Les toutou du Kiang-si, Li Liékiun, du Ngan Huei, Po Wai Wei, du Kouang Tong, Tchen Kong Ming et du Kiang sou sont relevés de leurs fonctions par Péking. Ils refusent d'ailleurs de s'incliner devant cette décision et prennent les armes pour défendre et conserver une situation lucrative.

A la différence de la première révolution, celleci n'intéresse que ceux qui espèrent avoir une part du gâteau, c'est-à-dire de l'emprunt ou, à défaut et comme une sorte de compensation à leur éviction, une indépendance presque complète, conformément au programme Kouo Min T'ang. Elle est le résultat d'entreprises personnelles, d'un groupement passager et fragile d'intérêts particuliers.

C'est encore dans la vallée du Yang tseu que l'incendie éclate. Cependant la population est hostile aux rebelles : elle leur refuse tout appui, tout secours financier. Mais par crainte des représailles, elle est parfois obligée de céder et elle apporte alors une collaboration malveillante. Ainsi Nanking déclare son indépendance le 14 Juillet, puis Canton, le 18.

Cette fois, le Gouvernement central n'est pas pris au dépourvu. Soigneusement tenu au courant par ses espions, il est prêt à toute éventualité. Yuan Che Kai est fermement décidé à se défendre. La répression est donc immédiate. Du côté du Nord, il n'y a point de défaillance : les opérations militaires conduites énergiquement et sur tous les points menacés ne permettent pas aux rebelles de se tendre la main et de se grouper. De plus, outre les forces militaires mieux disciplinées que celles de ses adversaires dont il dispose, le Gouvernement central a pour lui la majorité de l'opinion publique. Même à l'assemblée les Kouo Min T'ang ne sont plus redoutables : le parti gouvernemental s'est accru et fortifié. Le leur au contraire est diminué du fait de la fuite d'un certain nombre de députés et de sénateurs trop compromis pour demeurer à Péking. A ceux qui restent, Yuan Che Kai adresse un ultimatum avec trois jours de délai : ils doivent rayer du parti les rebelles. C'est un ordre menaçant auquel ils sont forcés d'obéir sous peine d'être brisés. Et ils s'inclinent devant celui qu'ils voulaient mettre en accusation et qui les courbe maintenant sous sa poigne de fer.

Par ailleurs, les chefs militaires sous l'implacable impulsion du Président mènent activement la campagne de répression. Les fonds dont dispose le Gouvernement central lui permettent de provoquer des défections et des soumissions. La corruption, qui en Chine vaut des armées, complète heureusement les opérations militaires.

Les principaux combats se déroulent dans les environs immédiats de Changhaï. Nanking est assiégée, les forts de Wousong bombardés. Au Kiang si, Nantchang, la capitale, est abandonnée par Li Lié Kiun qui reçoit deux cent mille taels des habitants pour se retirer sans pillage. A Canton, Tchen Kong Ming est contraint de laisser la place à Long Si Kouang, chef du Kouang-si.

La deuxième révolution aboutit à un piteux échec.

La raison est que le nouvel état de choses ne provenait pas d'une évolution profonde de l'esprit public.

Les promoteurs du mouvement, Sun Yat sen, Houang Hing et consorts n'ont plus que la ressource de se réfugier au Japon. Ce dernier leur a souvent tendu la main. Ils en ont reçu des encouragements, des subsides et même des instructeurs. Le pays du Soleil levant ne tient pas à voir une Chine organisée susceptible de devenir une puissance en Extrême-Orient. Une République chinoise unie gênerait ses ambitieuses visées, contrarierait ses plans d'hégémonie pan-asiatique.

A Péking, les Kouo Ming T'ang de l'assemblée sont l'objet d'une surveillance spéciale, huit d'entre eux, plus particulièrement compromis, sont arrêtés, et, l'un d'eux est sommairement exécuté à Tientsin.

Aux criailleries, aux menaces, le Gouvernement répond par des mesures coercitives, par des arrestations, des exécutions.

Le peuple, désormais indifférent à ces luttes politiques, se laisse parfois encore entraîner, non par conviction, mais parce qu'il se leurre toujours du fallacieux espoir de ne plus payer d'impôt et surtout de ne plus être rançonné.

Cet effondrement de la deuxième révolution devant l'argent et les troupes du Nord ouvre à Yuan Che Kai le chemin qui le mène dès lors rapidement au but qu'il poursuit depuis qu'il est sorti de son domaine de Tchang Te Fou.

Depuis le 8 Avril 1913, le Parlement n'avait pas fait œuvre utile. Avant d'avoir étudié le fond même de la Constitution, les représentants étaient en désaccord sur les points de détails. Les Kouo Min T'ang voulaient avant tout établir une constitution à leur façon, alors que les autres partis estimaient plus pressant, dans l'état où se trouvait la Chine vis-à-vis des puissances étrangères, de procéder à l'élection du Président de la République. Les débats s'envenimèrent au point que le Parlement fut presque complètement paralysé. Il sortit de cette torpeur quand la deuxième révolution fut étouffée. Dès lors, il lui fallut travailler réellement. Il était soumis à une étroite surveillance et, bon gré mal gré, force lui fut d'attaquer le fond de la question nonobstant l'opposition des Kouo Min T'ang.

Les Puissances ayant fait savoir leur intention

de reconnaître le nouveau gouvernement aussitôt que le Président serait élu, un mouvement d'opinion réel ou provoqué se produisit en faveur d'une élection aussi prompte que possible, de façon que la reconnaissance de la République chinoise pût coincider avec la célébration du deuxième anniversaire de la Révolution.

Le Parlement n'eut donc pas le loisir de perdre son temps en palabres inutiles et, d'autre part, il lui restait trop peu de jours pour élaborer et examiner en détail la loi constitutionnelle définitive.

Il fut décidé en conséquence que les articles concernant l'élection du Président de la République seraient rédigés et votés dans le plus bref délai. Le 4 Octobre 1913, les sénateurs et députés réunis adoptèrent le projet élaboré par le Comité mixte siégeant dans un des pavillons du Temple du Ciel.

Cette loi spéciale en huit articles détermine les conditions d'éligibilité à la Présidence de la République : être citoyen chinois, avoir quarante ans d'âge, jouir des droits civils et politiques, résider depuis dix ans dans le pays. C'est le Parlement dans son ensemble qui constitue le collège électoral présidentiel. Le scrutin est secret. Au premier et au second tour l'élection a lieu à une majorité des deux tiers des membres du collège électoral. Le vote final porte sur les deux noms qui ont réuni le plus de suffrages, et celui qui obtient plus de la moitié des voix est élu. La durée du mandat présidentiel est de cinq ans. La réélection est possible. Le président doit prêter serment à la Constitution.

Le vice-président élu dans les mêmes conditions

succède au président au cas où, pour une raison quelconque, celui-ci ne pourrait plus assumer les fonctions qui lui sont dévolues. Enfin, si le Vice-Président disparaît également, le Cabinet se substitue au Président.

Les dispositions de la Constitution provisoire définissant l'autorité et les attributions du Président resteront en vigueur en attendant la promulgation de la Constitution définitive.

Deux jours après, le 6 Octobre, on procédait à l'élection du Président. Les plus grandes précautions avaient été prises pour assurer la sécurité des membres du Parlement réunis à la Chambre des députés. Des troupes nombreuses entouraient le bâtiment d'où les sénateurs et les députés une fois entrés, ne pouvaient plus sortir. Ils étaient prisonniers du devoir et... de Yuan Che Kai. De bonne ou de mauvaise grâce, il leur fallait aboutir.

Sept cent cinquante-neuf représentants des deux Chambres étaient présents et pris à la souricière.

Ce ne fut pas, malgré tout, le succès complet que l'on pouvait escompter. Au premier tour de scrutin, quatre cent soixante et onze votes allèrent à Yuan Che Kai, cent cinquante et un à Ly Yuan Hong, trente-trois à Sun Yat sen et treize à Wou Ting Fang. Au second tour, Yuan Che Kai obtint quatre cent quatre-vingt-onze voix, Ly Yuan Hong cent soixante-deux, Wou Ting Fang vingt-trois et Sun Yat sen douze seulement.

Conformément à l'article 2 de la loi pour l'élection présidentielle, deux candidats restaient en présence au troisième tour de scrutin : Yuan Che

Kai et Ly Yuan Hong. Par cinq cent sept votes, Yuan Che Kai fut élu définitivement.

Le lendemain, l'élection du Vice-Président fut enlevée rapidement au premier tour de scrutin où Ly Yuan Hong réunit six cent dix votes sur sept cent dix-neuf votants. Un service d'ordre très sommaire avait été prévu pour cette journée !

Le 10 Octobre 1913, jour du second anniversaire de la Révolution, Yuan Che Kai était officiellement installé dans les fonctions de Président de la République chinoise.

Une vaste et grandiose cérémonie eut lieu au Palais impérial, dans le grand pavillon des cérémonies.

Ce jour-là, les cours de marbre que traversaient autrefois les mandarins en grand costume officiel, couverts de brocarts et de fourrures précieuses, retentissaient du piétinement des sénateurs et des députés chinois déguisés à l'européenne. Il avait fallu autant que possible se conformer à la tenue décrite au Journal officiel. Hauts de forme, claques, melons de feutre et de gaze, calottes chinoises, toutes les coiffures de rebut du monde entier ornaient les chefs des dignes représentants de la Nation. Chez certains, une informe redingote noire pendait lamentablement sur un pantalon de soie rose ou bleue ; d'autres arboraient fièrement une casquette de cycliste avec une jaquette sur un pantalon court ; des chaussettes aux jaretelles apparentes comblaient tant bien que mal l'espace qui séparait la culotte de la tige des chaussures. D'autres encore avaient mis les bretelles par dessus le gilet, ne sachant trop à quoi pouvait servir cette invention des diables européens.

Très digne, Yuan Che Kai, en grand uniforme de général bleu-ciel, solidement campé sur de hautes et vastes bottes molles où s'engouffrait sa culotte, serré dans un dolman chamarré d'or et de décorations, se tenait debout devant une sorte de Trône dans la haute et vaste salle dont le plafond richement décoré reposait sur d'énormes piliers de bois précieux laqué rouge.

Sa figure aux yeux vifs et intelligents, parfois un peu effarés, ne laissait voir aucune émotion. Une bonhomie malicieuse, un peu narquoise, apparaissait sur son visage barré d'une forte moustache grise tombant sur une bouche sensuelle et fine.

Un brillant état-major se pressait autour de lui, gardes du corps aux panaches blancs que dominait la haute silhouette de Tchang Kouei Ti, l'ancien chef de bande, devenu un des meilleurs généraux de l'armée chinoise. Les membres du Cabinet, groupés de chaque côté de l'estrade présidentielle, assistaient au triomphe de l'ancien vice-roi du Tche Li, jadis favori de la Cour, puis disgracié par le Régent. Devant lui maintenant s'inclinaient avec respect les représentants du peuple chinois.

Après avoir prêté le serment : « Je jure de respecter loyalement la Constitution et de remplir de bonne foi mes devoirs de Président de la République », il reçut les félicitations du Corps diplomatique auquel il avait déclaré que la République chinoise reconnaissait formellement les traités et conventions passés par le précédent Gouvernement. Il éprouva encore la suprême satisfaction de recevoir l'hommage de la famille impériale représentée par le Prince Pou Loun qui vint plier le genou devant le nouveau maître de la Chine.

Désormais son autorité était incontestablement établie.

Il tenait le pouvoir de l'Empereur à qui il succédait directement. Il était confirmé dans ce pouvoir par la Chine entière représentée par un Parlement régulièrement constitué.

CHAPITRE VIII

Yuan Che Kai avait sans relâche poursuivi son plan, et le triomphe du 10 Octobre marquait pour lui le couronnement de ses efforts.

De l'Empereur et de la famille impériale, il n'était plus question. Le Mandchou avait à jamais perdu la Chine. Aucune tentative de révolte à craindre de ce côté. La dynastie Ta Tsing était escamotée.

Le pays sortait meurtri de ces épreuves, mais la République chinoise était reconnue par les Nations. Son chef avait, grâce à son ascendant personnel, à la confiance qu'il inspirait, trouvé les fonds nécessaires pour remettre un ordre provisoire dans les Finances. Désormais, il avait les mains libres pour procéder à la reconstruction de la Chine et préparer l'avenir.

Dans cette œuvre, il ne voulait point être gêné par un Parlement dont l'opposition systématique l'eût empêché d'introduire les méthodes et la forme de gouvernement qu'il estimait les mieux appropriés à un pays aussi vaste, peuplé de races si différentes, composé de provinces d'idées et d'intérêts opposés. Certaines provinces et colonies menaçaient de se séparer. La Mongolie et le Thibet étaient quasi-indépendants. Restait à sauvegarder dans son intégralité le patrimoine transmis par les Empereurs Tsing. Son autorité devait donc s'étendre partout, sans discussion possible ; l'ordre et la discipline étaient nécessaires.

Or, le Parlement avait donné, le premier, l'exemple de l'indiscipline en n'observant pas les dispositions de la Constitution provisoire. La Loi sur l'élection présidentielle avait été publiée au Journal officiel avant même que d'avoir été soumise au Président pour promulgation.

C'était une grosse faute de la part d'une assemblée dont Yuan Che Kai se méfiait. Il devait forcément prendre ombrage de toute atteinte portée aux droits déjà très limités du Président et ne point tolérer, étant donné son caractère absolu, qu'il fût fait la moindre infraction aux règles posées dans la Constitution. Il voulut donc, usant du droit qui lui était donné par l'article 38 de la Constitution provisoire du 15 Mars 1912, soumettre certaines suggestions relatives à la nouvelle loi qui était à l'étude. Jamais le Comité de réforme constitutionnelle ne mit un tel empressement à terminer ses travaux ! Les représentants du Président furent purement et simplement éconduits lorsqu'ils parurent au Comité qui avait achevé son œuvre le 26 Octobre.

Le nouveau projet élaboré comportait cent treize articles et onze chapitres.

La Chine devenait une République confédérée dans laquelle le Parlement prétendait s'arroger presque tous les droits. Les Kouo Min T'ang égarés par leur haine contre Yuan Che Kai, poussés par l'unique désir de mettre le Président en tutelle, allèrent jusqu'à ne plus garantir les libertés accordées par la Constitution provisoire aux citoyens chinois. A part l'égalité complète, sans distinction de race, de classe ou de religion, tous les autres droits du citoyen étaient mis en danger par la restriction mise et répétée comme un « leit-motive » excepté selon la loi. Or, ces exceptions portent sur la liberté individuelle, sur l'inviolabilité du domicile, de la correspondance, sur la liberté de résidence, de profession, de réunion, d'association, de parole, de presse, voire même de religion.

L'intransigeance des radicaux-socialistes chinois les poussait à instituer un absolutisme parlementaire presque aussi complet que l'absolutisme impérial, à violer les principes essentiels de la liberté républicaine.

En ce qui concerne les citoyens, deux dispositions nouvelles ont été introduites : l'instruction primaire obligatoire et l'adoption de la doctrine de Confucius comme principe essentiel de la morale civique.

L'Assemblée nationale qui, dans l'idée des rédacteurs, doit être toute puissante, au-dessus de tout et de tous, se compose du Sénat, « Tsan Yi Yuan » et de la Chambre des députés, « Tchong Yi Yuan ».

La durée du mandat de sénateur est de six ans,

de député trois ans. Cette loi note également l'incompatibilité du mandat législatif avec les fonctions civiles ou militaires. La session ordinaire est de quatre mois et s'ouvre le premier Mars. Les sessions extraordinaires sont convoquées par rescrit présidentiel ; l'initiative en appartient à chaque Chambre, à la requête de plus d'un tiers des membres, au Comité de l'Assemblée nationale et au Gouvernement, s'il le juge nécessaire. Aucune séance ne peut être valablement tenue si la moitié du nombre total des membres de la Chambre sont absents. Les décisions sont prises à la majorité, le Président ayant voix prépondérante. Les sessions sont publiques, mais des sessions secrètes sont tenues à la demande du Gouvernement ou des Chambres.

Le Président et le Vice-Président de la République peuvent être mis en accusation par la Chambre des députés ainsi que les Ministres. C'est le Sénat qui juge, mais c'est à la Cour suprême qu'appartient le droit de fixer la pénalité, s'il s'agit du Président ou du Vice-président, à l'une des cours de justice s'il s'agit des Ministres.

La Chambre des députés a le droit de voter un ordre du jour de défiance à l'égard des Ministres.

Sénateurs et députés jouissent de l'immunité parlementaire, sauf le cas de flagrant délit qui doit être cependant soumis à la Chambre compétente ou au Comité de l'Assemblée nationale. Ce Comité se compose de vingt membres élus par chaque Chambre avant la clôture de la session ordinaire de l'Assemblée. Il remplace les Chambres durant les vacances législatives et prend des décisions par vote des deux tiers des membres présents.

Quant au Président, dont la loi du 4 Octobre a déjà déterminé les conditions d'éligibilité et d'élection, il promulgue les lois et assure leur application. En cas d'absence de l'Assemblée nationale et en cas d'urgente nécessité, ses décrets ont force de loi, sous réserve de l'approbation du Comité de l'Assemblée et de la responsabilité du Cabinet. Il nomme et révoque les fonctionnaires. Il est le chef des armées de terre et de mer. Il déclare la guerre et conclut les traités de paix avec l'approbation de l'Assemblée nationale. Il a le droit de grâce. Il a également le droit de suspendre la session du Sénat ou de la Chambre des députés. Toutefois, cette suspension ne peut excéder dix jours ni être prononcée plus de deux fois durant la même session. Il dissout s'il y a lieu la Chambre des députés.

Les Ministres sont responsables devant la Chambre et contresignent les ordres et dépêches du Président.

La nomination du premier Ministre est approuvée par la Chambre.

Le Cabinet se retire devant un vote de défiance sauf en cas de dissolution de la Chambre.

Les Ministres assistent aux séances des Chambres et y prennent la parole.

L'initiative des lois appartient aux Chambres et au Gouvernement. Tout projet rejeté ne peut être repris à nouveau durant la même session.

Les lois votées sont promulguées dans un délai

de quinze jours sauf désapprobation du Président qui est tenu de motiver son veto. Toutefois, la loi sera promulguée si les deux tiers des membres des deux Chambres maintiennent le vote. Le délai de quinze jours expiré, sans qu'il y ait une objection, le vote est considéré comme définitivement acquis et le projet devient loi.

Le budget est soumis par le Gouvernement à la Chambre des députés dans les quinze jours qui suivent l'ouverture de la session. Le Sénat l'amende ou le rejette avec l'approbation de la Chambre et, si cette approbation n'est pas obtenue, le budget est considéré comme voté.

Les emprunts sont nécessairement soumis à l'approbation de l'Assemblée nationale.

La Cour des Comptes composée de membres élus pour neuf ans par le Sénat examine et renvoie le compte des paiements et des recettes annuels à la Chambre des députés. Si celle-ci repousse ces comptes, le Cabinet est tenu pour responsable.

L'Assemblée nationale (Sénat et Chambre) discute les amendements à la Constitution qui ne sont adoptés qu'autant qu'ils réunissent trois quarts des voix, le quorum requis étant des trois quarts du nombre total des membres de l'Assemblée nationale.

Cette Constitution, bien que n'ayant jamais été promulguée, a été par la suite le prétexte invoqué par les différents partis pour justifier les prises d'armes et les guerres qui ont déchiré et ruiné le pays après la mort de Yuan Che Kai. C'est en s'appuyant sur ce texte que le Sud est entré en opposition constante et en lutte ouverte avec le Nord. Elle a servi d'étendard à tous ceux que l'ambition personnelle dévorait et qui ont tenté de parer de sentiments nobles et désintéressés leur perpétuelle agitation ou leur soif de pouvoir.

Yuan Che Kai n'admettait pas qu'on le tînt systématiquement et complètement à l'écart du travail effectué par le Comité de la Constitution et qu'on refusât d'accueillir ses délégués et les suggestions qu'ils portaient de sa part. Le Parlement s'adjugeait tous les pouvoirs aux dépens mêmes de cette liberté dont les Kouo Min T'ang se prétendaient les fervents défenseurs. Le Président, plus étroitement que jamais prisonnier de la Constitution ne conservait aucune initiative. Le peu de pouvoir qui lui était dévolu, le Parlement, par sa façon d'agir, menaçait de le lui enlever et, en tout cas, montrait qu'il le considérait comme un pantin représentatif dont il tenait en main toutes les ficelles.

Yuan Che Kai n'était pas homme à se livrer ainsi pieds et poings liés. Il lui convenait peu d'être tenu en lisière. C'était donc une lutte sans merci qui allait s'engager entre le Parlement et le Président. Visé directement et personnellement, Yuan Che Kai fut prompt à la riposte. Elle éclata comme un coup de tonnerre.

Le 4 Novembre, trois décrets, contresignés par le Président du Conseil et le Ministre de l'Intérieur ordonnent la dissolution dans la Chine entière du parti Kouo Min T'ang. C'est un réquisitoire complet et documenté qui met brutalement en lumière les intrigues, les menées du parti radical-socialiste, qui fait ressortir sa complicité dans la tentative de révolution « réprimée à temps pour le bonheur du peuple ». Le Gouvernement dévoile au grand jour toutes les tractations secrètes du parti anti-gouvernemental, toutes les manœuvres employées par lui pour faire pression sur le Parlement, toutes les consciences achetées par ceux qui, pour assurer leur succès, ne craignent pas de faire appel à l'intervention étrangère. Cette dernière accusation est une de celles qui ont le plus de portée. En agitant le spectre de l'étranger, tout gouvernement est certain, en Chine, de ramener à lui l'opinion publique et de trouver ainsi facilement la justification de ses actes les plus arbitraires.

Dès lors, Kouo Min T'ang est synonyme de rebelle. Les radicaux-socialistes sont mis hors la loi, donc chassés du Parlement. « La présence d'ennemis du pays est intolérable au sein de l'Assemblée ».

Des mesures de police sont aussitôt prises : visites domiciliaires, perquisitions, arrestations. Personne n'a été averti, rien n'a transpiré de ce complot. Le coup de filet est donné en même temps sur la Chine entière.

Tous les membres Kouo Min T'ang de l'Assemblée se voient retirer leurs certificats d'élection et leurs cartes. Près de la moitié du Parlement est ainsi mise brutalement à la porte de cette assemblée dont, quelques jours avant, l'entrée avait été interdite aux délégués du Président. Ils ont eu le tort de se vanter de cet exploit et de fournir le fouet pour se faire battre.

Ce coup de force qui aurait dû soulever l'opinion publique fut au contraire admis sans la moindre tentative de révolte. Yuan Che Kaï imposait par son passé et par ses succès présents. Le Chinois a besoin de sentir une main ferme qui le guide et, au besoin, le fustige.

D'ailleurs, avec son habileté ordinaire, le Président ne commit point l'erreur de dissoudre le Parlement. Le premier de ces décrets prévoyait en effet qu'il serait pourvu au remplacement des sièges vacants tant par les candidats en expectative que par de nouveaux élus. On extirpait seulement les mauvaises herbes. On mettait à l'écart ceux qui gênaient l'expression du sentiment populaire, ceux qui sacrifiaient l'intérêt général à leur intérêt égoïste.

L'Assemblée subsistait donc, mais ce n'était plus que l'ombre d'un Parlement puisqu'elle ne réunissait même pas le quorum nécessaire. Il suffisait d'attendre qu'elle mourût de sa belle mort.

C'est ce qui se produisit. L'assemblée fondant de jour en jour n'existait presque plus que de nom. A la demande des Gouverneurs de provinces elle fut officiellement dissoute en Décembre 1913.

Ainsi Yuan Che Kaï remportait sa dernière victoire. Il avait renversé ou tourné tous les obstacles, abattu toutes les résistances, démoralisé ses ennemis. Il restait le maître tout puissant de la Chine.

Deux ans lui avaient suffi pour éliminer la dynastie mandchoue et mettre la République dans sa poche. Sa patiente volonté, son inlassable persévérance, sa profonde connaissance des défauts de ses compatriotes qu'il avait su exploiter à son profit faisaient tomber entre ses mains, comme un fruit mûr, le patrimoine que les dynasties successives avaient constitué au cours des siècles.

De nom Président de la République chinoise, il était en fait en possession d'un pouvoir aussi absolu que jadis le Tsar de Russie ou le Sultan de Turquie.

Pour bien montrer qu'en lui se renouait la chaîne du passé, pour continuer et maintenir la tradition, cette tradition qui, pour les Chinois, tient lieu de vrai patriotisme, qui est l'unique lien qui les unit entre eux, fidèle aux rites religieux de la Chine millénaire, il accomplit les sacrifices au Ciel, comme l'eût fait l'héritier direct de l'Empereur.

Le 25 Décembre 1913, du Palais impérial où il avait établi sa résidence, par la grande avenue qui passe sous la haute porte de Tsien Men, sablée de jaune, comme s'il se fût agi d'un monarque chinois, il se rendit au sanctuaire.

Isolé au milieu d'un vaste parc par une série de murs rouges crêtés de tuiles jaunes, sur une terrasse de marbre à trois étages, le Temple du Ciel dresse sa silhouette ronde et bleue surmontée d'un globe d'or.

Une dalle énorme sculptée d'un dragon, dont les replis forment marches, accède au pavillon. C'était le chemin réservé à l'Empereur quand il venait accomplir les sacrifices rituels.

Une allée relie le Temple à l'Autel du Ciel dont la triple terrasse circulaire, frangée de balustrades de marbre blanc ajouré, se détache sur le fond sombre des arbres séculaires formant alentour comme un bois sacré qui l'enveloppe et le cache dans son ombre mystérieuse et verte aux yeux des profanes.

C'est là qu'au lever du jour, l'Empereur officiait, — seul, — en face du Ciel.

C'est là que Yuan Che Kai accomplit les rites antiques pour appeler sur la Terre de Chine la protection des ancêtres célestes.

L'après-midi du même jour, il vint dans le Temple de Confucius, s'incliner devant la tablette du grand sage de la Chine dont la philosophie et la morale devaient à nouveau fournir les principes directeurs de l'éducation chinoise.

* * *

Bien que désireux d'exercer seul le pouvoir, Yuan Che Kai tenait cependant à donner une apparence républicaine au Gouvernement absolu qu'il voulait rétablir. Il s'ingénia donc à créer auprès de lui un organisme spécial, qui prit le nom de Conseil politique ou « Tcheng Che Houei Yi ». Ce conseil était composé uniquement de gens nommés directement par le Président et les Gouverneurs de province. Il se substituait au Parlement, avec cette différence qu'il n'était pas un corps élu, mais en réalité une réunion de fonctionnaires, de conseillers appointés par le Gouvernement central. On le comparerait volontiers au Conseil privé, au « Nei-Ko » de l'ancienne dynastie. Il n'offrait pas plus de garantie à l'égard de la Nation elle-même qui n'avait pas été appelée à en choisir les membres. Il fut donc jugé nécessaire de lui faire subir une légère transformation afin de lui donner une certaine allure d'assemblée élue. C'est ainsi que par décret du 26 Janvier 1914, le Conseil Privé devint le Conseil constitutionnel, « Yue Fa Houei Yi ». Ce nouveau corps comprenait cinquante-six membres : quatre élus par Péking, deux par chacune des provinces, huit pour la Mongolie, le Thibet et le Turkestan, quatre par les chambres de commerce. Le Gouvernement avait procédé à une sélection sévère parmi les électeurs âgés de trente ans au moins. Il fallait être fonctionnaire ou posséder des diplômes équivalents à la licence pour faire partie du collège électoral auquel pouvaient également prétendre les propriétaires ayant des biens fonciers d'une valeur de dix mille dollars. Les candidats n'étaient choisis que parmi les officiels ayant servi pendant cinq ans, parmi les diplômés d'une école de droit ou parmi ceux qui possédaient un diplôme supérieur à la licence. On n'avait pu éliminer complètement du scrutin ceux qui n'étaient pas « officiels » ; en réalité, le choix des électeurs ne pouvait guère porter que sur des fonctionnaires puisque en Chine et à cette époque encore, tous ceux qui étaient nantis d'un diplôme étaient ou aspiraient à être fonctionnaires. Le Gouvernement avait donc dans cette création nouvelle une sorte de Chambre administrative à son entière dévotion, prête à tout pour satisfaire le puissant dictateur qui préside désormais aux destinées du pays. Le peuple restait parfaitement inerte. Il n'avait plus d'Empereur, il possédait quelques libertés nouvelles, dont il ne savait d'ailleurs que faire. De toutes façons, il lui fallait se soumettre à une dictature quelconque, celle d'une assemblée ou celle d'un homme. Cela lui paraissait inévitable. Habitué à subir un maître, entraîné pendant de longs siècles à une obéissance passive, il était beaucoup plus prêt à s'incliner devant un chef unique qu'à supporter l'autoritarisme inquiet et inquisiteur d'un Parlement dont il avait élu les représentants et que pour cette raison même il ne respectait guère. Comme Yuan Che Kai se posait en défenseur des libertés que le Parlement ne garantissait plus, qu'il paraissait ainsi promettre un avenir meilleur, le peuple chinois laissait au chef de l'Etat le soin d'organiser le Gouvernement comme il l'entendait. Il avait été consulté durant la période transitoire. Son avis, il l'avait exprimé, non pas en connaissance de cause, mais sous la pression de la Tong Mong Houei ou du Kouo Min T'ang. On lui avait dit qu'il fallait à la Chine une république ; va pour la République ! Il se représentait mal ce que pouvait être le Gouvernement du peuple par le peuple. A son point de vue simpliste, il fallait cependant quelqu'un pour exercer le pouvoir, puisqu'il en avait été ainsi de tout temps. Ce n'était plus un étranger qui le détenait, c'était un vrai Chinois, cela lui suffisait. Il ne souffrait plus du parasite mandchou ; il espérait une ère de justice, des années de calme et de prospérité. Il avait quelques raisons de croire aux déclarations de l'homme qui s'attachait à rétablir la paix dans les provinces. Dans son for intérieur, il avait plus confiance dans les gens expérimentés ou ayant une certaine situation que dans ces députés ou ces sénateurs qui ne lui avaient que trop donné le spectacle de leur incapacité brouillonne et orgueilleuse, de leur âpreté au gain. Il pensait dans sa naïve sagesse qu'il lui en coûterait moins de supporter un seul maître que d'en avoir plusieurs centaines à entretenir. Cette Constitution dont on lui avait tant parlé, qu'on lui avait représentée comme le comble du bonheur, il n'avait pu jusqu'à présent en apprécier les avantages matériels, les seuls qui comptent à ses yeux. Sur ce point qu'on avait prétendu si essentiel, on ne paraissait même pas être d'accord. On lui avait déjà montré plusieurs constitutions. Il n'en avait retenu que ce qui pouvait lui être utile ; une certaine liberté lui était accordée. D'ailleurs, pour lui faire sentir cette liberté, on l'avait obligé à couper la natte. Tête rasée, homme libre.

Quant au reste, rien n'était changé : il y avait toujours des fonctionnaires, des soldats, beaucoup de soldats, des impôts et des taxes. Il était toujours un peu volé par les uns, rançonné et pillé par les autres ; il s'ingéniait de son côté à échapper autant que possible au fisc.

C'est sur cette apathie des Chinois que Yuan Che Kai, débarrassé du Parlement, comptait pour établir un nouveau gouvernement, dans lequel il exercerait le pouvoir absolu avec un semblant de régime parlementaire.

A la séance d'ouverture du Conseil constitutionnel, le Président annonça que le nouveau corps avait pour mission d'étudier la réforme de la Constitution, réforme que le Conseil politique et les Gouverneurs de provinces estimaient absolument nécessaire pour le bien général du pays.

Six semaines plus tard, le 1er Mai 1914, les travaux étaient terminés et le Pacte constitutionnel promulgué.

C'est la Constitution du 15 Mars 1912, adoptée par le Sud et le Nord, celle à laquelle Yuan Che Kai avait prêté serment lors de son élection à la Présidence provisoire par l'Assemblée de Nanking, qui fait le fond de cette nouvelle loi. Mais on y apporta des amendements si considérables, des remaniements si profonds qu'elle est à peine reconnaissable.

La République chinoise est constituée par le peuple chinois. Il ne s'agit donc plus d'une république confédérée, comme le voulaient les Kouo Min T'ang. La souveraineté de la République émane de la Nation toute entière. Les droits et libertés des citoyens sont confirmés « dans les limites de la loi. »

Le Président, chef de la Nation chinoise, réunit en lui tous les pouvoirs du Gouvernement. Il est seul responsable devant le peuple, les Ministres ne l'étant que vis-à-vis de lui. Il est assisté du « Tsan Tcheng Yuan », sorte de Conseil d'Etat ou plutôt de Conseil de Gouvernement, dont il nomme les membres. Neuf ministères sont prévus : Affaires étrangères, Intérieur, Finances, Armée, Marine, Justice, Instruction publique, Agriculture-commerce, Communications. C'est le Président qui détermine et fixe le statut des fonctionnaires qu'il a seul droit de nommer et de révoquer.

Pour tempérer quelque peu cette centralisation du pouvoir, une Assemblée législative, le « Li Fa Yuan », composée de représentants élus par le peuple a pour mission de discuter et de voter les projets de loi, le budget, les emprunts, de répondre aux demandes qui lui sont adressées par le Président et de recevoir les pétitions des citoyens. Elle peut mettre en accusation le Président devant la Cour suprême dans le cas où il commettrait un attentat contre l'Etat. La session régulière est de quatre mois, prolongée par ordre du Président qui convoque les sessions spéciales. Les lois votées par l'Assemblée sont promulguées par le Président sauf s'il y oppose son veto. L'immunité parlementaire est garantie, excepté pour les cas de flagrant délit ou de complicité dans les troubles intérieurs ou extérieurs. En réalité, le Président exerce à tout moment un contrôle effectif sur l'Assemblée qu'il tient à son entière discrétion et dont les droits et prérogatives peuvent être suspendus.

Cette Constitution est le contre-pied exact de celle que le Parlement Kouo Min T'ang voulait imposer et dans laquelle il s'attribuait tous les pouvoirs. Maintenant le Président les a tous en main. Si l'Assemblée discute et vote le budget, en fait, elle ne peut modifier ou annuler les dépenses prévues pour les besoins réguliers du Gouvernement, pour l'exécution des traités, pour l'Armée et la Marine. A cette Assemblée législative est même enlevé le droit d'élaborer la Constitution définitive. C'est en effet le Comité de rédaction composé de dix-neuf délégués élus parmi les membres du Conseil de Gouvernement qui accomplira ce travail. Le projet de Constitution établi par le Comité spécial sera cependant soumis à une Conférence dénommée Convention des citoyens. Cette convention sera convoquée et dissoute par le Président qui promulguera la Constitution définitive.

En attendant, le Pacte constitutionnel remplace la Constitution provisoire de Mars 1912.

Outre le Conseil de Gouvernement, création nouvelle et organe simplement consultatif, le Pacte prévoit la formation d'une Cour des comptes. Il consacre également le statut de la Famille impériale et de l'Empereur, fixé lors de l'abdication, et l'égalité des Mandchous, des Mongols, des Musulmans et des Thibétains.

L'autonomie de la Mongolie sous l'égide de la Russie obligeait pourtant à introduire une certaine restriction en ce qui concerne les Mongols « dont le traitement sera le même à moins qu'il ne soit modifié par la loi » !

Le Conseil d'Etat joue le rôle d'assemblée législative en attendant que celle-ci soit constituée.

Un décret présidentiel du 24 Mai 1914 consacre la création de ce Conseil dont les membres au nombre de cinquante à soixante-dix sont nommés directement par le Président. En réalité, ce « Tsan Tcheng Yuan » est un Conseil de gouvernement dans lequel prennent place la majorité des membres du Conseil politique, dont la dernière session eut lieu le 5 Juin 1914.

Etant donné que le nombre des Conseillers d'Etat était variable, cette disposition du Pacte constitutionnel permettait d'y nommer tous ceux que l'on avait intérêt à ménager ou qu'il était bon de s'attacher. Il avait pour mission de sanctionner et d'approuver les décrets et mandats présidentiels. N'ayant que des attributions purement consultatives, il ne prenait aucune décision. Il ne lui était laissé d'initiative qu'en ce qui concerne la Constitution définitive qu'il devait élaborer.

Mais pouvait-il vraiment avoir une initiative réelle sur ce point ?

Si on avait pris la précaution de ne point permettre à la future assemblée législative de s'occuper de cette importante question, c'est que le Président était certain de pouvoir facilement inspirer et diriger les travaux du Conseil d'Etat dont la composition spéciale en faisait une façon de Cour administrative à son entière dévotion. Cet organe offrait toutefois cet avantage de donner une apparence constitutionnelle à un Gouvernement en réalité absolu. Il était prévu que le Président pourrait le consulter pour les traités, pour l'organisation administrative, pour les réformes financières de même que pour les questions relatives au développement de l'industrie et de l'instruction. Mais, ce n'était pas là une obligation formelle. En l'absence du « Li Fa Yuan », le Conseil d'Etat remplaçait l'Assemblée législative, dont les règlements furent promulgués le 30 Octobre 1914.

Yuan Che Kai ne voulait à aucun prix d'une assemblée élue trop nombreuse. Les difficultés qu'il avait rencontrées auprès du Parlement lui avaient fait toucher du doigt les inconvénients d'un système représentatif trop étendu pour la Chine. C'est pourquoi la nouvelle assemblée ne devait comprendre que deux cent soixante-quinze membres élus au suffrage à deux degrés, sauf pour la Mongolie, le Thibet et Tsing Hai. Ailleurs, dans les provinces, on procéderait à la formation d'un collège électoral et la répartition des sièges serait faite proportionnellement au chiffre de la population (1).

Les élections devaient avoir lieu au printemps ou en été 1915 et la première session de l'Assemblée était fixée au 1er Septembre.

Cette loi constitutive du Li Fa Yuan eut d'ailleurs le sort de bien des lois organiques de la République chinoise : elle ne fut point appliquée et le Conseil d'Etat, dont la dernière session est du 29 Décembre 1914, tint lieu d'assemblée législative. Si elle était une concession aux idées nouvelles ou tout au moins à la théorie réformiste, elle montrait d'autre part le souci du Président de limiter à un nombre restreint d'individus le droit de vote et d'éligibilité.

Yuan Che Kai a toujours pensé que la Chine sortant d'une longue période de servitude ne pouvait sans grave danger être émancipée du premier coup.

(1) Pour être électeur du premier degré, il faut être ou avoir été fonctionnaire d'un grade supérieur ou, à défaut, posséder un diplôme secondaire ou une équivalence, ou encore être propriétaire d'immeubles d'une valeur de 5.000 dollars, ou avoir un capital égal dans le commerce ou l'industrie. Ne sont éligibles aux élections primaires que les fonctionnaires ayant plus d'un an d'exercice ou ceux qui poursuivent leurs études pour l'obtention d'un diplôme supérieur, ou encore ceux qui ont des propriétés immobilières d'une valeur de dix mille dollars ou un capital équivalent engagé dans le commerce ou l'industrie. Les citoyens ayant au moins trente ans d'âge sont éligibles au « Li Fa Yuan », s'ils remplissent en outre l'une des conditions suivantes : s'ils ont rendu des services exceptionnels à l'Etat ou exercé une haute fonction officielle pendant cinq ans, s'ils sont lettrés éminents ou diplômés d'une école secondaire après trois ans d'études en Chine ou à l'étranger, s'ils ont été professeurs dans une école supérieure pendant trois ans au moins, s'ils possèdent un immeuble d'une valeur de trente mille dollars ou un capital équivalent dans le commerce ou l'industrie.

Il fallait que le peuple eût le temps de s'habituer à la liberté par étapes successives. Sans avoir subi un entraînement progressif, comment eût-il pris une part directe, effective et utile aux affaires de l'Etat ? Yuan Che Kai, outre le désir de satisfaire son ambition, avait cette constante préoccupation de maintenir l'unité de la Chine, unité que la théorie Kouo Min T'ang mettait en danger. L'autonomie provinciale dans un pays aussi étendu et aussi dénué de moyens rapides de communications, lui paraissait inacceptable. Les provinces n'avaient que trop tendance à se séparer les unes des autres, à se considérer même comme ennemies. L'intérêt général du pays risquait de disparaître devant l'intérêt régional. Pour parer à cette menace, une forte centralisation du pouvoir était nécessaire. Il fallait une seule tête, un seul chef, qui pouvait recevoir ou solliciter des conseils, mais dont les décisions ne devaient pas être discutées. Yuan Che Kai avait gardé l'empreinte de son passé militaire. Il était le chef élu par la Nation. Le chef n'existe qu'autant qu'il y a discipline et obéissance. Il avait rencontré l'indiscipline et la désobéissance au Parlement et il les avait brisées.

En travaillant pour le pays, il travaillait pour lui-même et pour assurer la continuité de son œuvre, il lui fallait être assuré de conserver le pouvoir, tout au moins un laps de temps suffisant. Et c'est ainsi que, à la requête du Conseil de Gouvernement, le Conseil constitutionnel élabora une nouvelle loi pour l'élection présidentielle. Tout citoyen chinois âgé de quarante ans au moins, jouissant de tous les droits civils et politiques et ayant au minimum vingt ans de résidence dans le pays est éligible. A chaque élection, le Président, représentant la Nation, choisira trois candidats dont les noms seront inscrits par lui-même sur une plaquette d'or. Cette plaque sera enfermée dans un coffret dont le Président, le Secrétaire d'Etat et le Président du Conseil d'Etat conserveront les clefs. Un comité composé de dix personnes sera désigné pour ouvrir ce coffret.

Les noms des candidats seront proposés par le Président à un Collège électoral comprenant cinquante conseillers d'Etat et cinquante membres de l'Assemblée législative.

Le candidat qui aura réuni les deux tiers des votes sera élu. Si cette proportion n'est pas obtenue, les noms des deux candidats qui auront réuni le plus grand nombre de voix seront à nouveau soumis au collège électoral et l'élection aura lieu, dans ce dernier cas, à la majorité simple. Le Président est rééligible et a le droit de prendre part au vote. La durée du mandat présidentiel est portée à dix ans. Le Conseil d'Etat a le droit de prolonger ce mandat sans qu'il soit nécessaire de procéder à une nouvelle élection. Le Président propose également trois candidats à la Vice-Présidence. La même procédure est adoptée pour cette élection.

Ainsi Yuan Che Kai tendait à s'assurer la Présidence à vie, et le Conseil constitutionnel aussi bien que le Conseil de Gouvernement ne faisaient qu'exécuter strictement les ordres de leur maître.

Tout cet appareil consultatif à la solde de Yuan Che Kai n'était là que pour dire « Amen » et donner par avance une sorte de consécration officielle et publique aux actes personnels du « PRESIDENT ABSOLU DE LA REPUBLIQUE CHINOISE ».

Concurremment, Yuan Che Kai avait supprimé par mandat du 28 Février 1914 les assemblées provinciales de façon à centraliser également le pouvoir dans les provinces. Les autorités provinciales deviennent seules responsables vis-à-vis du Gouvernement central. Le Gouverneur civil nommé directement par le Président a la haute main sur l'administration de la province dont il assure en même temps l'ordre et la défense. Les quatre bureaux des Affaires générales, de l'Intérieur, de l'Education et de l'Industrie complètent cette organisation, image réduite du Gouvernement central.

La province est divisée en cercles placés sous l'autorité d'un Intendant qui a sous ses ordres les sous-préfets chargés des districts constituant le cercle.

A côté du Gouverneur civil, le Gouverneur militaire ou « Tsiang Kiun » a le commandement suprême sur toutes les troupes cantonnées dans les districts militaires. Ces districts sont d'ailleurs indépendants des circonscriptions administratives dans les limites desquelles ils se trouvent inscrits, de même qu'ils peuvent fort bien embrasser des territoires situés dans des provinces différentes.

En théorie, le Gouverneur militaire n'avait aucune autorité civile ; en fait et dans beaucoup de cas, il cumulait les attributions civiles avec les fonctions militaires.

Yuan Che Kai consacrait le principe de la séparation des pouvoirs civils et militaires que certaines provinces avaient tenté d'établir au lendemain de la révolution. Malheureusement, il n'avait pu entièrement détruire le système des Tou Tou, gouverneurs des provinces cumulant les fonctions civiles et militaires, création de la Révolution qui devait par la suite être la cause principale de l'anarchie dans laquelle la Chine vit et se débat depuis plusieurs années.

CHAPITRE IX

Maître d'un pouvoir presque absolu depuis le mois de Novembre 1913, Yuan Che Kai espérait arriver à donner au pays une organisation administrative, sinon parfaite, du moins suffisante pour le moment et qui marquât une amélioration sensible sur l'ancien régime. Il rêvait de reconstituer un Etat puissant, de l'outiller à la moderne, de rénover la Chine tout en maintenant les anciennes traditions, grâce auxquelles le Céleste Empire conservait son unité. Il allait appliquer sur une plus vaste échelle les méthodes qu'il avait employées lorsque, vice-roi du Tche li, il travaillait à faire de la région confiée à ses soins une province modèle et à constituer le noyau d'une armée nouvelle avec l'arrière-pensée de prendre la revanche des défaites foudroyantes infligées aux bannières impériales par les soldats du Mikado.

C'était une œuvre de longue haleine qu'il avait entreprise et pour l'exécution de laquelle il lui fallait être assuré de conserver le pouvoir aussi longtemps qu'il serait nécessaire.

Le conflit européen vint bousculer ses plans.

La Chine voulait rester neutre dans une guerre qui mettait aux prises les plus grandes puissances du monde, celles qui s'étaient associées en 1900 pour lui infliger une humiliante leçon que la faute et la faiblesse coupable du Gouvernement impérial avaient rendue nécessaire.

Par la force des choses, elle fut amenée à subir sur son territoire des opérations militaires dirigées contre l'Allemagne, parce que celle-ci s'était emparée d'une base navale en terre chinoise, dans la baie de Kiao Tcheou, et avait fait de Tsing Tao une place forte.

Sans qu'il en eût été prié, le Japon se fit le tenant de la Chine, prit fait et cause pour elle, voulut défendre et faire respecter les droits souverains de la jeune république sur des territoires concédés par la dynastie Ta Tsing. Le 15 Août 1914, l'Empire du Mikado adressait à l'Allemagne un ultimatum aux termes duquel Kiao-Tcheou devait être remis sans condition au Japon en vue de sa restitution éventuelle à la Chine. Cette mise en demeure étant restée sans réponse, le blocus de Tsing Tao commença le 23 Août et finalement la place tombait le 7 Novembre. Ainsi se refermait la tenaille japonaise dont une branche mordait en Mandchourie méridionale et dont l'autre s'enfonçait dans la province de Chan long, étreignant le golfe du Tche-li et Péking. Dès lors, le Gouvernement central chinois se trouvait à la merci d'un coup de main et en tout cas contraint à l'impuis-

sance pour le cas où il aurait tenté d'échapper à
la périlleuse protection de son trop empressé voisin. Le Japon ne tarda d'ailleurs pas à vouloir profiter d'une situation aussi privilégiée.

Afin d'éviter toute friction entre les troupes
japonaises et ses soldats, le Gouvernement chinois
avait eu la précaution d'établir une zone de guerre
en vue de faciliter les opérations militaires contre
Tsing Tao. La place ayant capitulé, la Chine, forte
de son droit et des assurances données par le Japon, déclara abolie la zone de guerre. Ce fut le
prétexte invoqué par le Japon pour présenter le
18 Janvier 1915, les fameuses vingt et une
demandes (1), qui ne tendaient à rien moins qu'à
mettre la Chine en tutelle. Elle essaya, mais en
vain, d'échapper à cette attaque diplomatique brus-
quée. L'opinion publique chinoise fut véritablement

(1) Le Japon se faisait reconnaître tous les droits que l'Allemagne possédait au Chantong en vertu des traités, et s'y assurait
une telle prépondérance que cette province chinoise devait en fait
devenir une colonie japonaise

Mais non content d'étendre des prétentions à cette seule province, l'Empire du Mikado tendait à obtenir des avantages équivalents dans la Mandchourie méridionale et dans la Mongolie
intérieure où il exigeait que ses ressortissants eussent le droit de
propriété et de libre commerce. Il mettait la main sur le Sud
mandchourien sur les chemins de fer Antong-Moukden et sur la
ligne Kirin-Tchang Tchoun.

Il interdisait en outre à la Chine d'aliéner les ports et les côtes,
principalement au Foukien qu'il considère comme une dépen-
dance de Formose.

Il exigeait que dans les villes importantes, la police fût administrée conjointement par les Japonais et les Chinois.

Enfin il imposait à la Chine la reconnaissance aux sujets japonais du droit de propagande religieuse.

En somme, profitant de la guerre européenne, le Japon imposait son contrôle à la Chine et essayait même d'obtenir à son seul
profit les avantages que les traités reconnaissaient aux nations
européennes.

soulevée par l'injustice et la brutalité de ces demandes que rien, en droit, ne justifiait. Mais le Japon avait la partie trop belle pour abandonner la proie qu'il convoitait et que les Puissances européennes étaient incapables de lui disputer, engagées qu'elles étaient dans la guerre mondiale déchaînée par l'Allemagne. Légèrement modifiées le 26 Avril, les demandes du Japon devinrent plus pressantes, et, le 7 Mai, un ultimatum fut remis qui obligea le Gouvernement chinois, abandonné à lui seul, de s'incliner devant son ambitieux et agressif voisin. Un traité, signé le 25 Mai, consacrait la capitulation de la République chinoise devant l'Empire japonais.

Ainsi l'œuvre entreprise par Yuan Che Kai se trouvait compromise. Ce n'était plus aux Chinois qu'il se heurtait, c'était à un obstacle imprévu, venant du dehors. Il était désarmé devant cette intervention étrangère dans des questions qui, en toute justice, ne regardaient que le Gouvernement chinois. Sous le prétexte de garantir l'intégrité du territoire chinois, une nouvelle emprise, plus redoutable celle-ci que toutes les autres, étreignait le pays au sortir des longues et dures épreuves d'une révolution. Comme en une lutte de « Jiu Jistu », le Japon le serrait aux endroits sensibles. Semblable à l'hyménoptère, il dardait son aiguillon dans le corps mou et gras du grillon chinois, le paralysait, l'obligeait à retomber dans cet état de torpeur, de léthargie dont il essayait de sortir.

La Chine était menacée d'un protectorat japonais. Allait-elle devenir une nouvelle Corée ?

De même que la Russie avait profité de la Révolution chinoise pour étendre son protectorat sur la Mongolie extérieure, de même le Japon profitait de la guerre européenne pour courber sous son joug la République chinoise qui, sous l'énergique impulsion de Yuan Che Kai, tendait à s'organiser et pouvait dans quelques années devenir assez forte pour résister à toutes les attaques.

Cependant, grâce à une habile diplomatie, la Chine put échapper au danger qui la menaçait. Devant l'imminence du péril, les Chinois firent bloc. En jouant sur cet énorme facteur qu'est le temps, ce temps qui, en Chine, ne compte presque pour rien et permet de lasser la patience la plus tenace, le Gouvernement chinois sut manœuvrer assez savamment pour traîner les choses en longueur et ne pas être obligé d'exécuter immédiatement les conditions les plus onéreuses que le traité de Mai 1915 lui imposait.

*
* *

Malgré toutes ces difficultés, les réformes constitutionnelles se poursuivaient suivant le plan adopté. Le 12 Mai 1915, un mandat présidentiel promulgue la loi relative à l'organisation de la Convention nationale, « Kouo Min Houei Yi ». Dans cette assemblée composée de trois cent trente-cinq membres élus, les provinces ont deux cent deux représentants, la capitale quarante, la Mongolie, le Thibet, le Koukou-Nor vingt-quatre, les territoires spéciaux neuf, les bureaux législatif, judiciaire, administratif, vingt chacun. C'est à cette Convention des citoyens que doit être soumis le projet de Constitution définitive. Ses pouvoirs très limités se bornent à accepter ou à refuser le projet. Elle peut cependant proposer des amendements avec le concours de quarante de ses membres au moins, et sous la forme d'un rapport adressé au Président de la République qui en saisit le Comité de rédaction de la Constitution. Les séances de cette assemblée sont régulièrement tenues lorsque les trois quarts des membres sont présents, et ses décisions valables si la majorité comprend les deux tiers des membres présents. Au bout de quatre mois, terme imparti à la session régulière de cette Convention nationale purement consultative, elle est légalement dissoute. Si durant la session régulière, la Convention n'a pu se prononcer sur l'unique question, celle de la Constitution, pour laquelle elle est compétente et qui est sa seule raison d'être, il est procédé à de nouvelles élections pour réunir une autre assemblée.

En fait, on s'en tint simplement, comme dans bien des cas, au projet dont la publication au Journal officiel était une preuve écrite du désir de Yuan Che Kai de consulter le peuple sur la forme de gouvernement qu'il lui imposait. Ainsi, on « sauvait la face ».

La multiplicité des organes constitutionnels prévus en rendait difficile la création dans des délais trop rapprochés et qui avaient été fixés avec l'unique souci de montrer la hâte que l'on avait à associer la Nation aux travaux constitutionnels. L'étendue du pays, le manque de communications, l'ignorance absolue des habitants au point de vue politique étaient des difficultés prévues auxquelles se heurtait une bonne volonté si souvent exprimée que personne ne la pouvait mettre en doute.

C'était une période de tâtonnements durant laquelle on ne pouvait avancer que pas à pas, prudemment pour ne point mettre en danger l'existence même du pays. La recherche méticuleuse de la perfection obligeait à revenir en arrière, à modifier des règlements hâtivement élaborés. C'est ainsi que la loi relative au « Li Fa Yuan » ayant été remaniée, cette assemblée ne put être constituée pour le mois de Septembre, date à laquelle devait s'ouvrir la première session. Il fut donc pourvu à son remplacement par le « Tsan Tcheng Yuan », Conseil d'Etat, conformément aux dispositions du Pacte constitutionnel provisoire. Or, le Conseil d'Etat, de par sa composition et son recrutement était un instrument docile aux mains de Yuan Che Kai. Il concevait même son rôle de façon si spéciale que loin de chercher à modérer les tendances absolutistes du Président, il le poussait au contraire dans cette voie. Son zèle servile l'aveuglait sur sa véritable mission, l'empêchait d'apercevoir et de signaler les écueils contre lesquels pouvait se briser une ambition devenue trop impatiente.

Après les expériences faites depuis 1912, la plupart des hommes politiques et des hauts fonctionnaires chinois estimaient que la forme républicaine ne convenait pas à la Chine, tout au moins pour le moment. Il lui manquait l'habitude de la liberté.

Une société nouvellement créée en 1915 par le

Toutou du **Ngan Houei**, la Société de la Paix (Chou Ngan Houei) décida que pour consolider l'union des provinces chinoises, il importait avant tout de restaurer la monarchie. Une active propagande, menée dans les provinces par cette association provoqua un mouvement d'opinion en faveur de l'établissement d'une monarchie en Chine. Nombre de gouverneurs de provinces et de fonctionnaires, surtout dans le Nord, se montrèrent favorables à cette idée et adressèrent pétitions sur pétitions au Président pour le presser de fonder un nouvel Empire. En réalité, la population n'était pas foncièrement hostile à une monarchie purement chinoise. L'usurpateur mandchou était abattu, l'étranger enfin chassé du pays qu'il avait envahi et conquis sur la dynastie nationale des Ming. Non seulement cette tendance nouvelle fut accueillie avec faveur dans les milieux chinois, mais même dans les cercles étrangers. Certains conseillers de la Présidence étudièrent et soumirent des projets de Constitution généralement à double tranchant. On y parlait de République et finalement par une série d'articles plus ou moins clairs et d'une subtilité toute orientale on arrivait à une monarchie. Le projet qui eut le plus de retentissement fut celui du docteur Goodnow, conseiller pour l'élaboration de la Constitution auprès du Président, qui concluait très nettement à une forme monarchique de Gouvernement. Citoyen des États-Unis, le conseiller de Yuan Che Kai prônait le rétablissement d'une monarchie au lieu et place de la République. Cette proposition devait naturellement faire impression sur l'entourage de Yuan Che Kai et surtout

sur son fils aîné Yuan Ko Ting qui se voyait déjà
« Prince héritier ».

Le Président, malgré sa forte volonté et sa large
intelligence, se laissa gagner par les conseils de
ses familiers et de tous les personnages officiels,
intéressés à la réussite d'une entreprise qui leur
procurerait honneurs, titres et grasses sinécures.
Chacun entretenait l'ambitieuse illusion où il se
complaisait. Yuan était même en droit de supposer
que le Gouvernement du Mikado serait favorable
à un changement de régime, puisque son conseiller
japonais, M. Arigawa, était un des plus ardents à
le pousser dans cette voie.

Le 6 Septembre, il était donné lecture au Conseil
d'Etat d'un message dans lequel Yuan Che Kai
indiquait que de nombreuses pétitions lui avaient
été adressées pour le solliciter de changer la forme
du Gouvernement, « mais que ses fonctions lui
interdisaient de s'arrêter aux suggestions qui lui
étaient faites ». Toutefois, ayant en vue avant tout,
l'intérêt général du pays, il n'avait pas cru devoir
les repousser systématiquement sans les avoir soumises à l'examen attentif du Conseil d'Etat, le seul
corps capable d'en connaître. Cette déclaration fit
la meilleure impression et fut très favorablement
accueillie par la presse pékinoise. Et la campagne
monarchiste continua de plus belle.

Les milieux militaires sont en effervescence, les
gouverneurs des provinces du Nord se font plus
pressants. Bref, il semble que tout le monde s'en-
tende pour forcer la main au Président. Si la Société de la paix n'avait pas été notoirement connue
pour une sorte de filiale du Conseil d'Etat et par

conséquent comme une association semi-officielle, l'illusion de la spontanéité du mouvement monarchiste aurait été complète. La grande presse était unanime et vraiment, il eût été malséant d'attacher une importance quelconque aux nombreux pamphlets imprimés clandestinement et que des gens mal intentionnés parvenaient à répandre dans le public. On était trop au-dessus de ces insinuations calomnieuses pour s'en inquiéter et les combattre autrement que par des inquisitions et des perquisitions incessantes de police.

Le 20 Septembre, le Conseil d'Etat attirait l'attention du Président sur cette manifestation si impérieuse du sentiment populaire et sur la nécessité qu'il y avait de convoquer au plus tôt la Convention nationale. Conformément au pacte constitutionnel, il suggérait que des moyens propres à consulter l'opinion publique fussent envisagés de façon qu'une solution prompte et favorable aux intérêts généraux de la Nation intervînt. Ainsi le Conseil d'Etat se donnait l'air de prendre l'initiative d'une réforme gouvernementale dictée par l'unique souci de satisfaire à l'opinion publique exprimée en toute liberté. Mais le Président, gardien vigilant et fidèle de la Constitution, fit remarquer dans sa réponse que les élections à la Convention nationale devaient être terminées le 20 Novembre et qu'il y avait lieu d'attendre jusqu'à cette date pour démêler le sentiment du pays. Ainsi toutes les apparences étaient sauvées et le Rituel de la politesse chinoise strictement observé. Il n'eût pas été correct de la part du Conseil d'Etat de ne point renouveler à plusieurs reprises une offre que le Président ne pouvait non plus sans grave incorrection accepter aussitôt qu'elle lui avait été faite, quelque ardent que fût son désir de se laisser porter au Trône impérial.

L'élan était donné. On avait hâte d'aboutir. Les militaires, les fonctionnaires, le peuple même, travaillés par la Société de la Paix, manifestèrent en maintes occasions leur désir de voir rétablir une monarchie.

La pièce était admirablement réglée en ses moindres détails. Dans cette comédie, on ne laissait point au peuple le temps de réfléchir ni de se désintéresser d'une intrigue où il jouait à la fois le rôle de spectateur et celui de figurant. Chacun tour à tour y tient un premier rôle. La Société de la paix s'adresse au Conseil d'Etat pour l'inviter à proposer la réunion d'une assemblée plus vaste que la Convention nationale, munie de pouvoirs spéciaux, aussi larges que possible, pour statuer sur cette question de la Constitution. Le Conseil d'Etat accepte naturellement cette proposition et en quelques jours, il rédige et soumet pour promulgation au Président de la République la loi qui crée la « Convention des représentants des citoyens ». En présentant cette loi à l'approbation présidentielle, le Conseil d'Etat ne manque pas d'indiquer que c'est sur un appel général du peuple et pour faire droit au désir de la Nation qu'il l'a rédigée. Et il ajoute que « la question étant d'importance exceptionnelle, elle ne peut être réglée que par des moyens également exceptionnels ». L'Etat, c'est le peuple. C'est au peuple qu'il appartient de décider de la forme de l'Etat. En vertu des droits souverains de la Nation, une Convention spéciale des représentants du peuple doit être constituée et c'est elle qui, en dernier ressort, légalement et en connaissance de cause, décidera de la forme de Gouvernement qu'il convient de donner à la Chine. Le peuple chinois étant anxieux d'apporter lui-même une solution appropriée à cette question, le Conseil d'Etat émet le vœu que le Président promulgue la loi dans le plus bref délai. Ainsi le peuple est conduit à tenir un rôle prépondérant dans le vaudeville constitutionnel. On le fait parler, agir, prendre des décisions !... Pour satisfaire au vœu populaire, Yuan Che Kai promulgue le 8 Octobre la loi en question. Il entrait dans les plans des promoteurs du mouvement de donner l'impression d'une consultation générale du pays, de recourir en quelque sorte au « referendum ». Cependant, il était nécessaire de restreindre autant que possible l'opposition et de ne s'adresser qu'aux éléments conservateurs ou à ceux dont la situation de fortune offrait une certaine garantie. En un mot, on cherchait à faire condamner par le peuple la Révolution et surtout la République. Les élections préliminaires à la Convention nationale étant terminées, c'est parmi ces élus au premier degré que l'on choisit les candidats à la Convention des représentants des citoyens. Les provinces enverront mille huit cent trente-quatre délégués, soit un par district. La Mongolie intérieure et la Mongolie extérieure élisent deux représentants par ligue, soit trente-deux députés, issus de collèges électoraux composés des princes, ducs et nobles héréditaires. Le Thibet a douze délégués, le Tsing Hai six, les bannières mongoles, mandchoues et chinoises vingt-quatre, soit un délégué par bannière, les chambres de commerce soixante, les lettrés trente, ceux qui ont rendu des services exceptionnels à l'Etat vingt.

En réalité, si une partie de la Chine était pour la monarchie, par ailleurs, dans le Sud, on restait fortement républicain. Nouveau sujet d'effervescence : Ly Yuan Hong quitte le palais impérial où il résidait en tant que Vice-président de la République chinoise, Siu-Che-Tchang et certains hauts fonctionnaires donnent leur démission. Des provinces arrive à Péking une sourde rumeur de mécontentement ; une nouvelle révolution ou la guerre civile sont à craindre. Mais, malgré les démarches faites par les Ministres du Japon, d'Angleterre, de Russie et de France pour attirer son attention, le Gouvernement ne paraissait pas se douter du péril. Dans les milieux officiels, on affectait au contraire une assurance absolue. On ne faisait, disait-on, qu'accéder aux vœux de la Nation. On n'avait aucune connaissance d'une opposition formelle de certaines provinces du Sud. En raison même de la spontanéité du mouvement, le Gouvernement ne pouvait s'inquiéter des récriminations injustifiées d'une minorité de mécontents. Il se devait au contraire d'aider le peuple à se prononcer en toute liberté, sur la forme de Gouvernement qu'il lui conviendrait d'adopter. D'avance on considérait les protestataires comme des rebelles, des gens prêts à se révolter au moindre prétexte, qu'il s'agît d'une République ou d'une Monarchie.

L'acte de force accompli par Yuan Che Kai contre les Kouo Min T'ang avait rempli ses admirateurs d'une confiance aveugle. Ses partisans avaient pour lui une sorte d'idolâtrie. Les succès qui avaient couronné la campagne de répression lors de la deuxième révolution contribuèrent encore à illusionner ses thuriféraires. En créant des organismes entièrement à sa solde pour donner une apparence républicaine à son Gouvernement, le Président s'était condamné à vivre dans une atmosphère de mensonge. Il avait reconstitué une Cour avec toute une suite de courtisans dont l'avantage immédiat était de cacher au grand maître de la Chine la vérité, parce que cette vérité, en contrariant ses projets, eût été peut-être dangereuse pour leurs propres intérêts.

Depuis deux ans qu'il exerçait le pouvoir absolu, Yuan Che Kai avait repris la tradition impériale : il restait enfermé dans son Palais, isolé presque complètement du monde extérieur. L'apparat et la pompe quasi-impériale dont il s'entourait lui interdisaient tout contact avec son peuple. La vision du maître s'arrêtait aux murailles du palais présidentiel. A son tour, il devenait prisonnier du temple où les Empereurs chinois celaient à leurs sujets leur humaine divinité. Comme s'il eût été hanté par le souvenir des puissants souverains du Céleste Empire, Yuan Che Kai, qui avait si bien manœuvré pour arriver à l'absolutisme, subissait maintenant comme une sorte d'envoûtement sous l'influence du lieu et des choses et oubliait cette sage patience qui lui avait permis de triompher de tous les obstacles.

Jouissant d'un pouvoir presque aussi complet que s'il eût été Empereur de nom, assuré par le

Pacte constitutionnel de la présidence à vie, il avait devant lui de longues années qui lui eussent permis d'assurer mieux son autorité, de renforcer et de resserrer encore les mailles du filet qu'il avait doucement tendu sur le pays.

Il eut la faiblesse de vouloir le titre d'Empereur et de créer une nouvelle dynastie. Ce que le temps lui eût permis de faire sans encombre, il voulut, trop confiant dans son étoile, l'enlever de vive force.

Le 11 Décembre 1915, le Conseil d'Etat procédait au dépouillement des votes. Les statuts de la Convention des représentants des citoyens prévoyaient deux mille dix-huit votants. Sur mille neuf cent quatre-vingt-treize votes réellement exprimés, mille neuf cent soixante-huit concluaient au rétablissement d'une monarchie avec Yuan Che Kai pour Empereur.

Cette énorme majorité sans être absolument factice n'exprimait cependant que très imparfaitement le sentiment public. Le système d'élection employé donna lieu à des abus, parce qu'il fut appliqué par des fonctionnaires trop zélés. Les manœuvres officielles ne portèrent pas tant sur l'expression des votes que sur le choix soigneusement fait des votants. Le Gouvernement pouvait de bonne foi soutenir qu'ils étaient l'expression véritable de l'opinion publique. Ainsi, le Conseil d'Etat put répondre par une fin polie de non recevoir aux conseils de prudence que les Puissances, tout en se défendant de vouloir intervenir dans la politique intérieure chinoise, crurent devoir donner à nouveau dans le courant de Décembre. On tenait dans les sphères officielles chinoises de Péking à l'idée d'une restauration monarchique. C'était comme une sorte de délire.

Le Prince Pou Louen, l'ancien président du Sénat provisoire sous la dynastie des Tsing, adressait une requête au Président Yuan pour l'engager à accepter l'Empire. Enfin, l'Empereur lui-même, cet empereur déposé par la République chinoise, logé au Palais de ses ancêtres et renté par elle, rendait un édit en faveur de l'établissement d'un gouvernement monarchique.

Siuan T'ong poussait Yuan Che Kai au Trône qu'il avait dû lui céder.

Celui-ci se faisait encore prier. Il semblait avoir un obscur pressentiment du danger auquel il s'exposait en se laissant entraîner à rétablir prématurément la monarchie à son profit. Mais, il était emporté par le mouvement qu'il avait déclanché et qui, malgré lui, avait pris une accélération telle qu'il lui était impossible de le modérer, sans perdre la face vis-à-vis des Chinois et des Étrangers.

Les étudiants protestaient au Japon, mais ils étaient trop peu nombreux pour agir efficacement. La vallée du Yang tscu, qui avait été par deux fois le foyer de la révolte, était relativement calme. Seul, l'extrême Sud s'agitait. Les milliers de lis qui le séparaient de Péking atténuaient considérablement son influence et le danger d'une intervention immédiate. En admettant même qu'il y eût une rébellion, on ne pensait pas dans les sphères gouvernementales qu'elle pût s'étendre.

C'est du Yunnan que partit le mouvement anti-monarchique. L'ancien Toutou de cette province,

Tsai Ngao, membre du Conseil d'Etat et directeur du bureau du cadastre, le maréchal Tang Ki Yao, commandant des troupes, et le Gouverneur civil, Jen Ko Tcheng, levèrent l'étendard de la révolte. A Péking, on affectait de ne point prendre la chose au sérieux. Le Yunnan, « le sud nuageux », est une province si lointaine, si isolée dans ses montagnes escarpées qu'il n'était guère à redouter. On étoufferait, pensait-on, aussi facilement cette troisième révolution que la deuxième tentative de Sun Yat sen et Houang Hing. La confiance était telle, que le Conseil d'Etat insistait auprès du Président-Empereur pour que la date du couronnement fût définitivement arrêtée. Un édit fut rendu qui annonçait que le nouveau règne commencerait à dater du premier Janvier 1916, sous le nom de Hing Hien, et le jour du couronnement fut fixé au 6 Février.

Sincèrement attaché au principe républicain, Tsai Ngao déclara l'indépendance du Yunnan et eut recours aux armes pour défendre la Constitution. Une offensive rapidement menée lui permit de pénétrer au Sseutchouan et de prendre Soui Fou. Mais l'armée du Nord ayant remporté quelques avantages, put rejeter l'envahisseur. Cette malheureuse province deviendra par la suite le champ de bataille habituel des Yunnanais, rudes montagnards qui y trouvèrent un terrain propice à leurs razzias. Mais, les troupes gouvernementales ne poussèrent pas plus avant, ne cherchèrent même point à exploiter plus complètement leur succès et à poursuivre le rebelle sur son territoire. Elles paraissaient le ménager soit par ordre, soit par prudence, car d'autres provinces menaçaient de se joindre au mouvement. Quelques engagements avaient également lieu au Hounan et au Kiangsou.

Cependant, les opérations militaires se poursuivaient mollement de part et d'autre. La campagne languissait. Les troupes du Nord, loin de leur base, péniblement et irrégulièrement ravitaillées, restaient sur la défensive.

Cette fois encore, Yuan Che Kai crut pouvoir compter sur la division de ses ennemis et sur cette diplomatie qui l'avait si bien servi jusque-là.

Pourtant, d'autres provinces imitant l'exemple du Yunnan, le Kouei tcheou, le Kouang si, le Tche kiang, et le Kiang si avaient tour à tour proclamé leur indépendance. Le Sseutchouan inclinait à la révolte. L'autorité de Yuan Che Kai s'effritait. En sous-main, les Kouo Min T'ang travaillaient le pays et cherchaient à prendre une revanche sur le potentat de la Chine.

Dès ce moment, très nettement, apparaît le danger du système des Toutous, de ces gouverneurs élus par les provinces ou qui s'étaient imposés durant la période révolutionnaire. Ils avaient tendance à considérer leur province comme un fief et, s'ils consentaient une certaine vassalité au Gouvernement central, ils restaient prêts à reprendre leur indépendance du jour où ils ne pourraient plus tirer le moindre avantage de leur soumission. Ils administraient et exploitaient la province dont ils absorbaient le plus clair des revenus, ne faisant parvenir à Péking que peu de fonds, bien heureux quand ils n'en exigeaient pas. Cet instinct de rapine, Yuan pensait pouvoir en tirer parti à nouveau pour mettre le désaccord entre ses adversaires. Il les ménageait et ne se servait de la force armée que pour appuyer ses propositions et pour montrer que, le cas échéant, il était disposé à agir énergiquement.

Et c'est ainsi que durant plusieurs mois la situation resta stationnaire.

Ce nouveau mouvement accentuait encore le danger qui avait effleuré la Chine durant la première révolution : scission du Nord et du Sud et par conséquent affaiblissement du pays. Cette fois cependant, il manquait au président un facteur important, celui qui jusque-là avait permis de vaincre toutes les résistances, l'argent. Durant toute la période de réorganisation, on avait dépensé sans compter. La préparation du mouvement monarchique avait coûté très cher, les caisses du Trésor étaient à peu près vides. D'un autre côté, la guerre contre l'Allemagne absorbait toute l'attention des Puissances et la question chinoise était perdue de vue. Yuan en était donc réduit à ses seules ressources, ce qui rendait plus difficile et plus aléatoire le succès des négociations que les opérations militaires, très ralenties permettaient d'engager. Avant tout, il se rendit compte qu'il valait mieux provisoirement renoncer au Trône impérial et se contenter de la Présidence à vie avec tous les droits et pouvoirs qui y étaient attachés. C'est cette pensée qui lui dicta l'Edit du 23 Février 1916, remettant à une date ultérieure la solution de la question gouvernementale.

Un cabinet est formé avec Touan K'i Jouei. On revient au régime de la Constitution provisoire, sans toutefois que le Parlement soit à nouveau convoqué. C'est une sorte de compromis, de coté mal taillée entre la Constitution de 1912 et le Pacte constitutionnel de Mai 1914.

Yuan aurait probablement cette fois encore pu triompher du mouvement d'opposition, s'il n'avait eu devant lui que les Chinois, s'il ne s'était pas heurté à une force occulte. Cette force, il l'avait déjà éprouvée lors des vingt et une demandes. Elle avait fait plier le tout puissant Président, mais ne l'avait pas abattu. Il avait été obligé de passer sous les fourches caudines de son adversaire et de faire la part du feu. Il restait cependant redoutable par sa ténacité et son prestige que l'on avait essayé d'atteindre, mais que l'on n'avait pas ruinés. Il justifiait encore la confiance mise en lui par la majorité du pays.

La rébellion du Yunnan n'aurait dû être qu'un épisode sans conséquence dans la vie et l'avenir de la Chine. Mais Tsai Ngao et T'ang Ki Yao, de même que Houang Hing, étaient d'anciens élèves du Japon. Leur éducateur ne les laissa manquer ni de conseils ni d'aide.

Privés de leurs titres et fonctions par mandat présidentiel, attaqués dans leur province par les troupes cantonaises, leur perte était imminente. Long Tsi Kouang, gouverneur du Kouang tong, restait fidèle à Yuan Che Kai, malgré toutes les intrigues qui se tramaient autour de lui et qui le mettaient lui-même en danger. Il paralysait le principal adversaire chinois du Président en portant la guerre sur son propre territoire. Et comme Long Tsi Kouang s'entêtait à ne point trahir le Président, qu'il ne se laissait point tenter par l'argent, on fit appel à tous ceux qui ambitionnaient la place de Gouverneur et on favorisa cette anarchie qui s'est depuis installée en maîtresse dans la République chinoise.

Tchen Kiong Ming et Tchen Tchouen Siuan s'abattirent sur la province de Canton entraînant avec eux Leang K'i Tchao, ce théoricien réformiste qui troque le « pinceau fleuri » du lettré contre le sable doré du général. De tous côtés, des intrigues se nouent, des alliances se concluent presque aussitôt rompues, on se reçoit à dîner et on se massacre. C'est le peuple, ce sont les travailleurs, les artisans, les marchands, les commerçants qui paient les frais, qui sont tondus, rossés au nom de la Constitution et pour le plus grand bien de la République.

Enfin, hurlant avec les loups, et pour sauver sa situation, Long Tsi Kouang se résout à son tour à proclamer le 7 Avril 1916 l'indépendance du Kouang tong. Au total, sept provinces sont séparées du Gouvernement central. Il y a deux Chines en constante opposition, celle du Sud et celle du Nord. Au nom de l'intérêt national et sous le prétexte que la République est menacée, le pays se trouve ainsi morcelé, affaibli. Les ambitions personnelles se démasquent. Le Sud ne veut plus de Yuan Che Kai. Il a perdu la confiance des champions de la Constitution qui forment un Gouvernement militaire. Superbe association qui ne reconnaît que Li Yuan Hong comme Président de la République et dont chacun des associés espère décrocher la timbale de vice-président !

Ils n'ont en fait aucune sympathie les uns pour

les autres. La défense de la Constitution est l'étendard derrière lequel ils dissimulent leurs vrais sentiments, qui leur permet de lever des troupes, de former cette « armée pacificatrice » qui pille et rançonne sans pitié l'habitant et se livre à tous les excès d'une soldatesque effrénée.

Sous le prétexte avoué du respect de la liberté, de la défense de la République, de la sauvegarde de la Constitution, les Toutous vont désormais et à tout instant dicter leurs conditions au Gouvernement central.

A partir du printemps 1916, l'antagonisme du Sud contre le Nord se déclare ouvertement.

Le peuple victime des chefs militaires, de politiciens déguisés en généraux, n'est plus même appelé à prendre part au Gouvernement. Il a l'air d'être consulté, en réalité il ne fait que subir une minorité despotique et rapace. Les affaires générales de l'Etat, le bien de la Nation, sa vie même ne pèsent rien en comparaison des ambitions éhontées de cette sorte de « FEODALITE REPUBLICAINE » que forment les Toutous.

Le Conseil de gouvernement du Sud donna une première idée de ce que serait cette phase nouvelle dans laquelle entrait la Chine. La concorde ne régnait pas précisément parmi les associés. Si certains étaient venus par ambition, d'autres n'avaient donné leur adhésion que sous la menace d'être victimes de leur fidélité à Yuan Che Kai. En Chine, le dévouement ne va pas jusqu'au sacrifice et les exemples sont extrêmement rares d'un attachement poussé jusqu'au renoncement de soi.

Chacun des chefs prétendait au pouvoir et considérait son allié comme un ennemi. Tous étaient paralysés par la préoccupation constante de se surveiller et de se sentir surveillés.

Un homme comme Yuan Che Kai pouvait avec la profonde connaissance qu'il avait de l'âme de ses concitoyens triompher aisément d'une coalition aussi fragile. Le Nord restait uni sous son autorité ; la situation était beaucoup moins critique que lorsqu'il avait pris le pouvoir dans les derniers mois de l'Empire Mandchou et pendant les deux premières années qui suivirent.

Le mouvement qui soulevait le Sud n'avait rien de vraiment populaire. Ce n'est qu'à force d'argent et de menaces que le Kouang tong, la province la plus républicaine de Chine, avait déclaré son indépendance. Encore, l'attitude de son gouverneur était-elle assez énigmatique pour inspirer quelques appréhensions aux directeurs du Conseil de Gouvernement et à tous ceux qui avaient intérêt à un désordre favorable à la pêche en eau trouble.

Lorsque Yuan Che Kai mourut au début de Juin 1916, les alliés du Sud se trouvèrent fort embarrassés pour justifier leur coalition. Leur révolte dirigée uniquement contre le Président n'avait plus de raison d'être. Ly Yuan Hong, leur candidat, prenait tout naturellement le siège de la Présidence de la République chinoise. Ils ne pouvaient que s'incliner devant le chef de l'Etat de leur choix et rompre une alliance qui n'avait plus d'objet.

Le bien du pays l'exigeait, mais leur ambition ne le leur permettait pas.

La Vice-présidence était vacante. Le Kouang

tong par sa richesse attirait ces oiseaux de proie qui guettaient le moment de terrasser Long Tsi Kouang.

Et le Japon veillait.

Il fut donc décidé que le Conseil de Gouvernement du Sud ne pourrait être dissous tant que certaines questions ne seraient pas réglées.

*
* *

La plus grande figure de la Révolution chinoise avait disparu. Yuan Che Kai s'était éteint le 6 Juin 1916, succombant à une crise d'urémie, peut-être victime à son tour d'un de ces mystérieux drames du Palais. Mais, cet homme de volonté avait eu la faiblesse de céder aux instances de son entourage, de ses fidèles qui, ayant mis en lui tous leurs espoirs, le conduisirent à la catastrophe. Il dominait tellement la masse des hommes politiques chinois qu'on en faisait une sorte de divinité.

Alors qu'il était en fait le souverain, le Président-Empereur eut cette petitesse d'attacher au titre une trop grande importance. Ce fut sa perte.

Yuan Che Kai, malgré ses défauts et sa soif de pouvoir personnel, a travaillé à sauver la Chine du désordre et de l'anarchie qui la guettaient au lendemain de la Révolution. Il a eu pour constante préoccupation le maintien de l'unité de son pays. A son point de vue, cette unité ne pouvait être réalisée que par une centralisation du pouvoir. Pour un Chinois de vieille souche, cela signifiait un maître absolu tenant en ses mains les commandes de la machine gouvernementale. Ayant assumé la lourde charge de reconstituer la Chine, d'en faire un Etat puissant, il entendit conserver seul la responsabilité d'une entreprise que, seul également, il s'était senti le courage et l'énergie de mener à bonne fin. Malheureusement pour lui, et pour la Chine, il s'était heurté à la volonté bien établie d'un voisin qui ne voulait point voir se reconstituer un Céleste Empire fortement organisé, qui craignait que de cet immense réservoir d'hommes ne sortît une armée redoutable avec laquelle, dans l'avenir, il aurait à compter.

CHAPITRE X

Aperçu des réformes de Yuan Che Kai.

Après avoir assisté aux luttes que Yuan Che Kai eut à soutenir au lendemain de la Révolution, il nous reste à donner un aperçu rapide et bien incomplet de son œuvre de réparation intérieure.

Son premier soin aussitôt qu'il eut pris le pouvoir tombé des mains de la dynastie Ta Tsing, avait été de restaurer l'ordre. Il ne restait plus rien de l'ancienne machine administrative si compliquée de la dynastie mandchoue. Elle s'était arrêtée brusquement et avait disparu aussi vite que ceux qui l'avaient construite.

La Révolution avait bouleversé les services administratifs. Les fonctionnaires impériaux avaient fui. Il avait été pourvu à leur remplacement par des moyens de fortune. En général, les provinces avaient procédé elle-mêmes à la nomination des nouveaux fonctionnaires. Il fallait donc consacrer les organismes récemment créés et unifier autant que possible les méthodes administratives dans l'ensemble du pays.

Tout en n'attaquant pas provisoirement le principe de l'autonomie provinciale, il était cependant nécessaire que les provinces fussent soumises à une seule autorité, celle du Gouvernement central établi à Péking et dont le Président était la tête.

Les Assemblées provinciales avaient pris des initiatives et s'étaient souvent substituées au Gouvernement central, dont les agents avaient cru prudent de se retirer avant même que d'y avoir été invités. En abandonnant leurs Yamens, beaucoup avaient pris la précaution de n'y point oublier les fonds dont ils avaient la gestion, ce qui n'avait pas été sans causer de gros embarras financiers. On ne savait trop comment faire face aux dépenses nécessaires pour continuer à assurer les services publics. La situation était d'autant plus délicate que beaucoup d'établissements financiers, et en particulier, la Banque officielle Ta Tsing, s'étaient lamentablement effondrés.

Les révolutionnaires, en dehors du programme de démolition à accomplir, n'avaient aucun plan d'ensemble pour l'organisation d'une république. Ils s'étaient attachés à faire triompher le principe républicain. Là, pour le moment, se bornait leur œuvre.

Ils se trouvaient désemparés devant cet amoncellement de matériaux qu'ils ne savaient exactement comment grouper pour en refaire un Etat. L'immensité de la tâche les effrayait. Ils perdaient pied. N'ayant pas eu généralement l'occasion de prendre une part quelconque aux affaires publiques de l'Etat ou des provinces, ils manquaient totalement d'expérience.

Le gouvernement provisoire de Nanking leur

permit de toucher du doigt les difficultés, qui leur paraissaient insurmontables parce qu'ils n'avaient pas l'entraînement nécessaire. Le pays était trop vaste, la population trop nombreuse. Quel levier trouver pour faire mouvoir cette masse énorme ? Ils se trouvaient pris sous les décombres de l'édifice qu'ils s'étaient évertués à détruire. Les théories qu'ils avaient apprises à l'étranger et souvent mal assimilées ne leur donnaient pas les moyens d'en poursuivre l'application pratique à des cas concrets. Les éléments fort complexes du problème qui se posait les déroutaient. Il n'y avait point parmi eux d'hommes d'Etat et c'est pourquoi ils durent s'incliner devant la longue expérience de Yuan Che Kai.

C'est dans le discors inaugural du Conseil National que le Président-Empereur de la République chinoise développa le 29 avril 1912, son plan et son programme.

Yuan y posa le principe de l'établissement et du maintien de l'ordre public fondé sur l'obéissance à la loi. Il s'agissait d'inspirer confiance tant à l'intérieur qu'au dehors. Tout dans la Chine nouvelle était à faire ou à refaire. Mais, avec une population de quatre cent millions d'habitants. les réformes ne pouvaient êtres que progressives. Il eût été dangereux de saper du jour au lendemain toutes les anciennes institutions qui, si elles ne convenaient plus à un Etat moderne, servaient encore de trait d'union entre les différentes provinces et les diverses races qui composaient la Nation. Il fallait avant tout sauvegarder l'unité de la Chine qui ne pouvait exister que si tous les citoyens étaient animés du même esprit. Œuvre de patience et de longue haleine !

Le nouveau drapeau aux cinq couleurs horizontales et parallèles représentait l'union des cinq races du Céleste Empire. Cette union, il importait avant tout de la resserrer encore pour faire de la Chine un bloc homogène capable de résister à toutes les attaques, à toutes les épreuves qui assaillent les peuples.

Avant tout, il fallait de l'argent. La Révolution avait fini de vider les caisses du Trésor. Il était indispensable de remettre de l'ordre dans les Finances, d'augmenter les revenus du pays. Une réforme financière s'imposait donc qui porterait à la fois sur l'établissement du budget, sur l'impôt, sur les banques d'Etat, sur l'augmentation des droits de douanes et l'abolition des likins, sortes de barrières douanières provinciales qui grevaient lourdement le commerce, enfin sur la gabelle. Il fallait liquider le passé, les dettes contractées par l'Empire des Tsing et, pour cela, un vaste emprunt était la seule solution à envisager. Pour mener ce travail à bien, il serait fait appel à des conseillers étrangers, ce qui montrerait aux Puissances la sincérité de la Chine à se moderniser, à faire figure de pays libre et indépendant.

Toutes les ressources commerciales, agricoles, minières et industrielles devaient être mises en valeur.

La réforme judiciaire, déjà entreprise sous la dynastie, serait activement poursuivie pour permettre, à l'exemple du Japon, de demander aux Puissances étrangères de renoncer au privilège d'exterritorialité, privilège qui faisait de la Chine un Etat de demi-souveraineté.

Le Premier, Tang Chao Yi, compléta ce programme en proclamant que le pouvoir central devait être fortement centralisé et l'armée réorganisée, que la Chine devait développer son système agricole par la colonisation des terres incultes, le reboisement et la création de banques agricoles. Enfin l'étude de la question du développement du réseau ferroviaire fut spécialement confiée à Sun Yat sen.

Yuan Che Kai, tant par lui-même que par ses ministres, avait tracé tout un programme qu'il s'efforça de réaliser aussi exactement que possible.

De 1912 à 1916, un nombre considérable de lois furent promulguées pour régir les matières indiquées dans le discours-programme du Président. Il y a là un travail énorme accompli méthodiquement, qui malheureusement n'a pu être achevé et que les successeurs de Yuan Che Kai ne se sont pas inquiétés de poursuivre et de perfectionner. Les luttes de parti ont depuis 1916 trop uniquement occupé les dirigeants chinois pour leur permettre de s'intéresser à autre chose qu'au succès éphémère des clans dont ils sont les hommes-liges.

*
* *

Un des premiers soins de Yuan Che Kai fut de procéder à la réorganisation administrative de la Chine dont les provinces éloignées du pouvoir central avaient une tendance à se séparer et à vivre sous le régime d'autonomie presque complète.

Les anciennes vice-royautés avaient disparu. Aux vice-rois et gouverneurs avaient succédé des chefs élus dans certains cas par les Assemblées provinciales ou qui s'étaient purement et simplement substitués aux autorités impériales de leur propre mouvement, lorsque celle-ci eurent abandonné les postes qui leur avaient été confiés.

La Chine républicaine consacra la division du territoire en vingt-deux provinces. Chaque province comportant un certain nombre de cercles (tao) composés de districts (hien). Théoriquement les provinces sont placées sous la direction d'un Gouverneur civil qui a la haute main sur l'administration. A côté de lui, un commandant militaire a sous ses ordres les troupes nécessaires à la défense des circonscriptions militaires qui ne correspondent pas toujours exactement aux limites administratives de la province. Mais ce principe de la séparation des pouvoirs civils et militaires ne fut en fait qu'exceptionnellement appliqué. Les chefs élus ou qui s'étaient eux-mêmes promus aux hautes fonctions de gouverneurs provinciaux étant toujours des militaires avaient en même temps cumulé les attributions civiles. Disposant de la force armée, ils ne consentirent jamais à être placés sous les ordres des Gouverneurs civils. Le contraire se produisit : les Gouverneurs civils nommés à l'instigation des Toutous ont toujours été considérés par eux comme des fonctionnaires sur lesquels ils exerçaient leur autorité, à qui ils donnaient des ordres et qu'ils admettaient parfois à tenir le rôle de conseillers pour les affaires civiles ou administratives.

Le système des Toutous, produit spontané de révolution a donc dès les débuts gravement compromis le principe administratif. Il présentait en outre un sérieux et grave inconvénient : les Toutous généralement étaient originaires de la province qu'ils gouvernaient. C'était exactement le contrepied du système impérial dans lequel les vice-rois et fonctionnaires provinciaux devaient être des étrangers à la province. La République chinoise posa d'ailleurs le même principe, mais il fut impossible de l'appliquer. On dut, au contraire, au commencement, pour éviter de nouveaux troubles, ménager les puissants seigneurs qu'étaient les Toutous et un décret du 12 Juillet 1912 confirma ceux qui étaient en charge.

Par la suite, on essaya de changer les titres pour modifier les attributions. Mais, quelle que soit la dénomination employée, « Toutou », « Tchang Kiun » ou « Tou Kiun », la conception que les chefs de province ont de leurs devoirs est exactement la même. Leur insolence a grandi au fur et à mesure que le Gouvernement central s'est affaibli. Les Toutous, investis d'un pouvoir presque absolu ou qu'ils eurent une tendance à rendre tel, n'étaient point disposés à se laisser déposséder ou à voir réduire leur autorité. Ils s'appliquèrent même à reconstituer à leur profit les anciennes vice-royautés. Ce fut une des causes des nombreux conflits qui mirent et mettent encore aux prises les provinces les unes avec les autres.

L'ambition des Toutous ou Toukiuns a été et est toujours d'étendre leur autorité aux provinces qui auparavant se trouvaient dans le ressort d'une même vice-royauté (1) et d'en accroître encore l'étendue par l'adjonction de nouveaux territoires arrachés à leurs voisins. Sujet d'éternelles disputes, prétexte à recrutement, à armements et à guerres interminables.

L'organisation provinciale consacrée par les lois de la République et les décrets de Yuan Che Kai, est une répétition réduite du Gouvernement central.

Le Gouverneur est assisté de quatre bureaux : affaires étrangères, finances, éducation et industrie. A côté de ce pouvoir exécutif et administratif, l'assemblée provinciale représente en quelque sorte le pouvoir législatif. Ces assemblées sont composées de cinquante membres élus par les provinces ayant une population inférieure à dix millions d'habitants et de cent députés pour celles qui ont plus de vingt millions d'habitants. Elles ont le droit de voter les lois applicables à la province en tant qu'elles ne sont point en opposition avec la loi nationale. Elles examinent et votent le budget provincial et déterminent les moyens propres à la rentrée des taxes. Elles contrôlent l'émission des emprunts et des bons locaux et répondent aux questions des chefs administratifs. Elles ont le pouvoir de dénoncer le chef de la province au Président par l'entremise du Cabinet. Leur session qui commence le premier Octobre a une durée de

---

(1) A l'exception du Tcheli et du Sseutchouan, les vice-royautés comprenaient plusieurs provinces.

soixante jours et peut être prolongée. En l'absence de l'Assemblée provinciale, un Conseil provincial comprenant quatre officiels nommés par le chef de la province et dix membres élus par l'Assemblée provinciale parmi ses députés a des attributions purement consultatives.

Ces assemblées qui, à l'origine, avaient eu une attitude très digne, devinrent par la suite l'instrument docile des Toutous. Les députés se laissant facilement acheter, elles perdirent toute autorité, et ne furent même plus représentatives de la province. Leur suppression par Yuan Che Kai en Février 1914 ne souleva que les protestations des délégués lésés et ne provoqua aucun mouvement sérieux de la part de la population des provinces.

Durant l'année 1912, tous les Ministères furent modifiés, transformés et complétés. Leur nombre fut fixé à neuf : Affaires étrangères, Intérieur, Finances, Guerre, Marine, Justice, Instruction publique, Agriculture-Commerce-Industrie, Communications. A côté des ministères, un certain nombre de bureaux, tels que ceux des lois, du service civil, de statistique relèvent directement du Cabinet.

Le Président s'intéressait tout spécialement aux questions militaires. La révolution avait amené la formation de corps de troupes qui échappaient à peu près complètement au contrôle du Gouvernement central. Beaucoup de provinces avaient mobilisé pour leur propre compte. Les dépenses militaires grevaient très lourdement les finances publiques. Les troupes trop nombreuses et mal disciplinées menaçaient d'être un danger. Il fut donc décidé que l'on procéderait au licenciement progressif des soldats de façon à atteindre le chiffre de cinq cent mille hommes jugé suffisant pour la sécurité du pays.

Le système de la conscription ne fut toutefois jamais appliqué bien que prévu par la Constitution. On eut toujours recours à une armée de métier et au recrutement par enrôlements. En principe, les provinces se voyaient retirer le droit de lever des troupes.

Pour rétablir la situation financière, outre la compression des dépenses relatives à l'armée, un certain nombre de lois réglèrent la répartition meilleure de l'impôt foncier, le principal impôt chinois, qui fut toujours accepté de bon gré par la population, mais dont la perception donnait lieu à des abus de la part des fonctionnaires chargés d'en opérer le recouvrement. C'est de cette époque que date la loi du timbre comportant une taxe variant de 1 cents à 1 dollar 50 sur les opérations commerciales et suivant la catégorie des transactions.

Le 26 Avril 1913, l'Angleterre, l'Allemagne, la France, le Japon et la Russie consentaient à la Chine un emprunt de vingt-cinq millions de livres sterling, dit emprunt de réorganisation, garanti par les revenus de la Gabelle dont le service fut placé sous un contrôle européen assez semblable à celui des Douanes ou des Postes chinoises.

Une des grosses questions financières à résoudre était celle de l'unification monétaire. Les différentes provinces avaient chacune leur monnaie spéciale. D'une façon générale, le tael était la base du système monétaire chinois, mais c'était une monnaie en quelque sorte fictive dont la valeur correspond au prix de trente-trois grammes d'argent fin. Il y avait d'ailleurs à peu près autant de taels que de provinces. On se servait de blocs d'argent représentant un certain poids et, au moyen d'une scie, on en découpait des morceaux de façon à effectuer les paiements. En outre, la teneur différente en argent de ces blocs obligeait à des calculs qui gênaient les opérations commerciales. Le dollar-argent, que certaines monnaies provinciales avaient le droit de frapper, ou le dollar mexicain se présentait sous la forme d'une pièce d'un diamètre et d'un poids un peu supérieur à l'écu de cinq francs. Sa valeur variait suivant le cours du tael et était d'environ au pair de deux francs trente. Une loi promulguée en Janvier 1914, complétée le 18 Mars de la même année établit que désormais une monnaie nationale uniforme, le « Yuan », représentant un poids d'argent de vingt-trois grammes trente-sept aurait cours dans toute la Chine. La monnaie divisionnaire ou d'appoint se composait de 1/2 yuan ou 0,50 cents, de pièces de 0,20 et 0,10 cents argent, de 0,05 cents nickel, de 0,02 et 0,01 cents cuivre. Les monnaies provinciales se virent confirmer le droit de frapper les nouvelles pièces en se conformant à l'étalon établi. Par la suite, cette loi ne fut pas observée. Les Toutous se mirent à frapper de la monnaie et trouvèrent un bénéfice facile dans la réduction de la teneur d'argent fin, en supprimant la frappe des gros dollars et en ne fabriquant que de la monnaie divisionnaire avec le moins d'argent possible. Ils firent en somme de la fausse monnaie.

Afin de mettre en valeur les ressources du sous-sol, une loi minière votée en Mars 1914, plusieurs fois amendée depuis, prévoyait que dans les entreprises de ce genre les apports de capitaux étrangers ne pourraient dépasser quarante pour cent du capital. De plus, les nombreuses obligations imposées aux sociétés sino-étrangères n'ont pas permis une collaboration vraiment féconde et intéressante des capitaux des autres pays dans les affaires de mines chinoises. Outre le désir très net du Gouvernement de ne point aliéner le sous-sol, on se heurta aux vieilles superstitions chinoises du « Fong Chouei » qui provoquèrent une hostilité, très accentuée dans certains cas, de la population contre les Étrangers assez audacieux pour vouloir troubler dans leur repaire souterrain, les génies infernaux.

Non content de porter son attention sur les questions d'importance capitale pour le pays, Yuan légiféra également sur les points de détails comme par exemple au sujet des costumes civils et militaires des fonctionnaires dont les modèles ont paru au Journal Officiel.

Yuan Che Kai ne négligea aucune question d'ordre économique, financier, militaire ou administratif. Il voulut en somme créer de toutes pièces, soit en innovant, soit en adaptant les lois et coutumes de l'ancienne Chine, l'armature de la Chine nouvelle. Il poursuivit avec opiniâtreté son plan de réformes. C'est cette activité dévorante qui a ému le Japon et l'a poussé à intervenir en Chine directement ou indirectement avant que cette organisation eût porté ses fruits.

TROISIEME PARTIE

L'ANARCHIE

CHAPITRE XI

La mort de Yuan Che Kai ayant amené tout naturellement à la Présidence, le général Ly Yuan Hong, l'homme dont le nom était attaché aux premiers faits d'armes de la Révolution, les partis républicains auraient dû normalement faire bloc pour soutenir leur candidat et organiser immédiatement le pays suivant leurs vues.

Il n'en fut point ainsi. Certes, en apparence, tout le monde semblait être d'accord.

Celui qu'on appelait le tyran, l'usurpateur, avait disparu. La Chine devenait libre, républicaine.

Le premier soin du nouveau président fut de convoquer pour le 1er Août 1916 le Parlement. C'était d'ailleurs l'assemblée de 1912 que l'on appelait à reprendre ses fonctions et à apporter son concours à l'œuvre de consolidation de la République.

Les Kouo Min T'ang avancés, ceux que Yuan Che Kai avaient proscrits, qu'il avait été amené à chasser d'une assemblée dont ils paralysaient les travaux par une opposition systématique à tout ce qui était ordre et raison, revinrent également. Mais la dure leçon qu'ils avaient reçue ne leur avait pas été profitable. Leur mentalité ne s'était point modifiée durant leur retraite forcée. Ils restaient ce qu'ils étaient, des bavards, des orateurs et des ambitieux. Impulsifs, gonflés de haine jalouse, il leur fallait à tout prix attirer sur eux, sur leurs faits et gestes, l'attention du public. Ils prenaient plaisir à donner le spectacle de leur violence brouillonne. Appelés à reconstruire, ils s'obstinaient à démolir à grand fracas, à critiquer tout ce qui avait été fait et qu'ils eussent été incapables de faire eux-mêmes. Ils étaient comme certains de ces critiques chez qui l'habitude de ne chercher dans une œuvre que les imperfections et les faiblesses, qu'il leur faut à tout prix découvrir pour attester leur compétence, paralyse toute initiative, dessèche toute sève productrice.

Ignorants de tout, mais pleins d'eux-mêmes, les parlementaires chinois passèrent leur temps en discussions inutiles, en reproches vains, en accusations venimeuses contre un homme dont la défaite était due non pas à eux-mêmes, mais à l'intervention d'une puissance étrangère dont ils avaient eu la lâche faiblesse d'accepter le concours.

Ly Yuan Hong était hypnotisé par les mots « constitution » et « république ». Comme le taureau fasciné par la « muleta », il ne voyait rien au-delà. Ceux qui jouaient du manteau le conduisaient et l'amenaient à faire docilement ce qu'il croyait être un effet de sa volonté.

C'est ainsi que la Constitution provisoire de 1912 est de nouveau mise en vigueur. Tout ce qui a été fait durant la période de Yuan Che Kai est lettre morte. On néglige toute l'expérience acquise, on revient au point de départ. Les Kouo Min T'ang ne sauraient consentir à s'inspirer d'une œuvre qui n'est point la leur. Leur haine farouche contre l'homme qui l'a entreprise, les empêche d'y rechercher et d'y prendre ce qui peut être utile pour le pays. Ils s'en tiennent à leurs principes ou plutôt à leurs formules creuses.

Ly Yuan Hong succédant à Yuan Che Kai, il fallait pourvoir à la vice-présidence. A ce sujet, les convoitises s'allument et les appétits se déchaînent. Les compétitions se multiplient, la lutte devient âpre.

A la fin d'Octobre 1916, le général Fong Kouo Tchang, ex-commandant en chef des troupes envoyées par Yuan Che Kai pour reprendre Nanking (au cours de la deuxième révolution), ex-toutou du Kiang-siou, est élu vice-président. Au surplus, cette nomination ne va pas sans véhémentes protestations. Des cabales se forment contre celui que les Kouo Min T'ang accusent d'être une créature du tyran disparu. Et, de nouveau, ce sont des scènes de désordre.

Au parti Kouo Min T'ang s'oppose le Tsin Pou tang et surtout le parti de Leang Che Yi, le Kong Ming T'ang qui sous peu va se transformer, se renforcer encore pour constituer le puissant « parti des Communications » (Kiaotong t'ang). Les modérés et les conservateurs ourdissent une conspiration contre les républicains avancés.

L'ancien parti du Pei Yang, le grand parti militaire du Nord, tend à réunir ses tronçons épars.

Le Président est pris entre deux factions extrêmes qui lui imposent tour à tour les actes qu'il accomplit. Il n'a pas une personnalité assez forte pour se dégager de ces influences. Sa faiblesse de caractère en fait le jouet de ceux qui l'approchent et lui communiquent temporairement leur volonté.

C'est un militaire, le général Touan Ki Jouei, ancien ministre de la guerre dans le premier cabinet républicain, qui est nommé Président du Conseil. Tous les fidèles de Yuan Che Kai cherchent à conserver le pouvoir que les Kouo Min T'ang ambitionnent d'accaparer. Une haine féroce anime les adversaires qui visent le même but, la mainmise sur la Chine. Chacun, par des moyens différents, songe à rétablir pour son compte le pouvoir absolu.

Fong Kouo Tchang pas plus que Touan Ki Jouei, ne sont foncièrement républicains. Pour ces généraux que Yuan Che Kai avait créés ducs en 1915, qui ont combattu les révolutionnaires, il ne saurait être question d'alliance ou de collaboration avec les Kouo Min T'ang. De même que l'Empereur-Président, ils ne peuvent et ne veulent pas comprendre ce qu'est une République. Tous rêvent d'une dictature militaire. Pour eux aussi, l'unification de la Chine doit être l'œuvre de la force. Les Kouo Min T'ang ne sont pas moins intransigeants ; ils veulent la pacification du pays et cherchent à recruter des troupes pour attaquer leurs adversaires. Les luttes de la tribune doivent avoir leur dénouement dans une bataille décisive que les uns et les autres brûlent et redoutent tout à la fois de livrer. Les deux partis se paralysent et s'immobilisent, aucun n'étant assez fort pour triompher complètement de l'autre. Dans leur sein même l'entente ne règne pas. La discorde les guette, la trahison les menace.

Le Nord redoute une coalition du Sud. Le Sud est tiraillé de divers côtés et l'accord est loin d'être parfait dans le Conseil militaire où l'on redoute des défections.

Les adversaires se mesurent, se tâtent... et s'injurient à la façon des héros des temps anciens qui avaient peut-être un vocabulaire d'insultes plus sonore, mais, à coup sûr, beaucoup moins varié et complet que celui des fils de Han.

Le feu jaillit à propos de l'entrée en guerre de la Chine contre l'Allemagne.

Les militaires chinois ont généralement une tendance à vouloir prendre part au conflit européen. Diverses influences les poussent dans cette voie. Leur intérêt, celui du pays veut que la Chine fasse un geste, qui, au surplus, ne l'engage pas beaucoup et qui risque de lui procurer quelques avantages. Les caisses de l'Etat sont vides, peut-être serait-il possible de se procurer ainsi quelques fonds, d'obtenir quelques avances.

Or la Chine est une sorte de tonneau des Danaïdes, elle absorbe une quantité considérable d'argent qui disparaît, s'évapore sans laisser de traces. A peine un emprunt est-il conclu, que les fonds sont aussitôt dilapidés, engloutis dans on ne sait quel gouffre inconnu, inexploré. Impossible de savoir comment l'argent s'est volatilisé.

Dans son ensemble, le Cabinet est favorable au projet de coopération de la Chine à la Grande Guerre. Mais les Kouo Min T'ang y sont nettement hostiles, et, par conséquent le Président Ly Yuan Hong sur lequel Sun Yat sen exerce une énergique pression. L'apôtre de la Révolution dont la conviction est d'autant plus ferme qu'il reçoit des subsides de l'Allemagne par l'entremise d'une banque hollandaise de Java, mène une campagne active. Il est pris d'une ardeur nouvelle pour répandre en Chine la bonne parole. Son pacifisme est si militant qu'il devient hostile aux Alliés. Il a même l'air si passionnément convaincu que les étudiants, dont il est encore le Dieu, manifestent bruyamment leur opposition à tout projet de guerre lointaine.

Devant cette levée de boucliers et désavoué par le Président, Touan Ki Jouei démissionne le 4 Mars. Il est impossible de constituer un nouveau Cabinet ; tantôt les Kouo Min T'ang y font échec, tantôt ce sont les modérés et les conservateurs. Ly Yuan Hong reste seul. Personne sur qui rejeter les responsabilités. Or, il lui faut prendre des décisions, ce que sa volonté hésitante rend encore plus difficile, presque impossible.

Quelle tempête sous ce crâne !

Il est pris entre le Parlement et les militaires. Sincèrement républicain, il n'ose chercher aide et appui auprès des conservateurs. Son prestige personnel est nul. Prisonnier de la Constitution, il ne cherche point à s'en évader. La situation est inextricable. Il est comme l'âne de Buridan et ne veut pourtant pas se laisser mourir d'inanition.

Touan Ki Jouei, débarqué par le Président, est allé faire un petit voyage à Tientsin. — Combien les hommes politiques chinois doivent être reconnaissants aux diables étrangers d'avoir construit le précieux chemin de fer de Péking à Tientsin ! —

C'est à son ex-ministre que Ly Yuan Hong fait de nouveau appel ; c'est lui qu'il supplie de venir reprendre le poste d'où il l'a démissionné. Et comme Touan ne veut rien entendre, il lui promet de se ranger désormais à ses avis, de le laisser agir à sa guise, de ne plus intervenir dans la politique du Cabinet. Ainsi, le chef de l'Etat qui a cédé devant les criailleries des Kouo Min T'ang et de quelques étudiants en rupture de ban, implore l'aide de celui qu'il a ouvertement désapprouvé.

Le retour de Touan Ki Jouei au pouvoir est suivi de la rupture des relations diplomatiques avec l'Allemagne dont le Ministre à Péking, l'amiral Von Hintze, reçoit ses passeports.

Le Parlement proteste naturellement et continue sa politique d'opposition. L'entente est impossible à réaliser. Le Président de nouveau faiblit. Touan Ki Jouei est isolé : le seul appui sur lequel il puisse compter est celui des Toutous du Nord. Ce sont ces dangereux auxiliaires qu'il convoque en une conférence à Péking au mois d'avril pour faire pression sur le Parlement.

Le 1er Mai, une députation conduite par le gouverneur militaire du Ngan Houei, Ni Sseu Tchong, insiste pour que la Chine prenne parti contre l'Allemagne. Fort de cet appui, le Cabinet soumet au Parlement un projet de déclaration de guerre. Des manifestations violentes et contradictoires ont lieu devant le local où se réunit l'Assemblée, qui refuse de siéger dans ces conditions. Finalement, après un certain nombre de séances orageuses, le Parlement vote un projet de résolution en vertu duquel les opérations militaires seront différées. Le Cabinet se fissure et se désagrège. Le premier ministre reste seul, soutenu par les gouverneurs militaires. C'est en somme le parti Ngan Houei qui dicte ses volontés. Le 20 Mai, les chefs de cette faction adressent une pétition au Président demandant la dissolution du Parlement sous le prétexte que la Constitution à l'étude est contraire au bien de l'Etat.

A partir de ce moment, la Chine vit une des périodes les plus tragiques de son histoire. Pour un oui ou pour un non, les Toukiuns interviennent dans les affaires de l'Etat. Leurs protestations sont accompagnées de menaces. Ils imposent leur volonté par les armes lorsqu'il ne leur est point donné satisfaction immédiate.

C'est l'ère des « pronunciamentos » qui s'ouvre. L'anarchie et la guerre civile s'installent dans le pays. C'est le chaos, un enchevêtrement presque inextricable d'intrigues, une véritable jungle qui décourage les plus déterminés, et étouffe les audacieux qui tentent d'y faire pénétrer l'air et la lumière. Les partis se disloquent, d'innombrables clans se dessinent qui s'allient un jour et se battent le lendemain.

Péking devient une Byzance d'Extrême-Orient.

La Chine dont Yuan Che Kai, au lendemain de la Révolution, avait arrêté le morcellement, se divise encore une fois en deux : le Sud et le Nord, ennemis jurés et irréconciliables.

Les provinces se dissocient, se font la guerre, s'envahissent les unes les autres. A l'intérieur même des provinces, les généraux n'attendent qu'un prétexte pour se soulever contre le chef ; tour à tour, ils s'emparent du pouvoir et en sont évincés. La Chine est devenue un immense champ de bataille : un million et demi d'hommes sont sous les armes pour s'entre-tuer sans autre raison que l'ambition et le bon plaisir des chefs militaires et des hommes politiques. Les Toutous recrutent, équipent sans cesse de nouvelles troupes et rencontrent dans leurs subordonnés de la veille de nouveaux adversaires. Il n'y a plus d'armée ; il y a des armées à la solde d'un chef, des bandes, le plus souvent des pirates qui, sous l'uniforme militaire, dévastent les campagnes, coupent les routes, rançonnent les villes, pillent et assassinent les habitants, ruinent le pays à qui mieux mieux.

Il semble que les Chinois soient atteints de la folie de se détruire et de détruire.

Le Gouvernement central est à peine maître dans Péking. Son autorité ne dépasse pas les murailles de cette ville où les hommes politiques apparaissent et disparaissent comme des figurants d'une grotesque pantomime.

Les Toukiuns du Ngan Houei, de Moukden, du Chantong, du Tche li, de Kirin, de Heilong kiang, du Kiang si, du Hou Pei, du Hounan, du Chan si, du Foukien, du Kiangsou et du Chen-si conspirent et se réunissent à différentes reprises en des conférences secrètes à Siu Tcheou. On fait pressentir le Japon, on lie partie avec les Mongols en vue d'une restauration monarchique. C'est l'attitude intransigeante des Kouo Min T'ang et la faiblesse de Ly Yuan Hong qui provoquent ce mouvement.

Malgré les promesses faites, le Président de la République aide les ennemis du Premier Touan Ki Jouei. Encore une fois, son attitude a changé, et le 23 Mai, il signe un décret par lequel le docteur Wou Ting Fang, l'ancien porte-parole de l'assemblée révolutionnaire de Nanking est nommé en remplacement de Touan Ki Jouei qui repart à Tientsin. Mais, de leur côté, les parlementaires, sans consulter le Président et comme pour lui faire pièce ont élu Li King Hi qui accepte le poste, mais qui ne vient pas à Péking en raison de l'opposition de la faction militaire.

L'initiative prise par le Président d'une part, et l'élection faite d'autre part par le Parlement d'un Président du Conseil, provoquent une révolte des Toukiuns.

C'est le gouverneur du Ngan Houei qui donne le signal, le 29 mai, en déclarant l'indépendance de sa province. L'exemple est aussitôt suivi par d'autres qui menacent de marcher sur Péking pour en chasser le Parlement et le Président de la République.

A cette provocation, Ly Yuan Hong répond qu'il est décidé à combattre les révoltés et à maintenir le Parlement et la Constitution. Le Sud se déclare pour lui et se prépare à lutter contre le Nord. Cette fois, le Parlement semble remporter un suc-

cès. Le Président et la Chine du Sud sont unis
contre l'ennemi commun. Alors, un incident inat-
tendu se produit au sein de l'Assemblée qui semble
lassée des attaques incessantes des Kouo Min T'ang
et de leur opposition systématique à tout arrangement. Le puissant parti Tsin Pou T'ang se retire.
Du fait de cette désertion en masse de deux cent
cinquante membres, le Parlement ne réunit plus
le quorum nécessaire pour siéger et prendre valablement des décisions. Encore une fois, Ly Yuan
Hong est aux prises avec d'insurmontables difficultés. Il n'y a pas encore de Premier et il n'y a
plus de Parlement effectif.

Le pauvre Ly Yuan Hong, ne sachant comment
sortir de cette impasse, a l'idée malheureuse de faire
appel à la médiation du maréchal Tchang Kiun,
inspecteur général des provinces du Yang-tseu,
militaire de l'ancien régime, monarchiste impénitent, un des organisateurs des fameuses conférences
de Siu Tcheou. C'est à lui que, par mandat du
2 Juin 1917, il confie la tâche de concilier le parlement et les gouverneurs militaires dont le quartier général est à Tientsin.

Pour Tchang Kiun, la solution est des plus
simples. Il tranchera dans le vif. Aussitôt arrivé
à Tientsin, il commence son œuvre de médiateur
en donnant par télégramme ordre au Président de
la République de dissoudre le Parlement. C'est une
façon comme une autre de résoudre la question.
Mais, elle n'a point l'heur de satisfaire les parlementaires. Le tumulte est à son comble et pour
compliquer une situation déjà assez embrouillée
par elle-même, le vice-président Fong Kouo Tchang

démissionne. Le Gouvernement est réduit au seul Ly Yuan Hong qui, dans le naufrage, surnage encore, jouet de tous les courants qui luttent et le roulent. Il ne veut pas lâcher la bouée présidentielle, il ne veut pas non plus résister, se sentant perdu par avance s'il risque le moindre geste.

Il inclinerait cependant à dissoudre le Parlement puisque là est le salut. Mais, c'est au tour des Premiers, — car il y en a deux : le titulaire, Li King Hi, qui se tient à distance de la bagarre et un intérimaire, Wou Ting Fang, qui est sur place, — de refuser de contresigner le mandat présidentiel qui leur est présenté le 8 Juin.

Malgré sa bonne volonté, le Président est donc impuissant à donner satisfaction à celui auquel il s'est adressé comme à un médiateur.

Tous ces atermoiements irritent le vieux Tchang Kiun, habitué à se faire obéir et à supprimer tous ceux qui n'obtempèrent pas à ses ordres. Il comprend à sa façon ses obligations de médiateur et c'est un ultimatum qu'il adresse au Président fixant au 13 Juin la date de dissolution du Parlement.

Ly Yuan Hong ne sait plus à quel saint se vouer. Toutes ses bonnes intentions se retournent contre lui. Il est victime de son excellent cœur. Il ne veut faire de mal à personne et mécontente tout le monde par son manque absolu de volonté. Son profond attachement à la République, son respect scrupuleux de la Constitution l'empêchent d'agir. Il craint toujours de porter atteinte à cette divinité dont il est d'ailleurs le seul et malhabile servant, car ses efforts pour susciter des dévouements à la chose publique sont restés infructueux. Qui donc en Chine s'occupe de l'intérêt général ? Il y a un Parlement animé d'un incommensurable orgueil, qui ne bataille que pour ses droits et prérogatives, il y a des chefs militaires qui n'agissent que pour la satisfaction de leurs ambitieuses visées et il y a un Président qui n'ose prendre sur lui d'agir.

Cependant, pour donner satisfaction à Tchang Kiun, il faut trouver quelqu'un pour contresigner le décret préparé.

Un conseil militaire des principaux officiers de la capitale est convoqué au Palais présidentiel. On lit et on discute le fameux mandat que personne ne veut consentir à signer. Plusieurs heures se passent en discussions. Enfin, sur la promesse formelle qui lui est faite d'être nommé Premier, le commandant de la gendarmerie de Péking, Kiang Tchao Tseng, donne sa signature le 13 Juin, à deux heures et demie du matin, et remplace aussitôt le Docteur Wou Ting Fang dont la démission est... acceptée.

Encore une fois, le Parlement est dissous.

Le lendemain, le maréchal Tchang Kiun fait avec le premier élu, Li King Hi, qui vient prendre son poste, une entrée triomphale dans la capitale. Il y est reçu comme un souverain, en grande pompe.

Les Toukiuns du Nord, ayant remporté une victoire complète sur le Parlement, retirent leur déclaration d'indépendance. Il semble que la paix soit rétablie, que l'incident soit clos. Désormais et théoriquement, chacun va pouvoir travailler dans sa sphère au seul bien du pays. L'illusion est de courte durée.

Les provinces du Sud s'insurgent contre la dissolution du Parlement provisoire sous la pression des Toukiuns. Elles y voient un mouvement réactionnaire et déclarent la guerre à la faction militariste du Nord. A partir du 20 Juin 1917, la lutte entre le Sud et le Nord va devenir en quelque sorte endémique. Il y aura parfois des accalmies, mais le feu couve constamment, se ranime au premier souffle et embrase à nouveau la Chine divisée, qui, malgré tout, subsiste miraculeusement au milieu de ce désordre.

Le pays vit dans l'anarchie comme il a vécu sous le joug des Mandchous. Il semble que tous ces politiciens et militaires soient comme d'infimes parasites se disputant, se battant, s'entre-tuant pour essayer de s'agripper à l'immense corps chinois. Ils en vivent, s'en engraissent, sans cependant jamais en atteindre les organes vitaux jusqu'à présent suffisamment protégés.

Les chefs du Sud lancent leurs troupes à l'assaut du Nord le 25 Juin. Le danger n'est pas très grand. Péking est à l'abri de toute surprise venant de ce côté. Les distances sont énormes et les moyens de communications font défaut.

Toutefois, cette nouvelle a le don d'irriter Tchang Kiun qui a improvisé un Cabinet. Il voit que cette concession à l'esprit nouveau, que ses efforts de conciliation n'ont pas eu le succès qu'il en attendait et que l'ordre n'est pas près de renaître. Il faut donc couper le mal dans la racine. Cela a d'ailleurs toujours été son opinion et des deux procédés proposés dans les conférences de Siu-Tcheou, il a sans cesse préconisé celui qui menait droit au but et combattu énergiquement les moyens détournés, les négociations et les intrigues que Siu Che Tchang voulait diriger dans la coulisse.

Lorsque Péking se réveille le premier Juillet 1917, le drapeau républicain a disparu. Partout flotte l'étendard jaune sur lequel se déroule le dragon impérial.

Le Président Ly Yuan Hong a reçu avis d'avoir à évacuer les lieux. Ce qu'il fait sans retard et sans protestations inutiles. Le quartier européen des Légations lui offre un refuge sûr.

Devant la famille impériale au grand complet, Siuan Tong, empereur déchu et renté par la République est réinstallé sur le Trône de ses ancêtres. Dans le clan impérial, c'est la joie. La restauration, attendue patiemment dans un coin du Palais, est enfin arrivée !

Tout aussitôt, on revient à l'ancien système d'administration mandchoue. La leçon du passé n'a servi à rien. Le clan est resté ce qu'il était, momifié, incapable de comprendre la situation et de s'y adapter. Toutes les vieilles formules désuètes reparaissent, tout l'antique rituel est remis en vigueur. L'étiquette prime toute autre préoccupation ; c'est l'unique souci de ces gens d'un autre âge qui n'ont « rien appris et rien oublié ».

Tchang Kiun triomphe. Il s'est débarrassé des conjurés et a réussi seul le coup d'état en préparation depuis la mort de Yuan Che Kai. Grâce à lui, la Chine va reprendre le cours de sa vie normale sous l'égide de l'Empereur et somnoler à l'abri de la Grande Muraille. Il est prêt à défendre jusqu'à la mort son souverain et maître qu'il a remis en possession du pouvoir.

Mais il comptait sans les intrigues et il commettait des fautes. Il abandonnait purement et simplement ses partenaires. Il voulait être seul à recevoir la récompense d'un aussi brillant coup d'éclat; et aveuglé par l'orgueil de son prompt succès, il oubliait ceux avec lesquels il avait partie liée. Il négligeait notamment son ancien associé Siu Che Tchang, le « frère juré » de Yuan Che Kai, qui lui avait acquis la complicité des Toukiuns du Nord. Telles n'étaient point cependant les conditions auxquelles les uns et les autres avaient juré par un serment solennel de ne point faillir en cas de réussite.

Tchang Kiun avait eu connaissance des projets de Siu Che Tchang par Lou Tsong Yu chargé de se rendre au Japon pour y sonder les milieux officiels. Il savait que la fille de Siu était destinée à l'Empereur et que le beau-père devait être nommé Régent pour dix ans. C'est dans ces conditions que les Toukiuns du Nord étaient disposés à prêter leur concours à une entreprise dont chacun pouvait espérer retirer honneurs et profits. A' Siu-Tcheou, on avait déjà établi les lots, car en Chine, plus que partout ailleurs, on ne fait rien pour rien.

Tchang Kiun s'imagina être assez fort pour imposer sa volonté et il crut très adroit d'agir isolément et précipitamment. Dans son esprit simple de vieux soldat, la restauration de l'Empereur devait avoir pour conséquence immédiate une soumission complète et absolue de tous au souverain. Mais les Toukiuns ne s'embarrassaient plus de telles considérations. L'habitude prise de l'indépendance leur donnait une grande confiance en eux-mêmes. Ils avaient des troupes et l'Empereur n'en avait pas. D'autre part, la Restauration étant une entreprise commune, ils ne pouvaient admettre qu'un des leurs pût s'en réserver seul tous les bénéfices. L'acte de Tchang Kiun blessait des susceptibilités, lésait des intérêts, excitait des haines. Ce qui faisait la force des Toukiuns, c'était une cohésion et une coopération complètes. Aussi ambitieux et égoïstes les uns que les autres, se surveillant et se jalousant mutuellement, ils ne pouvaient permettre à l'un d'eux de se dégager du peloton pour arriver seul au poteau. Il fut donc facile pour Siu Che Tchang de détacher du champion impérial ceux sur lesquels il aurait pu s'appuyer pour protéger le Trône restauré des Tsing.

C'est Touan Ki Jouei qui prit l'initiative de l'attaque. De Tientsin, quartier général des Toukiuns, il marche sur Péking, bat les troupes de Tchang Kiun à Lan Fang, le 6 Juillet 1917, arrive sous les murs de la capitale qu'il bombarde et qui tombe en son pouvoir le 13.

Tchang Kiun put échapper à la mort glorieuse qu'il ambitionnait par une fuite rapide et grâce au refuge que lui offrit la Légation de Hollande.

L'empire avait duré treize jours exactement.

Personne ne songea à en vouloir à l'Empereur qui se retira paisiblement dans les pavillons du Palais impérial que la République lui a assignée comme résidence. Il n'avait été qu'un prétexte, une sorte d'emblème que l'on avait sorti du magasin d'accessoires où il était conservé depuis quelques années.

Il ne vint à l'idée d'aucun de ceux qui étaient

compromis dans ce coup d'Etat de montrer les lettres autographes que l'Empereur avait cru bon de distribuer pour stimuler le zèle des lieutenants de Tchang Kiun.

Touan Ki Jouei, sauveur de la République, est alors le maître de la situation.

Le Président Ly Yuan Hong est convié à reprendre sa place à la présidence, mais l'expérience qu'il vient de faire lui a suffi, pour le moment du moins. Il déclare renoncer à la vie publique et à son tour se retire sur la concession étrangère à Tientsin.

* * *

Le général Fong Kouo Tchang succède donc de droit à Ly Yuan Hong.

Il est à Nanking, ce qui lui permet de voir venir les évènements. Il surveille le Sud et se méfie du Nord où il ne se presse point de paraître.

La situation est en effet particulièrement critique.

Le Sud réclame la convocation du Parlement et la Constitution. Dans le Nord, les Toukiuns conservent leurs troupes et protègent si étroitement Péking que le Président est prisonnier. Ils ne veulent ni du Parlement ni de la Constitution. Touan Ki Jouei exerce le pouvoir avec l'appui des militaires nordistes et en somme sous leur contrôle.

Aux demandes du Sud, il répond par un refus catégorique et menaçant. Le Nord ne veut pas du Parlement dissous pour la raison que les mandats de députés et de sénateurs qui n'ont pas été renouvelés depuis 1912 sont arrivés à expiration. Cette assemblée ne représente plus le pays. Touan Ki Joui gouverne seul. Il a une autorité prépondérante et tend à s'imposer au pays.

Le 14 Août 1917, il déclare la guerre à l'Allemagne.

Fong Kouo Tchang ayant confié la garde du Yangtseu au gouverneur de Nanking est enfin arrivé à Péking. Mais, dès le début, il y a désaccord entre lui et son puissant Premier. Touan veut absolument réduire par les armes l'opposition du Sud, alors que Fong Kouo Tchang manifeste hautement son intention de régler le conflit par des négociations. Chacun a sa politique et sa diplomatie particulières. C'est un va-et-vient incessant d'agents secrets, de représentants officieux entre le Nord et le Sud. On discute, on intrigue, on complote toujours.

Touan Ki Joui devient la bête noire du Sud. Contre lui s'amassent toutes les haines. On le redoute, on craint un nouveau Yuan Che Kai. Devant l'hostilité du Président, il est obligé de se retirer.

Une crise ministérielle s'ouvre au milieu du mois de Septembre, prélude de celles qui surviendront par la suite avec une telle fréquence qu'il sera impossible de trouver des Ministres et que, lorsqu'on en aura trouvé, ils ne feront que passer. Ce sera un défilé ininterrompu de personnages se succédant avec une rapidité extraordinaire et s'éclipsant avant même que d'avoir pris contact avec leur département.

Le 18 Novembre, le général Wang Che Tchen accepte enfin les fonctions de Premier.

La question du Parlement est toujours pendante. Les Toukiuns opposent un veto formel à la convocation de l'Assemblée. Alors même que le Gouvernement aurait eu le désir sincère d'offrir asile aux Parlementaires, il ne l'eût pas pu, menacé comme il l'était d'une intervention armée des militaires nordistes.

En fait, dans la coulisse, Touan Ki Jouei continue à tout diriger et à faire pièce au Parlement. Il s'est assuré la direction du « bureau de préparation militaire » créé au lendemain de la rupture officielle de la Chine avec l'Allemagne. Ceci lui permet de recruter des troupes d'élite, de les entraîner en vue d'une participation éventuelle et d'ailleurs très improbable aux opérations qui se déroulent en Europe. La création de ce nouvel organisme justifie les emprunts qui seront contractés auprès du Japon à partir de 1918 pour la fourniture des armes et des munitions. Ces fonctions rendaient Touan Ki Jouei encore plus redoutable que lorsqu'il dirigeait officiellement la politique chinoise .Il forme, grâce aux fonds et aux avis de conseillers japonais, une armée forte de trois divisions et de deux brigades mixtes, parfaitement équipées, qui lui permet de prendre une place de premier plan dans le concert des Toukiuns et de s'imposer au Président de la République.

Ainsi se produit un rapprochement entre Fong Kouo Tchang et Touan Ki Jouei qui reprend le poste de Premier en février 1918. Dès son retour

au pouvoir, il poursuit sa politique habituelle :
la guerre contre le Sud. Cette fois, il a la partie
belle. Il a des troupes, de l'argent, l'appui du Japon et le concours des Toukiuns. Sa maîtrise sur
le Nord s'affirme, mais il lui faut réduire le Sud.

Les provinces du Sud-ouest coalisées ont formé
le projet d'attaquer le Nord, et Tang Ki Yao, le
Toukiun du Yunnan, reprend le plan de Tsai Ngao.
Il menace la vallée du Haut Yang Tseu, tandis
que ses alliés, le Kouei-tcheou, le Kouang-Tong et
le Kiang-si envahissent le Hou-nan.

En réalité, ceux qui prennent part à ces démonstrations militaires, agissent beaucoup plus par intérêt personnel que pour le principe même qu'ils
invoquent et qui ne leur sert que de prétexte : la
défense du Parlement et de la Constitution. Ils
veulent avant tout élargir leur domaine respectif
et reconstituer à leur profit les anciennes vice-
royautés. Véritables seigneurs féodaux, ils considèrent leur province comme un fief et cherchent
à augmenter le nombre de leurs vassaux. Ils
forment sur le territoire de la République chinoise
quantité de petits royaumes avec l'espoir secret
d'établir un jour leur hégémonie sur le pays tout
entier. Ils visent tous à devenir super-Toukiuns,
inspecteurs généraux de plusieurs provinces. Et
c'est désormais sur ce point qu'ont lieu les marchandages, les échanges de vue. Car, bien qu'en
guerre, on continue à causer par des intermédiaires et à inviter en de fraternelles agapes les
ennemis de la veille.

Ces hommes qui se battent pour la Constitution
et la République, entendent, dans leur province,

être les maîtres absolus. Les assemblées provinciales, quand elles subsistent, sont entre leurs mains. C'est un instrument dont ils se servent quand et comme bon leur semble. En eux se résument tous les pouvoirs. Pour la forme, il y a parfois un gouverneur civil, nommé par le Toukiun. C'est un simple fonctionnnaire, un des nombreux employés du puissant seigneur. Il y a aussi un Trésorier provincial qui remplit les fonctions de caissier-comptable du Toukiun. Les revenus de la province sont les revenus du Gouverneur. Il en fait l'usage qu'il veut sans consulter personne et les emploie à la réalisation de ses plans. Placés au-dessus de la loi commune, ces gouverneurs commettent, chacun dans sa sphère, les abus qu'ils reprochent au Gouvernement central et dont ils prennent prétexte pour se révolter lorsque son autorité menace de s'étendre à eux. Du Nord au Sud, de l'Est à l'Ouest, la situation est la même. Les Sudistes accusent les Nordistes de vendre le pays alors qu'eux-mêmes hypothèquent tout ce qui dans les provinces représente une valeur. Ils refusent au Gouvernement central le droit de conclure des emprunts et ils cherchent de tous côtés des prêteurs, frappent à toutes les portes pour trouver des fonds. Ils lui reprochent de poursuivre une guerre fratricide, grâce à l'argent japonais et c'est au Japon qu'ils demandent armes, munitions, conseillers, subsides. Dans la majorité des cas, c'est l'Empire du Soleil Levant qui aide, finance et entretient toutes ces entreprises guerrières. Il fait vivre l'anarchie chinoise,

C'est une guerre d'un genre spécial que celle qui se déroule en Chine. Des colonnes se déplacent, glissent et coulent les unes à côté des autres. Point de front, point de liaison, point de services d'éclaireurs. Amis et ennemis cheminent souvent parallèlement, en sens contraire, sans se voir, sans soupçonner même ce voisinage. Si, par aventure, on se rencontre, alors on se bat, c'est-à-dire que l'on tire et celui qui a le plus de munitions est vainqueur.

Les soldats sont bardés de cartouches, qui ne sont pas toutes du calibre voulu. Cela n'a aucune importance. L'aspect redoutable que donne cet appareil guerrier effraye l'ennemi, de même que les canons peints dans les embrasures de la Grande Muraille suffisaient à faire reculer les nomades mongols ou Hong Hou Tseu que tentait l'opulente Chine assoupie à l'abri de son formidable rempart.

Les plus lourdes pertes supportées par ces bandes sont dues uniquement à la fatigue et à la maladie. Le soldat chinois parcourt des distances incroyables sans ravitaillement. Il vit sur le pays, aux dépens de l'habitant. Décimées par les épidémies, ces troupes fondent sans aucun secours, le service médical, qui existe à l'état embryonnaire, étant incapable d'apporter le moindre soulagement aux misères physiques de ces malheureux. Hâves, déguenillés, sans autres chaussures que de légères sandales de paille, sans matériel de campement, ils jalonnent de leurs cadavres, les durs sentiers de Chine, ou désertent et deviennent pirates.

Par contre, les chefs, les généraux, se déplacent

en chaises à porteurs, ne manquent de rien... sauf des qualités nécessaires pour faire des officiers.

Il suffit de peu de chose pour arrêter les opérations militaires : la pluie, une fête, la chaleur, les négociations secrètes sont des éléments qui entrent en ligne de compte et font éclore les armistices.

C'est ainsi que, durant l'été de 1918, eut lieu une suspension d'armes en raison de la température et parce que des deux côtés on avait provisoirement assez de se battre.

*
* *

Le Parlement, cause originelle du désordre dans lequel se débat la Chine, dissous une première fois par Yuan Che Kai, puis une deuxième fois par Ly Yuan Hong, avait une existence précaire et mouvementée. Il ne savait où trouver un refuge, Péking lui était interdit ; Tientsin, grand quartier général des Toukiuns du Nord, était un séjour dangereux. Comme un âne chargé de reliques, le Parlement portait avec lui la Constitution. C'est un « Parlement migrateur » qui cherche un coin pour y déposer son trésor. Il est en continuels déplacements. Nanking l'attire, puis Changhaï. Nulle part, il n'est à son aise. Au long de la route, il s'égrène, se fractionne. Du Nord, il se rend à petites étapes dans l'extrême Sud. Long Tsi Kouang, ayant été chassé du Kouang-tong, cent députés Kouo Min T'ang parviennent à Canton où ils constituent une Assemblée nationale extraordinaire le 27 Août 1917. Son premier soin est de jeter l'anathème sur ceux des parlementaires qui se sont égaillés en cours de route. Un directoire des provinces du Sud-Ouest est ensuite formé. Il se compose d'un Grand-Généralissime, Sun Yat sen, de trois généralissimes, dont Lou Yong Ting, Toutou du Kouang si, et T'ang Ki Yao, Toutou du Yunnan. L'assemblée ne peut se mettre d'accord sur le choix du troisième directeur. En même temps, on forme un Cabinet. Wou Ting Fang, qui a dû renoncer à la Présidence du Conseil dans le Gouvernement de Péking, est chargé des Affaires étrangères, Soun Hong Yi a l'Intérieur, Tang Chao Yi les Finances, Tchen Ping Kouan la Marine, Hou Han Min les Communications, enfin, Li Lié Kiun est placé à la tête du département de la Guerre. Au surplus, les principaux élus déclinent l'honneur qui leur est fait. Comme toujours, les questions de personnes ont brouillé les cartes. C'est cette continuelle méfiance que les associés professent les uns à l'égard des autres qui les paralyse et les réduit à l'impuissance. Tous sont prêts à tourner casaque.

Le Parlement Kouo Min T'ang amène avec lui la discorde. Il discute, nomme les chefs comme s'il en avait le pouvoir légitime. Même réduit à sa plus simple expression, il est le PARLEMENT, cela suffit et justifie tout. Que représente-t-il exactement ? Nul ne le sait. Il est le vase sacré qui contient le principe constitutionnel. Il ne forme pas une Assemblée, il personnifie un dogme ! Il lui faut accoucher d'un Gouvernement. Il doit à toute force en établir un quelque part en Chine.

Peu importe l'endroit. Il est comme une poule qui a besoin de pondre un œuf.

Dans ce chœur discordant qu'est le Parlement Kouo Min T'ang, chacun chante son air favori sans se préoccuper de ses voisins.

Cependant, peu à peu, les Parlementaires rejoignent Canton. Cent trente-deux sénateurs et deux cent quatre-vingt-quatorze députés y constituent l'Assemblée nationale de la République chinoise. Le Sud devient le sanctuaire de la Constitution et pendant un temps, il est même à peu près uni contre l'ennemi irréconciliable Touan Ki Jouei.

Mais, le Nord aussi a son Parlement, le Parlement des Toukiuns. Si l'ancienne assemblée réfugiée à Canton n'a plus théoriquement le droit de siéger, le Parlement de Péking, composé d'une Chambre basse de quatre cent six députés et d'une Chambre haute de cent soixante-huit sénateurs, pas plus que celui de Canton ne représente le pays. Créé uniquement dans le but de donner une apparence constitutionnelle au Gouvernement d'une oligarchie militaire, il est composé de gens qui n'oseraient pas se montrer dans les provinces dont ils sont les prétendus élus.

Que ce soit dans le Nord, que ce soit dans le Sud, l'illégalité est le principe qui régit le pays.

Avec une farouche énergie, chacun réclame pour soi la reconnaissance de son bon droit. A l'exemple des généraux, les deux Parlements s'injurient et se défient.

Le peuple chinois reste indifférent.

Il a deux Parlements, presque autant de Gouvernements que de provinces. On lui a octroyé tant de constitutions qu'il ne s'intéresse plus à celle pour laquelle on se dispute. Il ne peut que constater un grand désordre, une incurie générale. Il n'est plus grugé par les fonctionnaires mandchous, mais il est spolié par les militaires républicains. Il a peut-être des droits qu'on ne lui laisse pas exercer et une certaine liberté dont on le prive aussi facilement que durant le règne de la dynastie. Il ne veut plus se mêler de ces questions. Il aspire à la paix, et son désir en est si grand qu'il fait encore confiance à ceux qui la lui promettent.

Lassé des intrigues qui se nouent autour de lui, le Président Fong Kouo Tchang démissionne le 18 Octobre 1918. Il est remplacé par Siu Che Tchang élu par le Parlement des Toukiuns par quatre cent vingt-cinq voix sur quatre cent trente-six votants. Après un tel effort, le Parlement du Nord ne peut arriver à fixer son choix sur un Vice-Président. Les jalousies des Toukiuns entre eux ne permettent pas d'arriver à un accord à ce sujet.

L'élection de Siu Che Tchang provoque un regain de récriminations du Sud contre le Nord. Faite par un Parlement illégal, elle est déclarée illégale et le Sud-Ouest se refuse à reconnaître le nouveau Président de la République. En effet, le Parlement de Canton se prétend seul qualifié pour procéder à l'élection présidentielle. Il n'arrive d'ailleurs pas à s'entendre pour organiser le Gouvernement du Sud. On en est toujours au régime provisoire du directorat militaire qui fait fonction de Conseil des Ministres et de Président.

Dans ce Parlement sudiste, qui est composé de Kouo Min T'ang et d'extrémistes, et ne réunit pas encore le quorum nécessaire pour tenir valablement ses séances, des partis se sont formés. Il y en a cinq à qui pour les distinguer, on a donné le nom des immeubles ou des locaux qui leur servent de lieu de réunion. Ils ne représentent aucune théorie, aucun programme, mais simplement des individus. Il y a le parti du Gouverneur Tchen Tchouen Siuan, le parti des Yunnanais, celui du Trésorier provincial, celui de l'Assemblée nationale et enfin le parti de Sun Yat sen. La discorde y règne de même qu'elle sépare les directeurs du Gouvernement militaire. Des factions se forment qui se disputent la suprématie au Kouang Tong. Ainsi la faction du Kouang Si arrive à contrôler Canton avec Mo Yong Sin, général de Lou Yong Ting, en mettant en fuite le Directoire, Sun Yat sen et les Parlementaires.

Presque tous les Toukiuns sont indépendants. Ils se groupent suivant les intérêts de l'heure pour faire échec à celui d'entre eux qu'une heureuse chance a favorisé. C'est une anarchie invraisemblable. Aucune autorité n'est complètement reconnue pas plus à Péking qu'à Canton.

Il y a deux Parlements inopérants, deux Gouvernements amorphes. Par contre, l'autonomie provinciale triomphe, mais les provinces, elles aussi, offrent le même spectacle d'incohérence et de confusion.

D'une façon générale, au sud du Fleuve bleu, elles se rattachent au Gouvernement de Canton, au nord du Yangtseu au Gouvernement de Péking.

Cette, délimitation n'a cependant rien d'absolu.
Il y a, dans ces deux ligues, des provinces dissidentes. Certaines sont neutres ou se prétendent
telles, attendant les propositions qui modifieront
leur attitude et leur feront prendre fait et cause
pour le Gouvernement du Nord ou pour celui du
Sud. Ce n'est pas une question de sympathie mais
simplement le résultat d'une enchère. Elles sont
au plus offrant. Il n'y a pas de ligne politique
générale. Chaque province a sa politique. Au surplus, cela ne signifie pas que le peuple y soit
associé. On agit en son nom, sans le consulter. Il
subit et paye.

Le Parlement du Sud qui en veut particulièrement à Touan Ki Jouei demande la dissolution du
« Bureau de participation à la guerre » qu'il considère comme le centre d'une organisation anti-
constitutionnelle.

La nouvelle de l'armistice du 11 Novembre 1918
déclanche un mouvement auquel dans le Nord s'as-
socient les étudiants pour demander à grands cris
la suppression d'un service devenu inutile. Mais
le Japon est là. Dès le 16 Mars 1918, un pacte
militaire sino-japonais a été conclu à Péking. Le
danger bolchevique amène la signature d'un traité
secret le 28 Novembre 1918, en vue d'une action
commune en Sibérie, en réalité pour la fourniture d'armes et de munitions à la Chine dont les
industriels japonais veulent s'assurer le marché.

On accuse Touan Ki Jouei et ses partisans, le
Club Anfou, de vendre le pays au Japon.

Rien ne justifiant le maintien du « bureau de
participation à la guerre », on le supprime. Mais

les chefs nordistes le considéraient comme un appui indispensable à leur cause, et on le transforme en bureau de la « Défense nationale ». Les troupes qui en relevaient deviennent l' « Armée de la Défense nationale ».

Le Club Anfou entendait conserver cet instrument de façon à pouvoir à un moment donné intervenir dans le Gouvernement, imposer ses volontés et dicter ses ordres. C'était une garantie contre les autres chefs militaires dont l'influence aurait pu contrebalancer celle de ce clan. Ainsi le Gouvernement de Péking et le Cabinet sont à la merci de leurs puissants subordonnés, lesquels n'en acceptent des ordres qu'autant que cela leur convient ou qu'ils y voient un avantage.

Le Gouvernement central, en raison de sa faiblesse, est obligé, pour se maintenir, de faire appel à l'aide ou d'accepter le concours de ses vassaux provisoirement fidèles pour imposer sa volonté aux récalcitrants.

Pour ces grands seigneurs de la République chinoise, il n'y a ni loi, ni droit, ni discipline, mais leur bon plaisir ou la force qui les mate.

CHAPITRE XII

Le Corps diplomatique ne pouvait rester complètement indifférent au spectacle de l'anarchie qui désolait la Chine, portait atteinte aux intérêts des Etrangers et devenait une menace pour leur sécurité. On commençait à s'inquiéter d'une situation dont nul n'entrevoyait le dénouement. Sans vouloir intervenir dans la politique intérieure de la République chinoise, les représentants des Puissances essayèrent de faire comprendre aux intéressés la nécessité de mettre fin à une lutte qui non seulement ruinait le pays, mais encore portait atteinte à son crédit et lui interdisait tout espoir de trouver à l'extérieur un appui financier indispensable.

L'impuissance des deux partis à s'assurer la suprématie dans le pays divisé, l'impossibilité dans laquelle chacun d'eux se trouvait de réaliser à son profit l'unité de la Chine, et aussi le manque de fonds amenèrent une tentative de rapprochement en 1919 entre le Nord et le Sud. Une conférence de la paix s'ouvrit à Changhaï le **21 Février**. Des deux côtés, on s'y rendit avec l'idée bien arrêtée de ne point faire de concessions. Chacun était décidé à maintenir son point de vue et à repousser toute proposition qui n'eût pas consacré la reconnaissance de ses orgueilleuses prétentions. Cette conférence avait avant tout pour objet de donner le change au Corps diplomatique en particulier, et aux Étrangers en général, sur les véritables sentiments qui animaient les participants. Pour le Nord, dont seul le Gouvernement avait été reconnu, c'était une preuve de bonne volonté donnée à ceux qui tenaient les cordons de la bourse. Pour le Sud, c'était une occasion de faire figure de Gouvernement organisé, d'État digne d'être reconnu par les Puissances. C'est ce sentiment qui inspira le choix des chefs de délégation. Le représentant du Nord était Tchou Ki Kien, jadis ministre des Communications, puis de l'Intérieur en 1913. T'ang Chao Yi présidait la délégation du Sud qui, théoriquement, représentait sept provinces : le Kouang tong, le Kouang si, le Yunnan, le Sseut-chouan, le Hounan, le Foukien et le Chen si. Dans la réalité, le Kouang tong, le Kouang si et le Yunnan marchaient à peu près d'accord, les quatre autres provinces faisaient nombre. Malgré de fréquentes séances, on n'aboutit à rien. Le Nord reste intraitable, le Sud intransigeant. Le délégué du Nord démissionne même. Le Hounan, le Fou kien et le Chen si sont éliminés. Les hostilités recommencent !

Poursuivant son œuvre de médiateur officieux,

le Corps diplomatiquee essaie, en Juin, une deuxième fois, et d'ailleurs sans succès, de faire entendre la voix de la sagesse.

Cependant, la Conférence reprend en Septembre et Octobre. Le Nord a confié la présidence de sa délégation à Wang Yi Tang, président du club Anfou. Mais ses relations avec Touan Ki Jouei le rendent suspect aux gens du Sud qui refusent d'entrer en pourparlers avec un représentant de leur ennemi juré. Au surplus, la concorde ne règne plus parmi les sudistes : l'entente ne dure pas longtemps entre associés qui se jalousent et se détestent. A son tour, T'ang Chao Yi démissionne. Et la conférence finit faute de délégués. La tentative de conciliation entre le Sud et le Nord échouait lamentablement après dix mois de discussions vaines.

La conférence de la paix a seulement prouvé l'incapacité des républicains chinois à trouver un terrain d'entente et à travailler au relèvement de leur pays en dehors de toute question de personne. Une fois encore les citoyens chinois durent renoncer à l'espoir de voir la crise politique se terminer. Au demeurant, ils ne manifestèrent aucune déception, car un nouvel élément vint détourner un moment l'attention populaire.

Si, à l'intérieur, les Chinois se complaisent dans le désordre et l'anarchie, par contre, ils se trouvent en parfaite communauté d'idées quand il s'agit de leurs intérêts extérieurs. Dans ce cas, ils font bloc et bataillent avec ardeur quand leurs droits souverains et l'orgueil national sont menacés. C'est ce qui se produisit en 1919 à l'occasion de la Conférence de la Paix de Paris. Elle provoqua une grande excitation et un tolle général. La reconnaissance au Japon des droits que les Allemands possédaient au Chantong déchaîna une violente polémique. Des réunions se tinrent, des manifestations s'organisèrent. On félicita les représentants de la République chinoise d'avoir refusé de signer le traité de paix. On boycotta le commerce japonais. Des ministres furent pris à partie ; on les accusa d'avoir vendu le pays. La colère est à son comble le jour où le Japon invite la Chine à donner ordre à ses délégués de suivre les avis des représentants nippons à la Conférence. Les étudiants se révoltent en Chine et au Japon. Le ministre de Chine à Tokio est à moitié assommé, des fonctionnaires accusés de japonophilie sont maltraités, leurs maisons pillées ou brûlées. C'est une véritable émeute, presque une révolution qui oblige le Gouvernement, pour sauver sa propre situation, à sacrifier un certain nombre de personnages plus ou moins compromis. De même quelques membres du Cabinet, entre autres Tsao Jou Lin, ministre des Finances et des Communications, sont contraints de se retirer en raison des relations d'affaires qu'ils ont avec les banques ou les gros industriels japonais. Une crise ministérielle résulte de ces manifestations violentes de l'opinion publique. Ce n'est qu'au mois d'Octobre que le général Kin Yun P'ang, ex-ministre de la Guerre parvient tant bien que mal à constituer un Cabinet. Auxiliaire de Touan Ki Jouei, qu'il suppléait au bureau de préparation de la guerre, c'est en réalité une doublure du maréchal, qui, avec l'aide du tout puissant Club Anfou continue à exercer la souveraineté sur Péking et la Chine du Nord.

Le Gouvernement central, à court de ressources cherche de tous côtés à emprunter. Mais les Puissances pressenties à ce sujet refusent catégoriquement de consentir la moindre avance à la Chine tant que l'ordre ne sera pas rétabli.

Une lueur d'espoir apparaît lorsque le syndicat de banques américaines examine les possibilités de prêts à la République chinoise pour le développement industriel du pays et les réformes administratives. Cette fois encore la Chine trouve le Japon en travers de son chemin. Se fondant sur les avantages spéciaux qui lui ont été consentis lors de l'acceptation des vingt et une demandes, les Japonais exigent l'exclusion de la Mandchourie et de la Mongolie des opérations du futur consortium, alors que précisément ce sont ces régions qui devaient constituer la garantie aux fonds engagés par le groupe financier des Etats-Unis. Cette opposition arrête donc toutes les négociations et le Gouvernement central reste sans argent.

La farce de la conférence de Changhaï a montré le peu de crédit que l'on doit accorder aux promesses des gouvernants chinois. Quand bien même on serait résolu à fermer les yeux, il ne peut échapper aux plus délibérément aveugles qu'il est dangereux, au plus haut point, de faire confiance à un Gouvernement qui a pris l'habitude de vivre d'expédients. Les hommes d'Etat chinois souscrivent, de bonne foi peut-être, des engagements qu'ils ne peuvent tenir parce qu'ils n'ont aucune autorité réelle pour en assurer l'exécution. Ils se bercent d'illusions aussi dangereuses pour eux-mêmes que pour ceux à qui ils parviendraient à les faire partager. De ce fait, le peuple chinois risque d'être amené à considérer comme défiance malveillante à son égard ce qui n'est que prudence et prévoyance. Au moment précis où des promesses de désarmement étaient faites officiellement, le « bureau de la défense nationale », transformé en « bureau de la défense de la frontière du Nord-Ouest », et le général Siu Chou Tseng, surnommé le « petit Siu », attaquaient les Mongols et prenaient Ourga.

Dans toute la Chine on se battait.

Canton, complètement séparé du Nord, tente d'organiser le Gouvernement constitutionnel en remplacement du Gouvernement militaire. A la date du 1er Novembre 1919, le Parlement extraordinaire du Sud adopte un projet de réorganisation et nomme une commission de vingt-sept membres chargés de rédiger la Constitution. Un Conseil d'administration sera nommé pour remplir les fonctions de Cabinet. Mais, les efforts plus ou moins sincères qui sont faits dans ce sens n'aboutissent à aucun résultat appréciable. Au Gouvernement informe du Nord s'oppose le Gouvernement embryonnaire du Sud, l'un et l'autre également incapables de faire respecter leur autorité dans les régions où ils sont supposés exercer une influence prépondérante. En fait, cette autorité ne dépasse guère le périmètre de la ville capitale, que ce soit Péking ou Canton, et encore les gouvernants y sont à la merci d'un coup de main des militaires. Ils souffrent tous deux du même mal que Rabelais nomme « faulte d'argent ». Or point d'argent, point d'armée ! Ils ne peuvent compter sur la fidélité des troupes qui sont à leur service. Les généraux sont d'une âpreté et d'une rapacité sans égales, non pas tant pour leurs soldats qu'ils paient le plus rarement possible, mais pour eux-mêmes. En outre, un fort courant d'opinion se dessine contre les emprunts étrangers. La Nation se rend compte que peu à peu, morceau par morceau, à force de donner des gages, la souveraineté de la Chine sera compromise et le patrimoine national entièrement aliéné. Toutes les ressources du pays sont absorbées par ces luttes constantes et interminables. Elles ne sont point cependant le résultat d'une hostilité réelle des provinces les unes contre les autres ou d'une révolte générale contre le Gouvernement : la guerre est, en Chine, une entreprise commerciale. Les généraux mettent leur épée au service de tel clan ou de telle faction pour de l'argent d'abord, ensuite pour les fonctions lucratives qu'ils espèrent se voir attribuer.

De plus en plus, le sentiment anti-japonais s'exaspère. La Chine a refusé son adhésion à la paix conclue avec l'Allemagne. Mais, si l'état de guerre a cessé d'exister entre les deux pays en vertu d'un mandat présidentiel de Novembre 1919, les Chinois n'en ont pas moins gardé rancune à l'Empire du Soleil Levant. Non seulement les Japonais n'ont pas évacué le Chantong comme ils l'avaient promis, mais encore, ils sont confirmés dans les droits qu'ils ont usurpés. Par ailleurs, les vingt et une demandes conservent tout leur effet.

La preuve en est dans le recul du consortium américain devant les protestations japonaises en ce qui concerne la Mandchourie et la Mongolie. La Chine devient donc une sorte de Corée, une vassale du Mikado. Profondément vexé dans son orgueil national, le peuple chinois tourne sa colère contre ceux qui continuent à vivre du Japon, qui s'appuient sur lui pour fortifier leur autorité, qui n'hésitent pas à trahir les intérêts majeurs de la Chine pour remporter des succès et des avantages personnels.

La réaction anti-japonaise conduit à une hostilité aiguë contre le Club Anfou dont personne n'ignore les relations étroites avec le Japonais, et, par dessus lui, c'est Touan Ki Jouei qui est le plus spécialement visé. L'occasion est excellente pour exploiter le ressentiment populaire et abattre celui dont le nom était inscrit de la main de Yuan Che Kai sur la plaquette d'or qui désignait les successeurs éventuels à la Présidence de la République. Son incontestable supériorité le fait haïr de tous les « trublions » chinois. Il faut tout d'abord le désarmer, et sous la pression de l'opinion publique, le Président décrète la suppression du bureau de la défense de la frontière du Nord-Ouest.

Wou Pei Fou, Toukiun du Honan, se fait le champion du peuple et menace de lancer sur Péking ses troupes victorieuses des sudistes avec lesquels il se donne maintenant l'apparence d'avoir partie liée. Durant des mois, la campagne d'intrigues se poursuit. La jalousie dont ils sont animés à l'égard de Touan conduit les militaires du Nord et du Centre de la Chine à des alliances inattendues. Les Toukiuns du Kiang-si, du Hou-Pei, du Tche-Kiang, du Honan et du Chan-si adressent un télégramme collectif au Gouvernement central dénonçant le Club Anfou comme un danger public et exigeant sa dissolution. Sur l'initiative de l'ancien parti des Communications, des réunions secrètes ont lieu à Tientsin pour étudier avec certains clans militaires les meilleurs moyens de détruire cette association.

L'activité n'est pas moins grande dans le camp adverse. Le petit Siu, le vainqueur des Mongols, le meilleur lieutenant de Touan Ki Joui, convoque également à Tientsin une réunion des militaires dans le but de renverser le Premier Kin Yun Peng. Mais le « parti des Communications » dispose de fonds considérables et les trois Toukiuns des provinces orientales font cause commune avec le groupe de Wou Pei Fou. Le but avoué de cette coalition est d'empêcher la reprise des hostilités entre le Nord et le Sud. En fait, elle vise uniquement à abattre le petit Siu dont la gloire nouvelle porte ombrage aux autres généraux chinois.

Touan Ki Joui tient bon. Il a confiance dans son armée et accepte le défi que lui portent Tsao Koun, Toukiun du Tcheli et Tchang Tso Lin, le puissant gouverneur des provinces mandchouriennes.

En six jours de bataille aux environs immédiats de Péking, du 14 au 20 Juillet 1919, les troupes de Touan sont complètement défaites et ce dernier, la seule puissance subsistant encore en Chine, est contraint de prendre la fuite. Il trouve d'ailleurs, ainsi que ses principaux acolytes, un asile inviolable à la Légation du Japon. Avec lui disparaît le parti An Fou contre lequel des poursuites sont immédiatement engagées.

Cet effondrement du principal chef nordiste laissait en présence trois super-toukiuns : Tsao Koun, Wou Pei Fou et Tchang Tso Lin. C'est désormais entre ces associés d'un moment que la lutte va se circonscrire. C'est entre eux que se disputera le match dont le contrôle de Péking est le prix. L'alliance éphémère qui les avait unis, se transforme au lendemain du succès commun en une hostilité agressive.

La chute du parti Anfou aurait dû normalement ramener le calme en Chine. Les triomphateurs, s'ils avaient tenu les promesses prodiguées dans leurs nombreuses et déclamatoires proclamations, devaient alors déposer les armes et travailler au rétablissement de la paix dont ils se vantaient d'être les défenseurs.

Mais il semble que le territoire de la République chinoise soit aux mains d'une gigantesque entreprise de désordre dirigée par les militaires et les politiciens. Le spectacle deviendrait monotone si les principaux acteurs ne l'égayaient de cabrioles et de pirouettes les plus étranges. C'est ainsi que l'on vit paraître un instant sur le théâtre la troupe Touan Ki Jouci, Siu et Sun Yat sen avec au programme l'unification de la Chine. Touan Ki Jouci, l'ennemi juré du Sud et Sun Yat sen dont le Gouvernement est en guerre ouverte avec le Club Anfou sont en coquetterie, prêts à s'allier. Et ce rapprochement se produit au moment même où les protagonistes du Nord et du Sud voient leur situation également compromise et leur étoile pâlir. La politique chinoise a de ces surprises !

La diplomatie, les agents secrets jouent un rôle prépondérant. Jamais, même en temps de guerre, les conversations ne sont interrompues. Il y a toujours des échanges de vue par des intermédiaires quelconques. « Chang Leang » et « Mai mai » — discussions et marchandages — ces deux expressions chinoises, caractérisent et peignent exactement la mentalité des hommes politiques du pays. C'est ce qui explique la confusion dans laquelle se débat la Chine républicaine. Les brusques revirements qui se produisent dans l'attitude de tel ou tel général, Toukiun ou Super-Toukiun, n'ont point d'autre cause. On se vend au plus offrant, on achète des auxiliaires aux frais du peuple qui n'est point consulté en ces sortes d'affaires, sous prétexte de lui donner un Parlement et une Constitution dont il se soucie comme un poisson d'une pomme.

Au surplus, nul ne sait quel est le vrai Parlement. Le Parlement primitif s'est morcelé en trois depuis 1917, une fraction à Tientsin, une à Changhaï, la troisième à Canton, naturellement en désaccord. Brochant sur le tout, le Parlement des Toukiuns. Tous préparent une Constitution. Ce qui a été fait auparavant n'existe pas. Il ne saurait être question d'amender tel ou tel texte, il faut faire du nouveau. Chacun a la prétention d'imposer sa Constitution.

*
* *

Le Gouvernement militaire du Sud-Ouest est dans un état de complet délabrement politique et financier.

Les cinq administrateurs de l'ancien directoire ont pris le large devant la faction du Kouang si commandée par Mo Yong Sin. Le Parlement du Sud s'est dispersé, et le vieux Wou Ting Fang ne peut cacher la déception que lui a laissée son piteux échec. « Il n'a trouvé que des égoïstes luttant pour acquérir le pouvoir et la richesse, le problème des affaires nationales n'étant pour eux qu'un objet de second plan. »

D'un côté, le Kouei Tcheou et le Sseutchouan suivent la politique de T'ang Ki Yao, toukiun du Yunnan, tandis que le sud du Foukien, le sud du Hounan, l'ouest du Hounan, l'ouest du Hou Pei et l'est du Chen-si sont constitutionnalistes, c'est-à dire alliés aux Cantonais.

Dans les provinces, on rencontre rarement une unité de vue. La faute n'en est pas à la population, mais aux chefs qui y règnent provisoirement. Tout le Sud est en guerre, le Kouang si et le Yunnan se battent au Kouang tong où les deux partis cherchent à accaparer le pouvoir. Le Yunnan, le Sseutchouan et le Hounan se déchirent, parce que deux candidats Toukiuns se disputent la suprématie dans cette dernière province. Au Sseutchouan, il y a trois gouverneurs dont les troupes se heurtent. Il se passe en petit presque dans chaque province ce qui se passe en grand à Péking pour le Gouvernement central. Dans toute la Chine, on distingue une tendance très nette à l'autonomie provinciale. Chacun espère ainsi éviter les calamités de la guerre civile et tirer son épingle du jeu. En théorie, le peuple dans chaque province a le droit de se gouverner lui-même, et d'élire ses « officiels ». Dans la pratique, les Toukiuns exploitent à leur profit, ce sentiment quelque peu égoïste pour se déclarer indépendants du Gouvernement central. Comme ils disposent d'une force armée, ils n'admettent dans leur domaine d'autre autorité que la leur. Il n'y a pas plus despote qu'un gouverneur de province. Sa volonté fait loi. Le peuple chinois, généralement timoré, n'a pas l'énergie de résister aux exigences du maître qu'il subit. Un tyran chasse l'autre, et la situation n'est en rien changée.

L'ambitieux gouverneur du Yunnan, T'ang Ki Yao, ayant été battu au Sseutchouan, le Parlement qu'il avait convoqué à Tchong King est contraint de reprendre son existence nomade. Il décline l'offre qui lui est faite de se réunir à Yunnan fou : les parlementaires chinois sont prudents et, s'ils sont une des principales causes de la guerre civile, ils prennent par contre un soin extrême de ne point s'exposer au danger. Bref, après avoir hésité à gagner Changhaï, il s'est décidé pour le Nord où l'on propose la réunion d'une grande conférence... économique ! Heureusement une nouvelle volte-face de la Fortune leur ouvre le chemin de Canton. Le général Tchen Kiong Ming est parvenu à chasser les gens du Kouang si et à redonner le Kouang-tong aux Cantonais. Cet événement provoque une légère détente. Le Président de la République profite de cette apparence de calme pour lancer un décret proclamant l'unification du pays, le 30 Octobre 1920. Il convoque le Parlement. Mais l'initiative présidentielle de refaire aussi simplement l'unité du pays est peu favorablement accueillie. Il est vraiment malséant de mettre fin d'un coup de pinceau à des luttes qui sont un lucratif passe-temps : il n'en faut pas plus pour rallumer l'incendie.

Canton, une fois débarrassé de la faction du Kouang si, Wou Ting Fang, Tang Chao Yi et Sun Yat sen reparaissent, organisent un gouvernement et convoquent les Parlementaires, le 8 Novembre 1920. Ils raniment ce foyer d'intrigues qui ruine ce que le Nord a tenté d'édifier péniblement. C'est un triomphe pour les Kouo Min T'ang qui vont reformer leur essaim bourdonnant à Canton. Aussitôt on veut attaquer Lou Yong Ting dans sa province du Kouang si et l'on restaure le Gouvernement militaire du Sud avec un directoire provisoire composé de Sun Yat sen, Tang Chao Yi et Wou Ting Fang. Les caisses sont vides, ce qui met le Gouvernement en mauvaise posture. On imprime des billets, on fabrique de la monnaie : les billets ne peuvent s'échanger, les pièces sont refusées en raison de leur faible teneur en argent. Mais toutes ces difficultés n'arrêtent point les Directeurs dont l'attention ne saurait s'attacher à d'aussi minces détails, lorsqu'ils font avant tout un Parlement et une Constitution. Périsse la Chine plutôt que le Parlement et la Constitution !

Tchen Kiong Ming, qui espérait voir l'ordre revenir en Chine, est mécontent de l'agitation des Parlementaires et de tout le bruit fait à propos de la question présidentielle. En même temps, le Directoire sudiste reçoit un coup sérieux par la défaite du maréchal Tang Ki Yao, contraint par un de ses subordonnés, le général Kou Ping Tcheng, d'abandonner le Yunnan, le 11 Février 1921. D'autre part, Péking a donné ordre aux troupes du Tche-Kiang, du Kiang-si, du Hou-nan, du Hou-Pei et du Kouang si d'attaquer le Kouang tong. Pour faire pièce au Gouvernement du Nord, le Parlement du Sud se constitue en Assemblée nationale et élit le 7 Avril 1921 Sun Yat sen Président de la République par deux cent dix-huit voix sur deux cent vingt-deux votants. C'est ce Parlement squelettique qui prétend s'ériger en Assemblée nationale. Tout aussi illégal que le Parlement de Péking, il entend être seul reconnu. Ces politiciens, par ailleurs divisés, n'ont de commun que cette prétention, moyennant quoi ils touchent des subsides.

Un Ministère est constitué par Wou Ting Fang, dont l'entêtement sénile à vouloir jouer un rôle politique est la seule excuse. Dans son genre, l'ancien ministre de Chine aux Etats-Unis est aussi néfaste à son pays que Sun Yat sen. Dans ce Cabinet, Tchen Kiong Ming cumule les fonctions de Ministre de l'Intérieur avec celles de Gouverneur civil et de Ministre de la Guerre. Il a fallu composer avec l'homme qui a libéré le Kouang tong de ses envahisseurs. L'ancien Directeur, Tang Chao Yi, est chargé des Finances.

Pour remédier à la crise financière où se débat

la province du Kouang tong, érigée en République du Sud, on saisit et on vend les biens appartenant à la faction du Kouang si. Cette mesure permet de faire face à l'entretien de certaines troupes, mais elle ne suffit pas et la province voisine du Kouang si est envahie à son tour, le 15 Juin 1921, par les Cantonais, heureux de tirer vengeance de leurs anciens oppresseurs et de trouver à piller. C'est l'expédient habituellement employé dans la République céleste pour payer les troupes. Le vieux maréchal Lou Yong Ting est contraint de fuir, et la campagne se termine le 20 Septembre 1921 par la prise de Long tchéou. La roue a tourné, à son tour le Kouang si est aux mains des Cantonais qui apportent avec eux l'anarchie et la misère. Mais Sun Yat sen ne peut se contenter d'un succès aussi local dû à l'énergique campagne menée par Tchen Kiong Ming. Sa mégalomanie ne saurait être satisfaite à si bon marché. Il lui faut conquérir et châtier le Nord. Vaste projet qui ne correspond en rien aux ressources dont dispose cet éternel agitateur. Les caisses du Trésor sont vides. Il est vrai que le Gouvernement de Péking se trouve dans une situation aussi précaire, à ce point que les professeurs et les juges dont les appointements n'ont pas été payés depuis des mois en sont réduits à se mettre en grève pour obtenir quelques subsides.

Les Puissances, lassées de cette perpétuelle agitation, se refusent à consentir le moindre emprunt. Comment faire confiannce à un Etat qui ne tente rien pour rétablir l'ordre ? Le vol et la prévarication que les révolutionnaires reprochaient aux man-

darins impériaux ont pris une extension inatten-
due. Dans cette chasse au dollar, l'officiel chinois
se montre particulièrement retors ; en quelques
mois il a fait fortune, puis, méfiant des hasards
de la politique, il a grand soin de ne point se laisser prendre au dépourvu. Aussi, dans les ports
ouverts, les concessions étrangères sont-elles enva-
hies par ceux-là mêmes qui protestaient véhémen-
tement contre ce privilège. Ils se hâtent de s'y
réfugier dans une somptueuse construction élevée
pendant le temps où ils étaient en fonction. Les
territoires administrés par les Étrangers deviennent
le rendez-vous, l'asile jusqu'ici inviolé des aigre-
fins de toute espèce et des conspirateurs qui y
vivent à l'abri de toutes poursuites.

Le Federal Wireless Loan Agrement signé le
8 Janvier 1921 ne procure aucun argent liquide.
Les tentatives d'emprunt faites tant à Canton qu'à
Péking échouent, dénoncées tantôt par le Nord
tantôt par le Sud. Reste l'unique ressource des
emprunts intérieurs, qui ne rencontrent plus aucun
succès, la population se méfiant à juste titre, non
pas tant de l'usage des fonds qui seraient ainsi
recueillis que du défaut de paiment des intérêts.
On en est réduit à chercher secours auprès des
banques chinoises. De là toute une série d'avances
à court terme et à des taux si formidables que
l'intérêt de trois mois suffit à couvrir le capital
engagé dans cette spéculation sur l'Etat. Le Chinois,
très joueur, se laisse encore aller à ce genre d'opérations, de même qu'il a été pris d'un engouement
subit pour les bourses de commerce dont la seule

ville de Changhaï comptait cent quarante établissements abrités sur concessions et sous pavillons étrangers. Cent cinquante millions de taels ont été ainsi engagés dans ces entreprises, dont un grand nombre périclitèrent rapidement. Malgré toutes les mesures que le Gouvernement chinois prit, il ne put enrayer le mouvement, et l'économie générale du pays en a grandement souffert.

A la fin de Mai 1921, non seulement le Trésor était absolument épuisé, mais encore on comptait trois cent soixante-sept millions de dollars de dettes et cinquante millions d'effets à payer.

Et pourtant, malgré l'anarchie et les pires désordres, bien que le ou les gouvernements soient criblés de dettes et sans aucun crédit, la Chine continue à vivre. Elle a même pu enregistrer des succès diplomatiques absolument inespérés, inexplicables presque, à la Conférence de Whasington.

Précisément cette conférence fut le prétexte d'un nouveau conflit entre le Sud et le Nord, le premier se refusant à reconnaître ce qui pourrait être dit et fait par les représentants illégalement désignés, selon lui, de Péking.

CHAPITRE XIII

L'année 1922 débute par une crise ministérielle.
Le général Kin Yung Peng est remplacé par Leang
Che Yi qui essaie de réorganiser méthodiquement
le Gouvernement d'après un système moderne. Mais
le chef de « l'ancien parti des communications »
rencontre de nombreux obstacles et une opposition
très vive.

Pour apaiser les haines, le Président Siu Che
Tchang prend l'initiative de rendre un décret
d'amnistie en faveur des membres du Club Anfou
et accroît encore les difficultés. Cette mesure de
clémence est généralement prise en mauvaise part
et soulève de nombreuses protestations. Le Sud
se montre particulièrement violent. De Canton,
Sun Yat sen télégraphie des injures au Président
Siu et va même jusqu'à lancer un mandat d'arrêt
contre lui et Leang Che Yi. C'est une de ces
démonstrations théâtrales dont est coutumier le

Président de la République cantonaise. Elle n'en jette pas moins le trouble dans le pays. Il y a tant de gens qui n'attendent qu'une occasion de s'agiter que ce geste de Sun Yat sen, si ridicule soit-il, encourage les fauteurs de désordres. Le choix comme Premier ministre de Leang Che Yi, un des fidèles de Yuan Che Kai, ne pouvait qu'inquiéter ceux qui, pour diverses raisons, craignaient de voir revenir un régime d'ordre. Les accointances de ce personnage avec le Japon, auquel il comptait emprunter les fonds nécessaires à l'exécution de son plan d'unification, le rendaient suspect. Derrière lui, on croyait voir Touan Ki Joui et cela ajoutait encore à la crainte.

Tout homme politique dans la Chine actuelle, place en tête de son programme la pacification du pays. Quiconque prend une part au pouvoir central sent l'impérieuse nécessité de rétablir l'ordre, la concorde et la cohésion dans la malheureuse République fleurie. En fait, il est peu d'hommes politiques qui aient la volonté sincère d'atteindre ce but idéal. Et si, par hasard, ils y tendent de bonne foi, les moyens leur manquent. Des jalousies forcenées surgissent du jour où ils tentent de réaliser l'unification. Ils heurtent trop d'intérêts particuliers. Chaque homme politique, chaque général a son plan. De concessions, il ne saurait être question, car chacun espère arriver un jour à détenir seul le pouvoir. Tous sont pourtant d'accord sur ce point qu'un régime d'ordre et de sécurité est indispensable. Mais, pour restaurer la paix, les uns préconisent la diplomatie, les autres la manière forte. Régulièrement le différend se tranche par les armes : un geste, un mot, la guerre éclate.

Il suffit du décret d'amnistie pour que Leang Che Yi soit attaqué. Le maréchal Wou Pei Fou exige son renvoi par ultimatum du 13 Janvier. Et, comme il mobilise ses divisions, satisfaction lui est donnée le 26. Par la chute de Leang Che Yi, « l'ancien parti des communications » cesse de jouer un rôle important dans la politique intérieure.

Ainsi à tout instant les généraux lancent leur épée dans les plateaux de la balance que tient avec peine le Président de la République Chinoise.

De nouveau les Ministères se succèdent et s'effondrent. Tout d'abord, le Dr W. W. Yen, diplomate et ex-ministre des Affaires Etrangères est chargé de former un Cabinet. Ses efforts échouent et il est contraint de se retirer de l'arène politique pékinoise qui exige un entraînement spécial, sans parler des compromissions qui ne sont point du goût de tout le monde. Tcheou Tseu Hi, ancien ministre des Finances, lui succède pour peu de temps. Puis, c'est Wang Tcheng Houei, révolutionnaire et juriste et enfin le Dr C. T. Wang, ancien chef du département des Affaires étrangères à Woutchang au temps où Ly Yuan Hong prenait le commandement de l'armée révolutionnaire, ancien vice-président du Sénat, contraint de fuir lors de la mise à l'index des Kouo Min T'ang par Yuan Che Kai. Les uns et les autres sont incapables de résister à l'hostilité des chefs militaires.

Par le choix qu'il avait fait de ses ministres, le Président Siu Che Tchang espérait se concilier les partis avancés. Il n'y parvint point, mais, en revanche, il se met dans une fâcheuse posture vis-à-vis des Toukiuns du Nord qui tiennent Péking à leur merci et contrôlent étroitement le Gouvernement.

Le problème du Cabinet devient aussi insoluble que celui de l'unification du pays. Il n'y a plus ni Parlement ni Cabinet. Le Gouvernement central n'est représenté que par le seul Président de la République à qui toute initiative est interdite par les militaires qui le surveillent et le menacent.

Au même moment, d'une vieille rancune naît une nouvelle querelle, que les intrigues enveniment encore, entre Wou Pei Fou qui domine le parti du Tcheli et le puissant Tchang Tso Lin, chef du parti du Feng Tien. Wou Pei Fou qui s'était vu éliminer et tenir à l'écart des arrangements passés entre Tsao Koun et Tchang Tso Lin, tenait à prendre une revanche éclatante sur le potentat de Mandchourie. Les deux généraux vont se disputer le contrôle de Péking. Tchang Tso Lin, fier de son armée dressée par les instructeurs japonais brusque l'attaque, et, le 10 Avril, lance ses troupes sur Péking que Wou Pei Fou se charge de défendre. Le 27, les adversaires sont en présence. Durant cinq jours, du 30 Avril au 5 Mai 1922, des opérations se déroulent aux environs de Tchang Sin tien à vingt kilomètres de Péking. Les soldats de Mandchourie sont battus, prennent la fuite et, utilisant tous les moyens de transports, vont se regrouper au pied de la Grande Muraille, sans d'ailleurs avoir été autrement inquiétés par Wou Pei Fou, qui semble ne pas savoir exploiter son succès. Tchang

Tso Lin est destitué de ses rangs et titres. Mais, de Chan Hai Kouan à la frontière de son territoire, il proclame son indépendance. Le 16 Juin, la paix est signée entre les deux adversaires.

Les succès de Wou Pei Fou ont immédiatement excité des jalousies et la mésentente pénètre dans le parti du Tche li.

Désormais, le seigneur de Lo Yang est le maître de Péking. Il y dicte sa loi. La fête du Dragon lui sert de prétexte pour déposer le Président Siu Che Tchang et pour rappeler une fois encore Ly Yuan Hong à la Présidence le 11 Juin. Le retour de Ly Yuan Hong au pouvoir soulève cette fois les protestations du Sud. Ly Yuan Hong qui s'est retiré piteusement lors du coup d'Etat de Tchang Kiun n'a, en fait, aucun droit de prétendre à la Présidence puisque le général Fong Kouo Tchang, vice-président, lui a légalement succédé pour la période non encore écoulée de son mandat. Simple citoyen, il ne saurait donc assumer les fonctions auxquelles il devait être régulièrement élu par une une assemblée légalement constituée. Wou Pei Fou croit habile de remettre en place celui qui, pour les révolutionnaires, était essentiellement le champion de la liberté.

Quant à Ly Yuan Hong, son premier soin est de révoquer le mandat par lequel il avait lui-même dissous le Parlement et de le reconvoquer. Puis, il lance de nombreux décrets pour l'abolition du Toukiunat et le désarmement. Si, en principe, tout le monde est d'accord pour reconnaître le bien fondé de ces mesures, dans la réalité, chacun les discute et personne n'en tient compte.

*
* *

Durant cette période, la situation dans le Sud
est de nouveau troublée. Au Kouang tong, on fait
des préparatifs militaires contre le Nord. Malgré le manque de fonds, les projets vont leur
train. Sun Yat sen, toujours grandiloquent, menace.
Mais, il ne peut reconstituer la coalition des provinces méridionales. Certains chefs sont las d'une
lutte sans issue et sans profits, d'autres désirent
vivre tranquillement dans leurs provinces recon-
quises. C'est, en particulier, le cas de Tang Ki
Yao au Yunnan qui, à son tour, est parvenu à
triompher du général Kou Ping Tcheng qui l'avait
évincé. Il ne semble plus disposé à se lancer
dans de nouvelles aventures et, délibérément, dénonce l'alliance conclue par son prédécesseur
avec Sun Yat sen en vue d'une entreprise contre
le Nord. Ce guerrier est devenu pacifiste et dans
les manifestations populaires affecte de se présenter
en vêtements civils. Du coup, Sun, qui s'intitule
toujours Président de la République du Sud-Ouest,
lance l'anathème contre lui et donne l'ordre aux
provinces voisines de s'opposer par la force au
retour du « tyran du Yunnan ». Au surplus, cet
ordre reste lettre morte, les voisins de T'ang n'ayant
aucun désir d'affronter les soldats du Yunnan, considérés à juste titre comme les meilleurs de la
Chine du Sud. D'autre part, le sentiment provincial qui, chaque jour, se fait plus fort, interdit
aux Gouverneurs d'aliéner leur indépendance et

de s'inféoder à un parti. Les provinces tiennent à se cantonner dans leurs frontières naturelles et désirent avant tout une autonomie aussi complète que possible. Les populations sont hostiles à ces guerres dont elles supportent toutes les charges et tous les risques. Elles n'acceptent le retour de leurs anciens maîtres qu'à la condition que ceux-ci consacrent leur activité uniquement au développement de la province. C'est ainsi que le maréchal T'ang Ki Yao peut retourner au Yunnan et que Lou Yong Ting est admis à rentrer au Kouang si.

Le même désir anime le général Tchen Kiong Ming en ce qui concerne le Kouang tong, mais il se heurte à l'hostilité de Sun Yat sen qui ne rêve que plaies et bosses, s'agite sans cesse et se complaît dans l'anarchie. Une rupture se produit entre les deux hommes à propos de l'expédition contre le Nord, projetée par Sun Yat sen et que Tchen Kiong Ming désapprouve. Le grand agitateur chinois ordonne et commande toujours comme s'il en avait le pouvoir et les moyens. Il veut attaquer Wou Pei Fou, il veut châtier le Nord, il veut faire tant de choses qu'il arrive à n'en réaliser aucune, qu'il se couvre chaque jour un peu plus de ridicule par ses fanfaronnades, ses apostrophes vaines. Tchen refuse la coopération de ses trois divisions, celles qui représentent le vrai noyau de l'armée cantonaise. Sun, qui s'est transporté à Kouei Lin où il mène joyeuse vie, revient en hâte à Canton pour punir son subordonné récalcitrant. Assiégé dans sa « bonne ville », il est obligé de fuir à Hongkong sur une canonnière anglaise et, le 3 juillet, Tchen Kiong Ming s'installe sur les bords de la Rivière des Perles. Aussitôt celui-ci télégraphie à Péking, au Parlement reconstitué le 1er Août 1922, son intention d'abolir le Gouvernement du Sud et de se rallier au Gouvernement central.

Cette sage proposition rencontre une opposition très vive des Kouo Ming T'ang qui composent la majorité de l'Assemblée. Ils ne peuvent admettre une solution aussi simple, aussi radicale du conflit qui, depuis des années, sépare le Nord et le Sud de la Chine. Les Parlementaires placent leur rancune avant l'intérêt du pays. Ils veulent se venger des militaires. Ce sentiment exclut toute autre préoccupation.

Le Parlement de 1912 qui, comme un nouveau Phénix, renaît toujours de ses cendres, est un élément de désordre. Il veut être le premier et le seul à prendre des initiatives et il est incapable d'une décision sage.

Les partis se sont divisés, fractionnés, découpés en une infinité de tronçons épars qui s'agitent chacun de leur côté, en perpétuelle hostilité les uns avec les autres. Le Kouo Min T'ang existe encore, mais semble avoir fait son temps et prouvé son impuissance. Ses principaux chefs l'ont abandonné depuis qu'il est uniquement le parti de l'anarchie et du communisme. Contre lui se dresse une très forte opposition, non seulement des factions militaires, mais encore des anciens membres du parti qui s'en sont retirés. Certains Kouo Min T'ang ont même contribué à la constitution du « Tsin Pou t'ang », soutien de Yuan Che Kai, alors que d'autres se joignant au « Kong Houo t'ang » travaillaient à la formation du « Min Hien t'ang » en vue de résister à l'arbitraire du Président-Empereur et de faire en quelque sorte contrepoids à ses trop zélés partisans. Le Kouo Min T'ang en évolution est presque uniquement composé de gens du Sud, en majorité de Cantonais. De parti national qu'il était, il tend de plus en plus à devenir un parti provincial. En fait, il n'y a plus au Parlement de parti puissamment organisé. Le Tsin Pou t'ang et le Kong Houo t'ang, qui n'ont au surplus presque aucun point commun, sont l'un et l'autre en complète décadence ; ce sont vieilles étiquettes sans signification. Leurs membres se sont ralliés soit au « Parti des Communications », soit au Min Hien, soit enfin au parti monarchique de Tchang Kiun. Au demeurant, point de séparations, de délimitations précises ; partout manquent un programme et des chefs. Poussés par les circonstances, guidés par le même intérêt du moment, des groupes arrivent à constituer, par suite d'une fusion provisoire, des partis, dont l'existence est aussi précaire que l'alliance qui a présidé à leur formation était fragile.

La clientèle qui suit un homme politique, qui le pousse, qu'il comble de faveurs est souvent l'origine du parti. Il suffit que le chef de file ait mécontenté un de ses clients ou commanditaires pour qu'un embryon de faction naisse dont il rencontrera désormais l'hostilité à tout instant. La discipline étant inconnue en Chine, les partis ont une existence éphémère et se dissocient rapidemennt. Ainsi le puissant parti des Communications formé par Leang Che Yi s'est subdivisé en deux : l'ancien et le nouveau parti des Communications dont les protagonistes sont Tsao Jou Lin et Ye Kong Tcho. Il n'est pas rare qu'un homme politique appartienne à plusieurs partis : tel Leang Ki Tchao, l'apôtre du réformisme qui fut un moment une des têtes du clan monarchiste. Beaucoup enfin se disent indépendants, ce qui leur permet d'opter pour tel ou tel groupe suivant les circonstances ou les avantages offerts, sans qu'il puisse en résulter pour eux une trop grande « perte de face ». Le grand parti du Pei Yang, parti du Nord et de Yuan Che Kai s'est à son tour fragmenté en factions du Tche li avec Tsao koun et Wou Pei Fou, du Feng tien avec Tchang Tso lin et en clubs Anfou et Anhouei. Ce sont généralement des frères ennemis dont les différends se tranchent par les armes et qui luttent non pas tant pour la possession même du pouvoir que pour pouvoir exercer un contrôle absolu sur le Gouvernement central. La jalousie féroce des chefs paralyse tout, est un obstacle insurmontable à un accord, à une paix durable.

Le Président de la République est comme une coquille de noix que des enfants transforment par l'imagination en esquif, qu'ils font voyager en soufflant dessus, qu'ils poussent à la rive d'où ils le chassent, pour finalement le couler en une tempête factice. Ly Yuan Hong, qui a toujours été le jouet des événements et des hommes, est balloté, bousculé, roulé comme par une vague capricieuse qui le jette à la côte, le remporte et le précipite à nouveau sur le récif présidentiel où il se cramponne tant bien que mal à la merci de la moindre poussée. Chassé par un militaire, il est réinstallé par un militaire. Tout aussitôt, il rappelle le Parlement qu'il a lui-même dissous. Comme le scarabée sacré, il transporte à sa suite cette boule qui l'entraîne et menace de le faire basculer à chaque instant.

Le Parlement reprenant aussitôt ses anciennes et indéracinables habitudes, ne fait rien d'utile. Loin d'être une aide, c'est un obstacle. Entre l'opposition des parlementaires et celle des militaires, l'existence du Cabinet devient impossible. Ly Yuan Hong, vieux républicain, voudrait avoir auprès de lui ceux dont les noms sont connus de tous en Chine, ceux qui ont été les apôtres de la Révolution. Il fait appel à Wou Ting Fang, puis à Tang Chao Yi, qui l'un et l'autre déclinent l'offre présidentielle. Le séjour de Péking n'est pas spécialement attrayant pour des hommes politiques dont le passé est une raison de suspicion et d'hostilité de la part des chefs d'armée. Enfin, le Docteur Wang Tchang Houei parvient tant bien que mal à mettre sur pied un Cabinet. Au demeurant, il est comme ses prédécesseurs impuissant à rétablir l'ordre. Il ne peut lutter contre l'autonomie des Gouverneurs de provinces qui sont et entendent demeurer indépendants de Péking. Il ne peut même plus compter sur l'appui complet du parti du Tche li au sein duquel s'est mis le désaccord. Une faction nouvelle s'est formée à Tientsin qui semble vouloir opposer Tsao Koun à Wou Pei Fou. L'arrestation du ministre des Finances, Lo Wen Kouan, inculpé de malversations, soulève l'opinion et détermine la chute du Cabinet, le 25 Novembre. C'est seulement un mois plus tard que le Docteur C. T. Wang peut former un nouveau ministère qui dure... dix jours.

La Chine présente un spectacle lamentable. Point de Gouvernement central ; celui de Canton est inexistant. Tchen Kiong Ming, attaqué à la fois par certaines troupes yunnanaises qui ont dû fuir leur province au retour de Tang Ki Yao, puis par des soldats du Kouang si en révolte contre Lou Yong Ting, enfin par les Kouo Min T'ang, a été contraint de céder la place au Docteur Sun Yat sen. Le Trésor est vide comme à l'ordinaire. On vit au jour le jour d'emprunts contractés auprès des banques locales et garantis par les excédents de la Gabelle dont les Gouverneurs de provinces ont souvent accaparé les revenus. L'émission de quatre-vingt-seize millions de dollars à huit pour cent et un emprunt de dix millions de dollars garantis par les bons russes de l'indemnité des Boxers permettent de faire face aux échéances les plus urgentes.

La famine désole les provinces du Kiang si, du Kiang sou, du Ngan Houei, du Honan, du Chen si et les inondations viennent dans certaines régions s'ajouter aux calamités de la guerre civile.

C'est ainsi que se termine l'année 1922 et que s'ouvre sous de peu favorables auspices l'année 1923.

La situation n'a pas changé. Elle restera la même tant que durera en Chine cette hostilité du Sud contre le Nord, tant qu'il n'y aura pas de Gouvernement central assez fort pour imposer sa volonté et faire respecter ses ordres. Or, le Gouvernement central est à peine maître dans Péking et, si quelques provinces le reconnaissent, les gouverneurs n'exécutent ses ordres que dans la mesure où ils ne sont point opposés à leur politique. Tous ont pris l'habitude de conserver les revenus de la province qu'ils administrent et de refuser la moindre contribution aux dépenses générales de l'Etat. En théorie, outre le Tche li, les provinces du Chan-si, du Chen-si, du Chan-tong, du Honan, du Hou-pei, du Kiang-sou, du Kiang-si et du Ngan Houei consentent une certaine vassalité au Gouvernement de Péking. En fait, elles lui apportent beaucoup plus un appui moral, qu'une aide matérielle. Tous les gouverneurs militaires de ces provinces appartiennent au parti du Tche li ou plus exactement sont d'anciens affiliés du parti du Pei Yang. Cela n'implique nullement l'idée qu'ils sont d'accord entre eux et qu'ils consentiront à sacrifier leurs intérêts particuliers à l'intérêt général.

Les trois provinces de Mandchourie réunies forment une sorte d'Etat indépendant sous Tchang Tso Lin qui a reconstitué à son profit l'unité de cette ancienne vice-royauté. Garçon d'écurie chez un missionnaire, puis chef de brigands Hong Hou Tseu, il est devenu une puissance qui traite d'égal à égal avec le Gouvernement central. Il a créé une armée moderne, instruite à la japonaise, et la défaite que lui a infligée Wou Pei Fou à Tchang Sin Tien n'a pas sensiblement diminué son prestige. S'il continue à négocier avec Péking, il est également en relations avec le Docteur Sun Yat sen en vue d'une action combinée contre la capitale.

Il est devenu un des facteurs importants de la politique intérieure chinoise. L'attitude énigmatique qu'il affecte en certaines circonstances lui fait une sorte d'auréole légendaire de prince-pirate.

La riche province du Tche Kiang s'est déclarée indépendante de façon à éviter tout conflit. Le Gouverneur actuel la considère comme un fief de famille, qu'il administre au mieux de ses intérêts confondus avec ceux de la province. Mais sa prospérité même est une cause de jalousie pour ses voisins et ce n'est qu'à grand'peine qu'il a pu éviter jusqu'ici un conflit imminent.

Le Yunnan est indépendant de Péking. Et depuis son retour dans sa province, T'ang Ki Yao s'abstient de manifester une sympathie trop vive ou une antipathie trop agressive à l'égard du Gouvernement central. Il a fort à faire pour maintenir son autorité dans une région où le brigandage sévit et où il se sait guetté par de nombreux ennemis. Ses meilleures troupes ont émigré au Kouang tong où elles constituent des espèces de « Grandes compagnies » vivant sur le pays et absorbant une bonne part de ses revenus réguliers auxquels elles ajoutent la perception de taxes spéciales tant sur le jeu que sur l'opium. Le Kouang si, le Hounan, le Foukien et le Sseutchouan se rapprocheraient volontiers du Gouvernement de Canton qui persiste dans son attitude et déclare être le seul gouvernement « de jure » de la Chine. C'est la théorie de Sun Yat sen qui, cependant depuis son retour à Canton, n'a plus repris le titre de président mais se pare en revanche de celui de généralissime. Le dictateur veut ainsi montrer qu'il mène la révolution du Sud contre le Nord. En réalité, son autorité ne s'étend pas au-delà de la banlieue proche de la ville, où il n'est pas plus le maître qu'il ne l'est dans sa capitale. Il ne reste plus rien de l'ancienne république du sud-ouest et le Gouvernement de Canton, qui prétend encore grouper le Sseutchouan, le Hounan, le Kouang-si et le Fou kien, n'est pas reconnu dans la totalité de la province du Kouang tong dont la partie nord-est et la région de Pakhoi échappent à son autorité. La guerre civile sévit depuis des mois dans la province, et Tchen Kong Ming est une perpétuelle menace pour le Docteur Sun qui épuise ses forces et ses ressources à tenir tête à son ancien collaborateur. Si le Gouvernement de Pé-king est à la merci d'un coup de main des mili-taires nordistes, celui de Canton est étroitement contrôlé et surveillé par les généraux du Yunnan, du Kouang si et du Hounan qui, sous l'étendard Kouo Min T'ang, sont venus apporter leur con-cours à Sun Yat sen. Or, ces généraux, au ser-vice du Gouvernement cantonais, sont, dans bien des cas, exilés de leur province d'origine. Leurs troupes, exception faite pour les Yunnanais, sont un ramassis de pirates sans aucune valeur mili-taire, des éléments de troubles et de désordre. C'est grâce aux régiments yunnanais que le Doc-teur Sun peut encore faire figure de chef, qu'il peut donner le change et faire croire à un pou-voir qui va sans cesse déclinant. Sans l'aide de ces étrangers, il ne pourrait se maintenir dans une ville que lui et son entourage exploitent sans vergogne sous le couvert de théories socialistes et communistes.

La population est lasse de cette lutte sans issue entreprise depuis plus de trois ans contre le Nord, à grand « tam-tam », qui n'a que trop démontré la non-valeur militaire de l'armée cantonaise actuelle et l'incapacité du Docteur Sun à organiser le moindre corps expéditionnaire. Le ridicule de ces préparatifs militaires interminables et sans cesse recommencés est si grand que les Cantonais ont surnommé leur maître « Ta Pao » — gros canon —, beaucoup de bruit pour rien —. Et tout ce bruit, il le fait parce qu'il ambitionne toujours la vraie Présidence, celle de Péking, et, d'autre part, parce qu'il est obligé de s'incliner devant les conseils des Kouo Ming t'ang, ses seuls partisans. Ses caudataires l'ont amené à se considérer comme une incarnation, un Bouddah vivant de la République chinoise. Il s'imagine avoir un droit acquis aux fonctions présidentielles parce qu'il y a bénévolement renoncé en 1913 en faveur de Yuan Che Kai. Tout homme, quel qu'il soit, élu par l'Assemblée nationale à la Présidence est regardé par lui comme un ennemi de la République, un adversaire personnel. Le parti Kouo Min t'ang et son chef sont les seuls à posséder la vérité républicaine : hors d'eux, point de salut, point de légalité. C'est en partant de ce principe que les élections présidentielles du Nord ont été contestées, de même que tous les actes du Gouvernement central. Au vrai, l'élection de Sun Yat sen à la présidence de la République du Sud-Ouest fut aussi peu sincère que possible. La vénalité tant reprochée par les sudistes aux Parlementaires du Nord fut tout aussi bien exploitée à Canton lorsqu'il s'agit pour Sun de se faire élire. La qualité inférieure des représentants du Parlement qui avaient trouvé sur les bords de la Rivière des Perles un asile momentané fit simplement que le prix d'achat des voix fut moins élevé, d'autant moins qu'un seul candidat s'étant présenté, toute surenchère était impossible.

La confusion est générale. Au Sseutchouan, on se bat, le Kouei Tcheou est attaqué par le Yunnan, le Hounn est divisé, menacé ; les provinces se donnent une constitution autonome ; de plus en plus, la Chine tend à devenir une République fédérale.

A Péking, les Cabinets se succèdent les uns aux autres. Tantôt le ministère est soutenu par le Parlement, dans ce cas, il est attaqué et renversé par les militaires du parti du Tche li ou de la faction de Tientsin. Tantôt il est une créature des généraux et ne peut se constituer complètement. Lorsque d'aventure on trouve un Premier, il est impossible de mettre la main sur un ministre des Finances ou sur un ministre des Affaires étrangères. Dès qu'ils ont tâté du pouvoir, des financiers comme Wang Ko Min ou des diplomates comme Wellington Kou abandonnent la partie.

De nouveau le Président Ly Yuan Hong est aux prises avec des difficultés que sa faiblesse habituelle rend insolubles. Il veut tendre la main à Sun Yat sen alors qu'il a été rétabli à la présidence par le parti du Tche-li. Encore une fois, il entre en lutte avec le Premier, Weng Tchao Tchen, de même qu'il avait été en opposition avec Touan Ki Jouei. Le Cabinet démissionne le 6 Juin, en accusant Ly Yuan Hong d'outrepasser ses pouvoirs et de violer la Constitution. Le Président déclare vouloir résister aux intrigues et aux attaques. Il signe décrets sur décrets, mandats sur mandats, jure de rester à son poste... et disparaît le 13. C'est devenu chez lui une habitude. C'est un « Président à éclipses ».

Dès le départ de Ly Yuan Hong, le Cabinet se reforme, et, suivant la Constitution provisoire, en l'absence d'un vice-président, se substitue au Président dont la nouvelle élection ne pourra avoir lieu que le 10 Octobre. Les Chambres se réunissent le 16 Juin pour annuler les décrets de Ly Yuan Hong qui, de Tientsin, prétend dicter encore ses volontés et introduire des réformes. Mais, avec Ly Yuan Hong, un certain nombre de Parlementaires ont déserté Péking. Le Parlement n'atteint pas le quorum, le Cabinet est en décomposition. Il est question de réunir un Parlement à Changhaï ; il en existe une portion à Tientsin, une autre à Moukden. Or, le parti du Tche li tient à avoir une Constitution et un Président régulièrement élu. Tout est mis en œuvre pour obtenir ce résultat. Menaces, prières et dons en argent arrivent à persuader les Parlementaires de l'utilité immédiate à mettre toutes choses en ordre. Le puissant chef du parti du Tche li surveille et fait surveiller les travaux. Le 5 Octobre 1923, Tsao Koun est élu par quatre cent quatre-vingt voix sur cinq cent quatre-vingt-dix votants, Président de la République chinoise. Le quorum a été atteint grâce au transport rapide

de quarante Parlementaires de Tientsin à Péking
par train spécial.

Le parti militaire du Tche li triomphe. Naturellement Sun Yat sen proteste contre l'illégalité de cette élection par un Parlement qui n'a plus de pouvoirs. Son appel à la révolte ne trouve pas d'écho. Il s'attire même une verte remontrance des Kouo Min t'ang qui l'invitent à cesser une opposition vaine, dont le seul résultat est de prolonger l'anarchie et la guerre civile en Chine. A Péking, on ne paraît pas se soucier des récriminations de cet éternel protestataire. On sait que sa situation au Kouang tong est trop précaire pour lui permettre d'être dangereux.

Le 10 Octobre 1923, jour anniversaire de la fondation de la République chinoise, la « Constitution » est enfin promulguée. Le Parlement de 1912, modifié en 1918 et en 1921, dont les membres ne sont plus, dans la majorité des cas, qualifiés pour représenter les provinces dont ils ont été les élus, — il en est même parmi eux qui n'ont jamais mis les pieds dans les provinces dont ils sont supposés être les représentants — a doté le pays d'une Constitution. Comme la montagne, il a accouché d'une souris.

*
* *

Cette Constitution qui comporte treize chapitres et cent quarante et un articles, se rapproche de celle de 1912 et du projet mort-né de 1913. On y rappelle que la Chine est une République unitaire et que la souveraineté appartient au peuple. On y consacre l'égalité des citoyens sans distinction de races, de classes ou de religion. Les libertés de personne, de domicile, de correspondance, d'association, de parole, de presse et de propriété y sont garanties sous les restrictions qui avaient soulevé les protestations contre le projet de 1913. En revanche, on y mentionne que l'énumération faite dans le texte de la Constitution n'est pas limitative et que les citoyens ont toutes les libertés compatibles avec le principe d'un Gouvernement constitutionnel. La nouvelle loi est d'ailleurs pleine de ces trouvailles. On a ouvert toute grande la porte aux discussions et aux interprétations les plus fantaisistes. Le texte a une souplesse particulière, une imprécision rare. Lorsque parfois on y émet un principe absolu, l'alinéa suivant corrige immédiatement cette rigidité et permet, sans la moindre difficulté, de réduire à néant les termes de cette proposition. Un chapitre entier traite des pouvoirs nationaux et affirme le principe de l'autonomie provinciale ainsi que le veut la théorie Kouo Min t'ang et que l'impose la situation actuelle des provinces chinoises. Les rédacteurs de la Constitution ne pouvaient que consacrer un état de fait et ils n'ont point voulu introduire dans la loi une restriction quelconque qui eût inquiété les susceptibilités des gouverneurs de provinces. Guidés par le souci de ne déplaire à personne, ils sont arrivés à faire un monstre informe que chacun repousse. Aucun père ne consent à reconnaître un rejeton aussi mal venu.

Si les provinces n'ont pas le droit d'avoir des troupes, puisqu'on établit le service militaire obli-

gatoire en vue de la formation d'une armée nationale, il est prévu que leur devoir est d'intervenir
dans le cas où la forme de Gouvernement serait
changée ou une organisation constitutionnelle
détruite. La nouvelle loi établit donc le principe
du contrôle des provinces sur le Gouvernement central, principe qui était esquissé dans la Constitution Kouo Min t'ang de 1913. On sent que le législa-
teur s'est beaucoup préoccupé de la question provinciale puisqu'il revient sur ce sujet dans un chapitre spécial qui traite du système local. Pour les
divisions administratives, on s'en est tenu à l'organisation de Yuan Che Kai. Par ailleurs, on a
poussé si loin le respect des libertés locales que le
district même est autonome et, comme la province,
il a, en ce qui le concerne, tous les pouvoirs législa-
tifs. Comme il était difficile de ne point faire
allusion au Gouvernement de la province et que,
d'autre part, on ne pouvait condamner les gouverneurs en fonctions, on reconnaît que si la province
peut être administrée par un fonctionnaire nommé
par le « gouvernement national », elle peut également être dirigée par un de ses propres fonctionnaires.

Le pouvoir législatif appartient au Parlement,
composé de la Chambre des députés et du Sénat.
Les députés sont élus pour trois ans, proportionnellement au chiffre de la population, les sénateurs
pour six ans. Le Sénat se renouvelle par tiers tous
les deux ans.

Le Président de la République nommé pour cinq
ans et le Cabinet responsable devant les Chambres
représentent le pouvoir exécutif. Le Président de

la République a des pouvoirs très limités, comme il était prévu dans la Constitution Kouo Min t'ang.

Très timidement, la nouvelle loi fait mention de la Mongolie, du Thibet et du Koukou Nor, à qui elle laisse l'option de choisir le système administratif qui leur convient. On ne pouvait avoir la prétention d'imposer un système à des régions qui sont plus ou moins séparées de la Chine et qui ont accepté la protection de certaines puissances.

Cette loi constitutionnelle définitive n'a pas été favorablement accueilli et n'a satisfait personne. Outre son imprécision et sa mauvaise rédaction, elle a l'énorme inconvénient d'avoir été votée par un Parlement que personne en Chine ne respecte plus. Ce travail, en cours depuis dix ans, donne l'impression d'avoir été bâclé par une Assemblée à la solde d'un parti dont le chef désirait entourer son élection d'un semblant de légalité. On sent que ce Parlement n'a pu se dégager des événements qui, depuis 1916, ont déchiré le pays et l'ont mis dans un invraisemblable état d'anarchie. A sa façon, il a tenté de refaire l'unité de la Chine et s'est bercé de l'espoir que le texte écrit mettrait fin à la guerre civile en sanctionnant les actes de rébellion des différentes provinces contre le Gouvernement central. Il a même renoncé à employer le terme de Gouvernement central auquel il a substitué celui de « Gouvernement national ». Sans l'exprimer en termes absolus, la nouvelle constitution conclut à une Fédération des Républiques provinciales dont l'ensemble forme la grande République chinoise.

Cette loi a eu pour effet immédiat de produire une scission dans le parti du Tche li dont le chef Tsao-Koun est devenu Président, mais dont le principal tenant Wou Pei Fou paraît maintenant se détacher. De Lo Yang où il s'est retiré, le vainqueur de Tchang Tso Lin voit son étoile pâlir. Les revers partiels qu'il a éprouvés au Sseutchouan et au Hounan, l'attitude énigmatique du Tche Kiang et du Kiang sou l'ont obligé à prendre des précautions pour assurer sa propre sécurité et garantir ses possessions de la Chine du Centre.

D'un autre côté, Tchang Tso Lin, en Mandchourie, affecte de se désintéresser provisoirement de la question. Il poursuit son organisation méthodique des trois provinces septentrionales sans demander ni rendre compte à personne de ses faits et gestes.

L'élection présidentielle de 1923 et la nouvelle Constitution ne changent en rien l'état de choses existant. La République chinoise reste toujours la proie des Toukiuns, Super-Toukiuns et Généraux issus de la Révolution. C'est de ce mal qu'elle souffre depuis des années et qui met son existence en péril.

A différentes reprises, il a été question d'abolir le Toukiunat : des décrets ont paru à ce sujet qui sont restés lettre morte parce que le Gouvernement central était impuissant à imposer sa volonté à ces seigneurs féodaux.

L'initiative de cette réforme fut prise par un toukiun, qui voyait à juste titre dans cette institution la cause de l'anarchie qui ruine le pays. Le peu de succès rencontré par sa proposition l'amena à se suicider, ce qui, dans les coutumes chinoises, a une très haute signification. C'est un blâme sanglant infligé à ceux qui ont commis une faute et qui doit porter malheur aux coupables.

Seul le peuple manifeste une sympathie émue à cette victime d'une conscience élevée, mais, cette immolation volontaire ne modifia en rien les sentiments de ceux dont l'égoïsme mène la Chine à une catastrophe.

CHAPITRE XIV.

Le mouvement social.

La nouvelle Constitution a eu le don de soulever les protestations du prolétariat chinois qui, depuis 1920, a commencé à prendre conscience de sa force et à s'organiser.

L'évolution de cette classe a été extrêmement rapide. Elle est intimement liée au développement et à la transformation de l'industrie en Chine. Jusqu'à ces toutes dernières années, la Chine n'avait pas à proprement parler d'industrie, ou du moins d'entreprises industrielles outillées à la moderne. Dans ce pays avant tout agricole et de petite propriété, il n'y avait véritablement qu'une industrie familiale. Les ouvriers ne se trouvaient donc pas réunis en grand nombre et partant n'avaient pas d'organisation d'ensemble. Le commerce et l'industrie étaient dominés par les guildes, organisations patronales. Souvent l'ouvrier ou l'employé était intéressé dans l'entreprise, parfois même parvenait à être associé. De façon générale, il se contentait de peu et recevait un maigre salaire qui, étant donné le bas prix de la vie, lui permettait cependant de. subvenir à ses besoins les plus essentiels. Il était payé à la journée ou aux pièces. Mais, dans l'un ou l'autre cas, point .de limitation aux heures de travail. Le travailleur absorbait hâtivement un bol de riz ou le pain cuit à la vapeur et bourré d'ail que lui fournissait le patron. Quelques tasses de thé ou d'eau lui permettaient dans la journée d'étancher sa soif, et, sans arrêt, on entendait le claquement du métier à tisser ou le martellement du métal. Aucun repos dans ce perpétuel labeur qui se poursuivait tard dans la nuit et reprenait aux premières lueurs du jour. Aucune hygiène. Entassés dans une pièce étroite et basse, sans autre aération que la porte, dans une demi-obscurité, les ouvriers accomplissaient leur tâche sans plainte, sans autre ambition que de gagner la pitance journalière. Ils ne comptaient pas plus que la bête de somme qui tournait au moulin à huile ou qui fléchissait sous le poids d'un fardeau trop lourd.

Cette masse ouvrière ignorée de tous, s'ignorait elle-même. Les Kouo Min Tang qui se piquaient de socialisme n'avaient pas prévu que le prolétariat pouvait à un moment donné leur être un précieux appoint. Comme la majorité des Chinois, ils méprisaient un peu ces êtres ignorants et illettrés, bons seulement à travailler ou à faire des soldats. C'est très récemment que les socialistes chinois ont vu le parti qu'ils pouvaient tirer de cette masse énorme et inorganisée pour lutter contre leurs adversaires. Dès lors, ils se sont efforcés de l'attirer à eux, d'en faire un bloc compact contre le militarisme et le capitalisme. Ils ont été aidés par les ouvriers et coolies recrutés pour l'Europe durant la guerre et par la révolution russe. Les travailleurs chinois, retour de l'étranger, s'ils n'ont point pris durant leur séjour au-delà des mers un goût particulier pour le travail, ont en revanche rapporté des idées nouvelles qu'ils se sont empressés de répandre dans leur milieu, le préparant ainsi à accepter les théories que les orateurs de carrefour n'ont point manqué de leur exposer. Les démagogues se sont adressés à un auditoire qui se laisse facilement bercer par la musique de paroles dont il ne comprend pas bien le sens, mais qui frappent agréablement ses oreilles. Une réunion publique est devenue un spectacle aussi apprécié que le théâtre. Le Chinois a la parole facile, les mots lui viennent aisément pour exprimer des idées qui sont rarement de lui. Il les emprunte un peu partout, au hasard des conversations ou des lectures. S'il ne se les assimile pas toujours très bien, il les expose cependant avec assurance. Tout de suite, il échafaude des projets qui enchantent le public béat. Orateur ou auditeur, chacun est satisfait de sa propre importance. On parle, on discute, on se dispute, on se bat même parfois sous les yeux des policiers indifférents et dodelinant de la tête qui assurent mollement l'ordre des meetings. Puis, vienne le soir ou la pluie, chacun rentre chez soi, heureux de l'emploi de sa journée, ne pensant plus qu'au riz ou au morceau de canne à sucre qu'il croquera assis sur les talons au seuil de la maison qui borde la rue mal pavée, sale, empuantie.

Cependant, peu à peu, même mal comprises par

ceux qui les exposent et ceux qui les écoutent, les théories nouvelles ont pénétré dans la masse. L'ouvrier, qui ne se plaignait pas, a ressenti plus vivement son malheur du jour où on le lui a fait toucher du doigt. Jusque-là, il ne considérait pas le patron comme un ennemi, d'autant que très souvent il le voyait travailler avec lui et autant que lui. La vie était alors à bon marché. La guerre civile, les troubles constants l'ont fait sensiblement augmenter. Le salaire du travailleur est devenu insuffisant du jour où ses besoins se sont accrus. Bientôt, à côté de l'industrie familiale s'est créée la grande industrie, de puissantes compagnies se sont constituées qui ont fait appel à la main-d'œuvre indigène. Le patron est devenu un inconnu pour le compte duquel on peinait. On ne l'aidait plus, on travaillait pour lui ou pour les actionnaires, sous la surveillance de contre-maîtres. Les ouvriers ont commencé à se sentir plus solidaires les uns des autres et se sont évadés des guildes patronales. Peu à peu, ils ont fondé des corporations de métiers, des unions, des syndicats. Des chefs se sont révélés qui les ont conduits, dirigés, qui leur ont dicté les moyens à employer pour obtenir des augmentations de salaires. Et comme chacun en Chine, à la faveur du désordre général, devenait de plus en plus indépendant et exigeant, les travailleurs ont voulu aussi avoir leurs libertés et ils ont eu recours à la grève pour appuyer leurs revendications.

Les premiers essais furent timides, hésitants. Là comme ailleurs, le manque d'entente, une fois les premiers résultats obtenus, a arrêté les progrès, car la jalousie est aussi grande dans les milieux ouvriers que dans les autres classes de la Chine. Néanmoins, le mouvement social s'est développé très rapidement. Les syndicats se sont multipliés, puis fractionnés à tel point qu'à Canton dès 1922, on en comptait environ cent cinquante. Théoriquement, il existe un organisme central à Changhaï ; en pratique, son autorité est purement locale et les ordres qu'il tente parfois de donner aux travailleurs chinois ne sont exécutés qu'autant qu'ils correspondent aux intérêts des syndicats provinciaux. Tous les efforts tentés jusqu'à présent pour établir un lien entre toutes les unions ouvrières ont échoué et une Confédération générale chinoise du Travail est encore à naître. Dans ce cas, comme toujours, l'autonomie provinciale prime tout.

C'est dans le Sud, dans la province du Kouang-tong où régnait Sun Yat sen que le mouvement syndicaliste s'est particulièrement étendu. Le succès remporté par les gens de mer sur les autorités anglaises de Hong Kong, la défaite infligée aux Etrangers, ont provoqué une sorte d'engouement pour le syndicalisme.

Toutes les unions n'ont naturellement pas la même importance. Les plus puissantes sont celles des gens de mer et des mécaniciens. Par le nombre de leurs adhérents, par les différentes branches du commerce et de l'industrie auxquelles elles touchent, elles constituent une véritable force.

Mais, dans la province même, les syndicats sont indépendants les uns des autres. Chacun travaille dans sa sphère, sans s'occuper du voisin. Les leaders socialistes, le Docteur Sun en particulier, se sont préoccupés de grouper, de discipliner ces éléments épars d'une puissance considérable, mais faible en raison de son manque de cohésion. Ils ont donc tenté de les réunir dans ce que l'on a appelé à tort la C. G. T. chinoise. « L'Association générale des syndicats du Kouang tong » a tenté de jouer ce rôle et elle n'y a point réussi. Les chefs ont été incapables de faire respecter leurs ordres, d'établir une discipline. Jaloux les uns des autres, avides pour eux-mêmes de titres et de prérogatives, ils se sont divisés, et leurs scissions ont amené la formation d'un organisme concurrent, « l'Union générale des syndicats du Kouang-tong » dont le premier geste a été de déclarer la guerre à l'Association générale. Là encore, c'est l'anarchie, le chaos, le gâchis.

Quoi qu'il en soit, de nombreuses grèves ont éclaté, soixante-dix environ, en 1922, que l'on peut classer en deux catégories : grèves ouvrières proprement dites et grèves politiques.

De façon générale, les grèves ouvrières ont eu pour but d'obtenir un relèvement des salaires, une réduction des heures de travail, la reconnaissance de certains jours de fête. Elles ont, en somme, abouti à des résultats appréciables. Les salaires ont été augmentés progressivement et en un très court laps de temps de vingt à soixante-dix pour cent. Cet accroissement des salaires a eu pour effet immédiat une hausse considérable du prix de la vie.

La journée de huit heures est devenue de règle. Le repos hebdomadaire n'est pas encore absolument établi dans tous les corps de métiers et reconnu par tous les syndicats. La tendance générale est d'accorder une demi-journée, à défaut, un salaire supplémentaire équivalent à une demi-journée. En outre, un certain nombre de fêtes chômées ont été reconnues pendant lesquelles l'ouvrier reçoit son salaire normal.

Les questions d'hygiène et de prévoyance sociales bien qu'étant à l'ordre du jour, n'ont pas encore reçu de solution. L'hygiène inquiète peu le travailleur chinois qui n'en a pas la moindre idée.

Le travail des femmes et celui des enfants ont été réglementés. Mais si socialistes et communistes affectent de vouloir que la femme soit traitée sur le pied d'égalité avec l'homme, en fait, toutes les fois que les patrons ont eu recours durant les grèves ou même en temps normal, à la main-d'œuvre féminine, de violentes protestations ont été élevées précisément par ceux qui se faisaient les champions du féminisme. Il est certaines théories qu'il est bon d'afficher et meilleur de ne point mettre en pratique.

Le principe de la liberté du travail, et, dans toutes les manifestations ouvrières, c'est un droit hautement réclamé, a été quelque peu violé par les syndiqués qui ont souvent roué de coups et laissé pour morts les camarades qui travaillaient malgré la grève ou qui refusaient de s'affilier aux syndicats. Cette façon de comprendre la liberté du travail n'est d'ailleurs pas particulière à la Chine qui, en se modernisant, prend parfois le bon, mais ne néglige pas d'adopter aussi le mauvais.

Les grèves politiques ont été beaucoup moins

nombreuses, mais l'une d'elles a montré clairement la force qu'aurait le prolétariat chinois s'il était vraiment organisé. Elle a été en même temps une manifestation de l'esprit chinois à l'égard des Etrangers. Elle fut déclanchée à Hong Kong par le syndicat des gens de mer et dirigée par Sun Yat sen et son entourage de Canton où elle a donné lieu à de nombreuses et bruyantes processions. Le Gouvernement de la Colonie esquissa une résistance, mais la grève s'étant étendue à tous les métiers, — ce qui est un rare exemple de solidarité, — les autorités anglaises ne crurent pas devoir persister dans leur attitude énergique et, en définitive, capitulèrent. Ce fut une « perte de face » complète pour les Anglais en particulier et les Etrangers en général. Et l'on ne peut s'empêcher de réfléchir à la conclusion du discours d'un orateur officiel du Gouvernement de Canton célébrant la victoire remportée : « La grève des travailleurs de Hong Kong a été déclanchée non seulement en vue d'obtenir un relèvement des salaires, mais aussi et surtout afin d'abattre le capitalisme et de protester contre l'insouciance et le manque d'égards dont font preuve les Etrangers pour nous ».

L'exemple parut bon à suivre et une démonstration du même genre eut lieu à Macao sous le prétexte qu'un soldat noir avait abusé d'une femme chinoise. Les syndicats prirent immédiatement fait et cause pour cette « professionnelle de la vertu » et la grève générale éclata. Les autorités portugaises recoururent à des mesures énergiques. Aux menaces et aux attaques des grévistes, la troupe riposta par des coups de feu. Bon nombre de manifestants restèrent sur le carreau. Le Gouvernement de Canton jeta les hauts cris et s'en tint là. La leçon avait été profitable.

L'évolution du mouvement social a été certainement activée par l'influence plus ou moins directe de la Russie soviétique. C'est encore du Kouang tong que vient cette nouveauté. De toutes les provinces de Chine, c'est celle où le syndicalisme s'est le plus rapidement développé. Ce fut toujours une province remuante, d'idées avancées, révolutionnaires même. La présence de Sun Yat sen a encouragé les vrais mécontents ou ceux qui font profession de l'être, à se donner rendez-vous à Canton. Ils ont trouvé là un milieu favorable et ils s'y sont épanouis comme des champignons après la pluie. Il y en a de toutes les catégories, presque de toutes les espèces. Allemands et Russes n'ont pas manqué d'exploiter un terrain si propice pour y semer le grain dont ils espèrent bien tirer abondante récolte. Ils ont déjà commencé à recueillir les premiers fruits, tant au point de vue commercial qu'au point de vue politique. C'est ainsi que certains Allemands ont pris part aux manifestations du 1er Mai, brandissant le drapeau Kouo Min t'ang au milieu de figurants recrutés et payés par les agents du Docteur Sun. De même la « cellule bolchevique » établie dans un des faubourgs de Canton, non seulement conseille et donne des directives aux meneurs chinois, mais aide Sun Yat sen à préparer une organisation assez semblable à celles des Soviets par la constitution d'un nouveau parti Kouo Min t'ang.

Des documents trouvés après la fuite de Sun Yat sen, lorsqu'il fut chassé de Canton en Juillet 1922 par le général Tchen Kiong Ming, ne laissent aucun doute quant aux relations que cet entrepreneur de révolutions entretenait tant avec les Allemands qu'avec les Soviets. Et depuis son retour à Canton, il a toujours accueilli, on ne peut plus favorablement, les délégués bolcheviques qui lui ont été dépêchés.

En attendant mieux, c'est-à-dire, en attendant la nouvelle révolution que le Docteur Sun avait en projet, des essais de communisme ont été tentés au Kouang tong par le Gouvernement sudiste. Tout au moins la théorie communiste a-t-elle servi de prétexte et de justification aux actes d'arbitraire commis par les dirigeants contre les propriétaires fonciers. Le Docteur Sun a pu mettre en application les principes qu'il exposait au Japon alors qu'il groupait autour de lui les révolutionnaires et les ennemis de la dynastie mandchoue. Selon lui, la propriété ne pouvait pas, ne devait pas rester indéfiniment dans les mêmes mains. Le sol appartenant à la Nation, l'Etat est fondé à veiller à ce que chacun puisse en jouir à son tour. Le propriétaire a donc droit, en cas d'éviction, au remboursement du prix d'achat au moment où cet achat a été effectué et à une partie, le tiers, de la plus value acquise depuis lors. Le reste revient à l'Etat qui peut l'aliéner, le prix de vente faisant retour à la Nation, à l'Etat puisqu'il ne saurait être fait de différence entre l'un et l'autre.

La mise en application de cette théorie a permis au Gouvernement de Canton de se livrer à un certain nombre de fructueuses opérations. Nation, Etat, Sun Yat sen étant confondus, les fonds réalisés ont été déposés en des banques diverses et sûres au nom de ceux qui ont été les exécuteurs du « Grand Généralissime » ainsi que les Chinois désignent le Docteur.

Après avoir vendu aux enchères les pagodes, on s'est avisé de contester aux propriétaires voisins de ces édifices religieux le droit de posséder des terrains qui avaient été probablement aliénés à tort par les moines à une époque plus ou moins reculée. On ne pouvait rester en si bon chemin, sans pousser plus avant. Les propriétaires furent invités à déposer leurs titres anciens à la mairie pour en recevoir de nouveaux. L'examen des titres fait, le propriétaire avait la surprise de s'apercevoir un jour qu'il était purement et simplement dépossédé de son bien. Moyennant le versement d'une somme égale et souvent supérieure à la valeur de l'immeuble, il pouvait être remis en possession. Ces mesures ayant provoqué des protestations, les portes des prisons s'ouvrirent toutes grandes pour recevoir ceux qui avaient osé s'élever contre d'aussi équitables principes.

Enfin, comme malgré tout il fallait dans une certaine mesure donner une apparence de légalité à ces rapines, on eut recours à une théorie d'une élégante simplicité. La ville de Canton est à peu près entièrement construite sur des terrains d'alluvions. Or, les dépôts du fleuve appartiennent à l'Etat, donc les terrains de Canton sont la propriété de l'Etat lequel a toujours le droit d'en reprendre possession et d'en user comme il l'entend. Ainsi, certains quartiers ont été entièrement vendus et même revendus, suivant les besoins du moment.

Sun Yat sen rêvait d'une nouvelle révolution, la première ayant, à son point de vue, abouti à un échec. Il estimait qu'il fallait tout détruire pour reconstruire entièrement à neuf. Non seulement il voulait s'attaquer à la forme même de l'Etat, mais encore à la Société qui a besoin d'être entièrement rénovée. Il comptait être aidé dans cette tâche par la Russie soviétique que lui et ses collaborateurs immédiats citent à tout propos comme un exemple à suivre. Mais, il ne voulait pas copier, il voulait innover et faire un bolchevisme purement chinois adapté au pays. De même que les autres partis, le parti Kouo Min t'ang ne forme plus un bloc homogène. L'excès même de son développement est devenu une cause de faiblesse et tous les membres du Kouo Min t'ang ne sont plus d'accord. Certains ont évolué vers l'extrême-gauche, ce sont les purs (Sun Yat sen et compagnie), les autres, au contraire, sont devenus presque conservateurs et modérés, ils forment la majorité. La minorité avancée veut imposer sa volonté, c'est chose normale.

Le Docteur généralissime avait donc entrepris de construire de toutes pièces l'outil qui devait lui servir à la réalisation de son projet révolutionnaire, et, pour cela, il a tenté de reconstituer le parti Kouo Min t'ang sur des bases nouvelles. De la sorte, ce parti se rapproche beaucoup de l'ancienne Tong Mong Houei assaisonnée à la sauce soviétique. A la base, la loge ou soviet local composé au minimum de cinq membres. C'est la cellule initiale. Puis vient le comité de section qui groupe les cellules locales. Au-dessus du comité de section, le comité de district, puis le comité provincial et enfin le comité central qui est le cerveau du parti. Des commissaires spéciaux se déplacent, surveillent et contrôlent les comités sauf bien entendu, le comité central directeur.

Il ne semble pas jusqu'à présent que ce nouveau parti ait recruté de nombreux adhérents. Les bolcheviques russes font un effort considérable en Chine et trouvent chez les étudiants un milieu prompt à s'enflammer pour les idées nouvelles. Certains lettrés mêmes, comme Tsei Yuan Pei, ancien recteur de l'université de Péking ou Tchang Ki, vice-président du Sénat, se sont montrés favorables à la théorie de Lénine et ont aidé à la diffusion des principes bolcheviques en Chine.

APPENDICE

Les événements qui se sont produits au cours
de l'année 1924 et au début de 1925, sont le corol-
laire de l'état anarchique de la Chine actuelle.

Tsao Koun qui avait pu un instant donner l'illusion d'être un homme d'État, appartient en réalité à la même catégorie de politiciens militaires
que ses rivaux et pas plus qu'eux n'a une valeur
personnelle réelle. Tant qu'il exerçait, au nom
d'une association de généraux, le contrôle de Péking, il restait puissant parce qu'il était soutenu
par tous ceux qui avaient intérêt à surveiller de
près le Gouvernement central. Du jour où il a
voulu agir pour son compte personnel, où il a tenté
de se faire élire, d'ailleurs illégalement, à la Présidence, il a vu se tourner contre lui tous ses associés et même ses lieutenants. Non seulement il n'a
pu imposer sa volonté, mais encore, il est devenu
dans son Palais prisonnier de la clique militaire.

Son ascension a provoqué au sein du parti du
Tche li dont il paraissait jusque-là être le chef
incontesté, des dissensions et des jalousies. En

fait, la faction du Tche li s'est désagrégée et, comme tous les autres partis politiques chinois représentés par un homme, il a suivi le sort de son chef et cesse momentanément d'avoir une importance prépondérante.

Dès que l'élection de Tsao Koun à la Présidence fut en question, son principal auxiliaire Wou Pei Fou, a été le premier à donner le signal de la scission. Le seigneur de Lo Yang, qui ambitionnait de se tailler dans la Chine du centre un véritable royaume, s'est laissé aller à des commentaires peu flatteurs pour la personne du Président qu'il traitait d'orgueilleux incapable. Ainsi le meilleur lieutenant de Tsao Koun, celui qui avait été jusque-là son fidèle tenant, ne pouvait s'empêcher de donner libre cours à sa rancœur et s'appliquait à démonter de ses propres mains le pantin présidentiel. La jalousie l'a aveuglé sur son intérêt même et a provoqué sa débâcle.

Aussitôt arrivé à la Présidence, Tsao Koun a été frappé d'impuissance. L'atmosphère de Péking ne lui a pas été favorable. Il a dû composer avec ses lieutenants et faire de nombreuses concessions. Pris à son tour dans l'engrenage, il a été contraint pour se maintenir de faire appel à ceux-là mêmes qui menaçaient et attaquaient ses alliés dans les provinces. N'ayant plus de troupes en nombre suffisant, il a été amené à solliciter l'aide de militaires jaloux des lauriers de leur ancien chef.

Il a cru pouvoir opposer l'une à l'autre l'ambition de Wou Pei Fou et celle de Tchang Tso Lin. Or, comme dit le proverbe chinois : « Deux tigres ne peuvent hanter la même montagne ». Tandis que le tigre de Lo Yang et le tigre de Mandchourie grognaient et se montraient les dents, un troisième larron vint qui les mit d'accord en leur volant leur proie. Feng Yu Siang, dont les troupes formaient le noyau principal de l'armée de Wou Pei Fou, démasqua son jeu et, par la trahison, s'assura le contrôle de Péking. Si bien que Tsao Koun dut fuir la capitale et que l'Empereur même, se sentant personnellement menacé dans son Palais, prit le parti de demander au Japon un refuge et la sécurité. C'est la première fois depuis l'avènement de la République chinoise que l'Empereur déchu a été directement visé et forcé de renoncer à la résidence que le Gouvernement républicain lui avait assignée.

Un moment on a pu craindre la présence de Sun Yat sen à la tête du Gouvernement chinois. Mais, le révolutionnaire impénitent qui avait quitté Canton où son impopularité allait sans cesse grandissant pour gagner Péking est mort avant d'avoir pu réaliser son rêve. Depuis plus de douze ans, il convoitait le fauteuil présidentiel et toute sa conduite a été dictée par cette ambition qui l'a conduit à jeter sans cesse le trouble dans le pays. Sun Yat sen, s'il fut l'apôtre de la révolution chinoise, laissera par contre le souvenir d'un perpétuel agité qui apporta partout où il est passé, que ce soit Nanking ou Canton, le désordre, l'anarchie et la ruine.

Par un nouveau pronunciamento militaire, la crise présidentielle est ouverte. Une étoile se lève sur le ciel de Péking, Feng Yu Siang, général converti au christianisme et au bolchevisme. Mais pourra-t-il briller longtemps sur la capitale où Touan Ki Jouei, l'ancien chef du parti Anfou, a repris le pouvoir dont il fut dépossédé en juillet 1919 ? Certes, l'autorité de Touan est plus nominale que réelle, mais il compte de nombreux et fidèles partisans et on ne peut oublier que le club Anfou jouissait de la sympathie agissante du Japon. D'autre part, Tchang Tso Lin, ce condottiere prince de Mandchourie, n'admettra probablement pas qu'un général prenne à Péking une influence trop grande.

Les batailles qui ont eu lieu dans le Tche li, les attaques qui se sont déclanchées dans les environs immédiats de Changhaï, les incidents de Canton ne sont que des épisodes sans grande importance dans la vie chinoise. Ces événements ne sont point susceptibles d'apporter une modification sensible à l'état présent de la Chine.

Les manifestations hostiles qui se sont produites en certains endroits à l'égard des Étrangers sont le résultat de la propagande bolcheviste. Les agents soviétiques n'ont pas manqué de faire appel aux sentiments xénophobes que certains exaltés nourrissent à l'égard de ceux qui se sont installés chez eux comme en pays conquis.

Il est indéniable que la population chinoise est généralement polie, serviable et accueillante. Seulement, sous le couvert de la civilisation, certaines puissances ont quelque peu abusé de l'hospitalité chinoise.

Certes, ce n'est point de son plein gré que la Chine a accepté d'avoir des rapports constants avec les Étrangers ; il a fallu la contraindre à admettre et à tolérer leur présence. Son cas n'est pas unique : le Japon a fait la même expérience, mais il a eu l'intelligence et la persévérance de se mettre rapidement à l'école de ceux qui s'imposaient à lui par la force. Devenu civilisé et puissant autant que ses hôtes, il a pu alors demander et obtenir la reconnaissance complète et absolue de ses droits souverains.

L'étranger en Chine a, d'une façon générale, bénéficié d'une situation à ce point privilégiée qu'il en est arrivé à oublier qu'il n'était point chez lui, où il n'aurait d'ailleurs pas joui des mêmes libertés. Il a même oublié qu'il était l'hôte d'un peuple qui, comme les autres, est bien fondé à revendiquer le respect que l'on doit à une Nation indépendante et qui peut disposer d'elle comme elle l'entend. Ce droit les Etrangers l'ont parfois méconnu. La guerre de l'opium en est un exemple frappant, et non à l'honneur des Nations civilisées.

Les vrais hommes d'Etat et les diplomates chinois ne discutent généralement pas les traités qui portent la signature de la Chine. Une minorité tapageuse et ignorante essaie de remettre la chose en question et la faiblesse du Gouvernement central ne lui permet pas de heurter de front les quelques braillards qui, s'ils sont incapables de faire œuvre utile, peuvent en revanche mettre son existence en péril. Il n'a pas jusqu'à présent fait siennes les théories que les étudiants bolchevistes chinois ont puisées auprès de leurs maîtres moscovites. Il a pu réclamer certaines atténuations, certaines améliorations à des textes déjà anciens pour que l'état actuel de la civilisation moderne ne puisse plus s'en accommoder. De cela on ne saurait lui faire un grief et les puissances étrangères, si elles veulent éviter que la Chine ne tombe complètement sous la tutelle des agents de Moscou, ne doivent pas oublier l'adage latin : *Summum jus, summum injuria.*

*
* *

Opposition constante du Nord et du Sud, voilà le fait qui frappe lorsqu'on étudie les origines de la République chinoise. La géographie, l'ethnographie et la linguistique expliquent parfaitement ce contraste. Depuis 1911, à part les quatre années durant lesquelles Yuan Che Kai a régné, la Chine républicaine se débat au milieu d'une anarchie et d'une confusion sans cesse grandissantes.

Rien ne fait prévoir un dénouement à cette crise qui se développe avec une acuité toujours plus forte depuis une douzaine d'années.

Et l'on en vient à se poser cette question : La Chine est-elle vraiment mûre pour la République ?

De gros dangers menacent le pays désorganisé. La guerre civile le ruine et le met à la merci de ses ambitieux voisins, le Japon et la Russie. La politique des tzars est poursuivie, avec des moyens différents par l'U. R. S. S. et le bacille bolchevique a trouvé dans le milieu chinois en décomposition un terrain favorable à son développement et à sa propagation.

FIN

TABLE DES MATIÈRES

PREMIÈRE PARTIE

La Révolution et ses Causes

DEUXIÈME PARTIE

La République chinoise

TROISIÈME PARTIE

L'Anarchie

Verneuil-sur-Avre (Eure). — Imprimerie Henri Turgis. 4-1926.